행복해지려면 도시를 바꿔라

행복한 도시를 위한 46가지 제안

행복해지려면 도시를 바꿔라

행복한 도시를 위한 46가지 제안

—

인쇄 2024년 2월 1일 1판 1쇄
발행 2024년 2월 5일 1판 1쇄

지은이 김기호 외 38인
펴낸이 강찬석
펴낸곳 도서출판 미세움
주소 (07315) 서울시 영등포구 도신로51길 4
전화 02-703-7507
팩스 02-703-7508
등록 제313-2007-000133호
홈페이지 www.misewoom.com

정가 28,000원

—

ISBN 979-11-88602-68-1   03300

행복한 도시를 위한 46가지 제안

행복해지려면
도시를 바꿔라

김기호 외 38인 공저

미세움

도시는 재미가 있어야 한다

조용준(조선대학교 명예교수)

"행복해지려면 도시를 바꿔라."

콜롬비아 보고타 시장을 지낸 엔리케 페날로사가 한 말이다. 그는 사람을 존중하는 도시만이 시민들에게 존중받을 수 있다고 역설했다. 그는 왜 도시공간을 공유해야 하는지, 왜 시민들이 공원과 아름다운 장소에 접근해야 하는지, 왜 시민들이 쉽게 이동해야 하는지에 대해 말했다. 그는 "공공공간에는 사람들이 소외당하지 않고 평등하다고 느끼게 하는 힘이 있다"고 했다. 시민들이 보다 건강하고 자유롭고 즐거운 삶을 영위하려면 먼저 시장이 갖고 있는 도시에 대한 생각을 바꿔야 한다고도 했다. 그는 취임 전에 계획된 광활한 고속도로망 계획을 취소하고 300㎞의 자전거도로를 만들면서 "이는 30달러짜리 자전거를 가진 시민이든 3만 달러짜리 외제차를 가진 시민이든 모두가 똑같이 소중함을 보여주는 정책"이라고 강조했다.

우리가 바라고 그리는 도시 모습을 떠올려 본다. 시민들이 공유하는 도시공간이 되기 위해서는 재미가 있어야 한다. 걷는 것이 재미있고, 처음 만난 사람들과 어울려 비일상적 이벤트를 구경하고 참여하는 것이 재미있어야 한다. 그래야 공유인식이 생겨나고 사회적 신뢰도 형성된다. 단지 보행로를 넓히고 다양한 공공공간을 마련하는 것만으로는 재미가 생기지 않는다. 걷기가 불안하거나 불편하지 않아야 하고 아기자기한 풍경이 있어 다양한 즐거움을 느낄 수 있어야 한다. 또 편하고 시각적 즐거움을 느낄 수 있는 잘 디자인된 쉼터가 적절한 간격으로 배치돼야 한다.

교통수단은 개인 차량 대신 자전거나 대중교통이 중심이 되는 게 필요하다. 나아가 도심에는 자동차 출입을 금지해 사람들만의 공간으로 조성하는 파격적인 조치도 요구된다. 도시 곳곳에 자동차가 차지하고 있는 물리적 공간을 사람들을 위한 사회적 공간으로 바꾸어야 한다. 노인들에게 자동차면허증을 반납하라고 하기 전에 자동차 없이도 편리한 생활을 누릴 수 있는 도시 공간으로 바꾸는 일에 더욱 치중해야 한다. 도시는 점점 노인인구가 크게 늘고 있지만, 정작 노인을 위한 도시는 없다

앞 세대가 살던 도시를 기억할 수 있는 역사적 자산을 비롯해 여유와 치유를 제공하는 자연이 곳곳에 퍼져 있어야 도시가 풍요롭다. 세월이 쌓인 골목길과 단독주택지를 없애고 만든 대규모 아파트단지가 그들만의 폐쇄적 영역으로 고착화돼, 정작 길을 잃어버린 도시 사람들에게 먼 길을 돌아다니도록 요구하는 대신 다시 길을 내어 주고 활짝 열린 도시 공간을 제공해야 한다. 또 주택을 내주고 떠나간 경제적 약자들이 당당함을 갖도록 하는 것도 필요하다.

건축도 법규 디자인의 상징인 획일적인 박스형에서 벗어나 외부 공간적·경관적으로 도시에 열려 있는, 표정 있는 형태가 돼야한다. 그래야 사람들이 도시공간으로 나와 서로 교감하는 재미있는 도시가 된다. 재미있는 도시가 되면, 도시에 대한 애착심과 자부심이 형성돼 활력적인 도시문화가 만들어진다. 재미가 만드는

도시 활력이야말로 도시의 생명력이다.

이제 도시는 확산과 자동차, 분리와 개별성을 만든 근대도시 정책과 계획에서 과감히 벗어나야 한다. 그래야만 도시가 다양한 가치관과 삶의 방식을 갖고 있는 집단과 계층, 특히 경제적·도시적 약자들까지 모두 섞여 서로를 존중하며 함께 살아가는 공존의 장이 될 수 있다.

이 책은 2022년 1년간 '행복해지려면 도시를 바꿔라'를 주제로 40명의 교수와 학자, 건축가들이 광주일보에 연재했던 글을 모은 것이다. 이 책에는 재미있는 도시가 되기 위해서는 건축과 도시공간이 어떤 존재방식을 가져야 하는가에 대한 다양한 관점의 주옥 같은 글이 담겨 있다. 이 책이 건축이나 도시 만들기에 종사하는 사람들, 관련된 공부를 하는 사람들, 더불어 자신이 살고 있는 도시를 바꾸는 데 관심을 갖고 참여하는 사람들에게 도움이 되었으면 하는 바람이다. 귀한 지면을 내어 준 광주일보사와 다양한 패턴의 글들을 같은 흐름의 글이 되도록 애써 준 김미은 기자, 열악한 출판 환경에도 책을 출간해 준 미세움에 감사의 말을 전한다.

2024년 1월에
편집 책임을 맡은 조선대학교 명예교수
조용준

차례

제6장
새로운 거버넌스와
도시건축의 공공성과 건강성 ···························· 226

제 7 장
도시 경쟁력을 높이는 도시관리················· **294**

제 8 장
지속가능한 친환경 스마트 도시 ·····················334

제 1 장
도시의 비전, 도시의 미래

어떤 도시에 살 것인가

김기호(서울시립대학교 명예교수)

"당신은 어떤 도시에 살고 싶은가?"

너무 어려운 질문일지도 모르겠다. 좀 쉽게 생각해 '내가 사는 도시는 무엇이 좋고, 또 무엇이 아쉽지?'라고 자문해 보면 된다. 어쨌거나 사람마다 가치와 기준이 달라 쉽게 답이 모아질 수 있는 질문은 아니다. 그래도 몇 개를 꼽는다면 무엇일까? 도시계획이 전공으로, 평생 세계 여러 도시를 둘러보고 도시계획 및 설계에 참여해 온 필자는 다음 세 가지를 '살고 싶은 도시'의 중요한 요건으로 들고 싶다. '걷고 싶은 길이 있는 도시', '만나고 함께 가꾸는 도시', '이야기가 있는 도시'다. 이 세 가지를 생각하며 살고 싶은 도시로 떠나보자.

먼저 매슬로우의 '인간의 기본적 요구 피라미드'에 대해 살펴보는 것이 도움이 될 것 같다. 어떤 것을 원하는 것(살고 싶은 도시)은 어떤 요구가 어느 수준에 와 있는지와 관계가 있기 때문이다. 미국 심리학자인 그는 '동기부여 이론'(1943)에서 사람의 요구는 변화하며 그에 따라 사람이 추구하는 목표가 달라짐을 설명했

뉴욕 맨해튼 헤럴드 광장 옆 브로드웨이를 막아 소공원으로 사용하고 있다.(출처: 김기호)

다. 1~2단계는 기초적 요구로서 물질적 만족이 주를 이루며, 3~4단계는 심리적 요구로 사회적 만족을 추구한다. 마지막 5단계에서는 자신의 능력을 충분히 발휘해 창조적 행위를 하고 심미적 만족을 얻는 것이다.

우리는 지금 '인간의 기본적 요구' 피라미드에서 어느 단계에 와 있다고 생각하는가? 국민소득 3만 달러 이상이 된 우리가 원하고 지향해야 하는 도시는 어떤 모습일까?

'걷고 싶은 도시'가 살기 좋은 도시다

도시 발달은 무엇보다 길을 통해 이뤄진다. '모든 길은 로마로 통한다'는 말은 로마제국 번영을 한 마디로 나타내는 동시에 도시 발전에서 길이 얼마나 중요한지도 잘 말해준다. 근대화와 산업화 이전에는 보행이 가장 중요한 교통수단이었다. 그러나 19~20세기 기차와 자동차 발명 이후 인간의 삶은 크게 바뀌었다. 전차, 자동차의 사용은 도시 크기를 보행도시보다 훨씬 크게 만들었다. 산업화와 함께 인구도 급격히 증가해 도시는 사람과 차량 모두 고밀화됐고 차량과 보행 사이에 많은 갈등이 일어났다.

그러나 도시정책은 경제발전 목표에 주목하며 차량 소통에 집중해 왔다. 보행자들은 비인도적非人道的인 좁은 인도人道를 이용하거나 아예 인도 없이 차량과 뒤섞여 길을 이용해야 하는 위험한 상황에 내몰렸다. 한때 경제발전과 차량속도를 위해 차량을 우선하고 보행을 소홀히 한 정책은 결국 차량속도도 높이지 못하고 도심가의 활력만 저하시키는 결과를 가져왔다.

그에 더해 도심은 교외개발로 퇴락하기에 이르렀고 도심을 살리는 특별한 대책이 필요한 상황에 처하고 말았다. 현재 세계적으로 검증된 확실한 대책은 도시의 길을 보행 친화적으로 만들어 시민들이 다시 도심으로 돌아오도록 하는 것뿐이다. 도심에는 시민들의 자부심과 독특한 분위기를 보여주는 역사적 건물이나 가로가 있고, 시민들이 기억 속에 공유하는 친근한 장소들이 있다.

도시를 걷고 싶은 곳으로 만들기 위해 세계 많은 도시들이 관행과 제도를 바꾸고 있다. 뉴욕 맨해튼의 브로드웨이는 차로 수를 줄이는 방식으로 인도를 넓히고 때로는 도로를 아예 막아 작은 공원을 만들어 사용 중이다. 서울도 예외가 아니다. '서울시 보행조례 제정'(1997), '보행환경기본계획'(1998) 수립 이후 2000년대 초 시청 앞 광장을 보행광장으로 만들었고 청계천 복원 및 도심보행환경 개선도 진행했다. 2010년 보행·자전거과課 설치 후 2015년 위상을 국局으로 높인 보행친화기획관을 설치했으며, 2013년에는 '보행 친화 도시 서울 비전'을 제시했다.

이제 뉴욕과 서울 도심지는 다시 사람들이 돌아오기 시작했다. 40년 이상 도심 가로를 보행전용으로 바꿔 온 코펜하겐은 보행전

걷고 싶은 도시 만들기 시민연
대가 주관한 주민이 가꾸는 가
로변 마을 텃밭. 종로구 교남
동.(출처: 김기호)

용로의 길이가 6배로 증가하고 도심 상권이 활성화돼 '환경친화적
인 걷고 싶은 가로'로 시민과 관광객의 사랑을 받고 있다.

'함께 가꾸는 도시'가 보람 있는 도시다

도시는 사람들이 만나고 교역하는 것으로 시작했다. 정보를 교
환하고 물건을 교역하며 도시가 성장했다. 한마디로 사람들 만남
이 풍부한 도시는 발전하는 도시며 그렇지 못한 도시는 쇠퇴하는
도시라고 할 수 있다. 이는 단순히 경제 발전만을 의미하지 않는
다. 사회적 유대나 협동 등 사회 발전에도 결정적이다. 현대 도시
는 인구가 많아 만남이 쉽고 빈번할 것으로 생각할 수 있지만 실제
는 그렇지 못한 것이 여러 연구의 결과다. 이럴 때일수록 인구만
많고 거대한 도시가 아니라 그 속에 다양한 마을들이 있는 도시가

사람들이 만나고 함께 사는 데 유용하다. 큰 길보다는 작은 길이 만남을 유발하는 데 더 우호적이고 자동차보다 보행이 친밀한 만남을 늘리고 지속하는 데 유리하다.

'인간의 기본적 요구' 피라미드 중 세 번째 요구인 소속감이나 친밀감, 지역 사랑은 바로 도시 내 사람들의 만남에 관한 것이다. 어떤 동네 사람이라는 소속감, 어떤 단체나 동아리의 구성원이라는 자부심이야말로 자기 마을이나 지역을 사랑하는 바탕이 된다. 사람들의 지역에 대한 소속감이 약화됐다고 하지만 지역사회는 여전히 동네 이웃친구들과 학교동창 등이 기반을 이루고 있다. 다양한 소셜미디어는 사람들이 만나는 또 하나의 장소다.

이런 관계나 활동들이 자기가 사는 동네의 환경개선이나 축제 등에 대한 관심으로 연결되는 계기를 만들어야 한다. 전문 인력이나 예산 등 많은 권한을 가지고 있는 시청이나 구청이 투명성과 개방성을 갖고 주민들과 협치하는 노력이 절실하다. 주민참여는 단순히 다음 선거를 위한 정치인의 표 관리차원이나 행정의 업적수단으로 전락해서는 안 된다. 주민들이 협동을 통해 성취감과 자존감을 높이고 상호 존중하는 관계로 발전하는 계기가 돼야 한다.

쉽게 이야기해 주민이 주인공이고 정치인이나 행정은 조연을 해야 한다. 이 관계가 거꾸로 돼 주민들을 정치와 행정의 들러리로 전락시키면 주민들의 참여의욕은 사라져버릴 것이다. 주민들은 이제 어느 시장이나 구청장이 만들어주었다고 주장하는 길이나 공원이 아니라 주민들 스스로 함께 이뤄낸 길과 공원을 자랑스럽게 함께 걸어가기를 원한다. 도시는 결국 시민의 것이다.

'이야기가 있는 도시'가 살맛 나는 도시다

도시는 이야기의 보물창고다. 거기 사는 사람들의 삶이 바로 이야기다. 이야기는 지역성이 넘치고 독특하며 인간적이다. 원도심

에는 이야기들이 오롯이 담겨 있다. 우리가 가던 책방, 식당, 상가 그리고 즐겨 걷던 길, 내가 연인을 만나던 언덕이나 카페 등 모든 곳이 바로 나와 우리, 부모, 조부모의 삶이 묻어 있는 장소며 도시 이야기의 줄기세포다.

이야기는 우리에게만 머물지 않고 때로는 화가, 소설가, 드라마 제작자 등에 의해 그림, 시나 노래, 소설이나 영화, 드라마로 만들어져 더 많은 사람들이 감동하고 공유하게 된다. 많은 독자나 시청자가 이야기 배경이 된 도시와 장소를 방문하고 싶어 한다. 이야기의 감동을 현장에서 작가나 주인공의 시선으로 다시 한 번 실감하고 싶기 때문이다. 어떤 장소는 방문객이 너무 넘쳐 곤란을 겪기도 하지만, 그래도 시민들은 자기 도시와 장소에 대한 자부심으로 가슴이 뿌듯해지는 것을 감출 수 없다.

장소 마케팅이니 관광수입 증대니 하는 것은 자연스럽게 따라

광주 송정역시장 벽에 적힌 많
은 이야기의 단서들.(출처: 김
기호)

오는 것일 뿐이다. 세상에 사람 사는 곳치고 이야기가 없는 곳은
없다. 다만, 이야기들이 발굴, 정리돼 여러 사람이 공유하고 감동
을 함께 나누지 못하는 경우가 많아 안타까울 따름이다. 공유하는
이야기가 없거나 또는 빈약한 도시는 정말 황량하고 재미없는 도
시라 할 수 있다.

그래서 도시 역사에 대한 관심과 연구가 중요하다. 대규모 유적
복원도 중요하지만 과거와 현재 이 도시를 살아가는 많은 민초들
의 소소한 삶도 중요하다. 역사는 많은 사람들에게 상상력의 원천
이 된다. 어떤 사람은 글로, 또 어떤 사람은 그림이나 노래로 도시
와 장소의 영혼을 불러와 현재 우리의 영혼을 일깨워 주기도 한다.
작가 한 명, 영화 한 편이 어떤 도시의 이미지에 미치는 영향은 미
디어 시대와 함께 더욱 커질 것이 분명하다.

영화 '퐁네프의 연인들'(1991) 속의 파리는 어떤가? '태백산맥'

속의 별교나 낙안은 또 어떤가? 감동적인가? 한 번 그 현장에 가
보고 싶은가? 여러분의 도시는 또 어떤 이야기를 통해 매력을 드
러낼 것인가? 아무리 환경조성이 잘 돼도 이야기 없는 길이나 광
장은 공허하며, 아무리 훌륭한 이야기도 그 배경이 되는 장소가 개
발로 철거됐다면 사람들을 감동시키기에 매우 부족하다. 크거나
작거나 역사적 장소 보전이 중요한 이유다.

　이렇게 이야기를 좇아 길을 따라 걷는 것을 우리는 관광이라고
한다. 우리가 해외여행 가서 열심히 걷는 길은 바로 한 도시의 역
사와 오늘의 삶에 대한 이야기를 듣고 보고 체험하는 것이다.

포용도시,
멀지만 꼭 가야 할 모두를 위한 도시

—
류중석(중앙대학교 사회기반시스템공학부 도시시스템공학전공 명예교수)

시민이 행복한 도시를 만들기 위해서 해야 할 일은 참으로 많다. 적절한 주택공급, 교통체증을 완화하기 위한 도로확장과 대중교통 서비스 확충, 소외된 계층에 대한 돌봄정책, 양질의 일자리 제공, 지역경제 활성화 등 경제, 사회, 교육, 문화 전 분야에 걸쳐 과제가 산적해 있다. 시민들의 삶을 책임지는 리더로서 시장과 담당 공무원은 매일매일 수많은 의사결정을 내려야 한다. 도로 확장사업에 대한 의사결정을 예로 들어보자. 차도를 확장하여 교통흐름을 개선할 것인가 아니면 보도를 확장해 쾌적한 보행환경을 제공할 것인가에 대한 판단을 내려야 한다. 역세권에 빈 땅이 있다면 저소득층을 위한 임대주택을 건설할 것인가 아니면 최고급 아파트를 건설하여 세수를 늘릴 것인가를 결정해야 한다. 도시정책 하나하나가 시민들의 삶과 직결되기 때문에 원칙과 신념, 철학이 뒷받침되지 않는 의사결정은 곧바로 시민들을 불행으로 몰아넣게 된다.

철학은 흔히 호구지책에 도움이 안 된다고 하지만 인간다운 삶,

포용도시 개념이 제시된 유엔 해비타트 3차 회의 전시장 전경. 2016년 10월, 에콰도르 키토(출처: 류중석)

행복한 삶을 살아가기 위해서 우리는 철학을 공부해야 한다. 마찬가지로 행복한 도시를 만들기 위해서 우리는 도시철학을 정립해야 한다. 도시철학은 도시와 관련된 다양한 문제에 대해서 비판적 질문을 던지고 답을 구하는 행위임과 동시에 합리적인 의사결정을 하기 위한 기준과 근거를 마련하는 일이다. 한 도시가 지향하는 기본가치를 말하는 것이다.

시민의 생명과 재산을 잘 지키기 위한 안전한 도시, 사회적 약자를 배려하는 더불어 사는 도시, 환경파괴를 최소화하고 자연과 공존하는 지속가능한 도시 등의 가치를 기반으로 정책을 시행해야 한다. 다양한 견해가 충돌하는 도시문제를 해결하는 데 있어서 모두가 만족하는 답은 얻기 힘들지라도 세계적인 추세, 시대적 흐름, 그리고 논리적 사고에 기반한 의사결정은 시민행복을 담보하기 위한 최소한의 조건이다.

포용도시는 무엇이며 왜 필요한가?

그러면 세계적인 추세와 시대적 흐름을 반영한 도시철학을 정립하기 위해서 무엇을 참고해야 할까? 우리가 흔히 얘기하는 지속가능한 개발, 저탄소 녹색성장 등 환경중시 정책은 1996년 터키 이스탄불에서 개최되었던 유엔 해비타트 2차 회의에서 본격적으로 제시되었다. 급속한 도시화와 산업화의 그늘에서 신음하던 세계의 도시가 지향해야 할 일종의 공통 목표를 제시한 것이다.

전 세계에서 성장 위주의 도시정책이 성행하면서 경제적 양극화와 함께 계층 갈등, 사회적 배제 등 다양한 문제점이 드러나게 되었다. 경제성장 과정에서 야기된 차별과 갈등, 빈곤과 불평등을 해소하고 시민들의 참여를 확대해야 지속가능한 발전이 이루어질 수 있다는 공감대는 포용도시라는 개념으로 구체화되었다.

터키 이스탄불 회의 개최 20년 후인 2016년 에콰도르 키토에서 열린 유엔 해비타트 3차 회의에서는 '모두를 위한 도시'라는 비전 아래 정의롭고, 안전하며, 접근 가능하고, 부담 가능하며, 회복력 있고, 지속가능한 도시를 만들기 위한 포용도시inclusive city라는 개념이 제시되었다. 소외계층을 포함하여 모두가 적절한 주택에서 당당하게 살 수 있는 도시, 공간이 대자본에 의해 독점되지 않고 공공공간의 정의가 살아 있는 도시, 그리고 적설한 삶의 질을 보장할 수 있도록 도시 인프라 서비스를 공평하게 제공하는 도시가 포용도시의 핵심 개념이다. 인간답게 살기 위한 최소한의 주거를 보장하는 주거권housing right의 개념이 발전하여 도시 공간의 공공성 보장, 그리고 상하수도, 전기, 가스, 인터넷 등 각종 도시 서비스를 적절하게 제공받을 권리와 결합하여 도시권right to the city이라는 새로운 권리개념도 등장했다.

최근의 코로나 팬데믹 상황으로 우리 사회에서는 주거문제를 포함한 도시문제에 대한 새로운 담론이 전개되고 있다. 각 국가의

도시의 오픈 스페이스는 코로나19와 같은 밀접접촉으로 전염되는 질병으로부터 우리를 보호해 줄 소중한 공간자산이다. 서울 여의도공원.(출처: 류중석)

코로나 대응정책은 공간적 격리를 기본으로 한다. 안전한 공간인 집에서 자가격리를 통해서 전염을 막아야 하지만 주거권이 보장되지 않은 저소득층의 경우 생명을 위협하는 전염병으로부터 자신을 지켜낼 수가 없다. 공원과 광장을 포함한 도시의 오픈 스페이스는 밀접 접촉으로 전염되는 질병으로부터 우리를 보호해 줄 소중한 공간자산이다. 그러나 자본의 논리와 개발의 경제학에 밀려 오픈 스페이스는 설 땅을 잃어가고 있는 것이 현실이다.

진정한 포용도시가 되려면 무엇을 해야 하나?

포용도시 개념은 건축 · 도시분야에서 뿐만 아니라 사회학 분야에서도 주목을 받고 있다. 건축 및 도시분야에서의 포용도시는 주로 공간적 포용성을 강조하지만, 사회학 분야에서는 참여와 상호

의존성 측면의 포용성도 함께 다루고 있다. 우선 공간적 포용성을 달성하려면 저소득층을 배려한 임대주택 확충 및 소셜믹스^{social mix}정책과 공공공간 확충 정책이 필요하다.

급속한 산업화와 도시화를 통하여 압축성장을 겪은 우리나라는 언제부터인가 아파트 평수가 부의 척도가 되어버렸다. 계획가들은 함께 더불어 사는 단지를 만들기 위하여 임대주택과 분양주택을 섞어서 계획하였지만, 현실에서 이 둘은 어울릴 수 없는 물과 기름이 되어버렸다. 한 단지 내에 동별로 임대아파트와 분양아파트를 구분해서 지은 경우 임대아파트에서 분양아파트로 향하는 통로를 철책으로 막기도 한다. 입구와 엘리베이터, 계단실을 따로 분리하기도 하고 공용 커뮤니티 시설의 이용을 제한하기도 한다.

같은 도시 안에서도 어느 지역에 사느냐에 따라 도시기반시설의 혜택이 다르다. 서울의 도시가스 보급률도 강남이 강북의 두 배에 이르지만 세금은 같은 비율로 낸다.

저소득층의 주거권 확보를 위해서 충분한 공공임대주택을 공급하는 것은 필수다. 그러나 우리나라 공공임대주택 재고는 OECD 평균의 절반에 불과하다. 각종 재개발, 재건축사업에서 임대주택 비율은 10~15%에 불과하다. 이 비율을 대폭 늘리지 않으면 단기간에 임대주택 재고를 늘리기 어렵다. 임대주택 비율에 따른 용적률 인센티브를 획기적으로 높여서 재개발 사업의 경제적 타당성을 높여 민간 임대주택의 양적 공급을 늘려야 한다.

문제는 공공임대주택에 대한 우리 사회의 부정적 인식이다. 젊은 세대는 선진국과 같이 임대주택에 사는 것이 보편화되는 세상에서 살아갈 것이다. 따라서 무엇보다도 먼저 임대주택이 곧 저소득층 주택이라는 인식이 불식되어야 한다.

포용도시는 도시 공간의 이용에서도 차별을 받지 않는 도시다. 소득과 직업, 성별이나 나이에 상관없이 누구나가 자유롭게 이용할 수 있는 공원, 광장, 운동장, 놀이터 등 공공공간의 확충이 시

투박한 도시시설물인 육교도
잘 디자인하면 랜드마크로서
도시의 어메니티를 높이는 중
요한 수단이 된다. 서울 서초
구 아쿠아 아트 육교.(출처: 류
중석)

급하다. 우리나라 국민 1인당 평균 공원면적은 8.09㎡로 선진국의
4분의 1 수준에 불과하다. 그나마 아파트 단지는 고급화되어 놀이
터, 광장, 운동시설 등이 잘 갖추어져 있지만 빌라나 단독주택지
의 경우는 공공공간이 턱없이 부족하다. 2020년부터 장기 미집행
도시계획시설 일몰제 시행으로 도시계획상 꼭 필요한 공원이 사
라지고 있다. 막대한 예산이 투입되지 않으면 포용도시를 향한 꿈
은 시작부터 어긋날 수 있다.

어메니티 계획을 통한 도시의 품격 향상

포용도시를 위한 공공공간의 양적 확충도 필요하지만, 질적 향
상이 수반되지 않은 양적 확충은 모래 위에 지은 누각이 될 가능
성이 크다. 이러한 관점에서 포용도시를 구현하는 수단으로 어메

니티amenity 개념이 주목을 받고 있다. '어메니티'라는 용어는 사랑 또는 쾌적함을 의미하는 라틴어에서 유래되어 '쾌적하고 매력적인 환경', '기쁘고 행복한 감정을 느끼는 정주여건'을 의미한다. 건축·도시분야에서 어메니티는 잘 설계된 건축물, 수려한 자연경관, 주목을 끄는 랜드마크 등 정주환경에 대한 만족도를 높이고 삶의 질을 향상시키는 제반 여건을 지칭한다.

황량하게 벤치 몇 개가 덜렁 놓여 있는 공원보다 다양한 수목과 화초가 있고 주제와 스토리가 있는 공원이 도시의 품격을 높인다. 네모반듯한 콘크리트 빌딩만 나란히 늘어선 거리보다 조각작품과 동상이 놓여 있고 건축적으로 의미 있는 랜드마크 건물이 늘어선 거리가 자부심과 행복감을 준다. 이러한 도시가 사회적 약자를 배려하고 모두에게 공공공간의 이용 권리를 보장하는 진정한 포용도시다. 지금까지 도시의 행복지수를 평가하는 지표는 대부분 삶의 만족도와 관련된 지표였으나 앞으로 도시의 행복지수는 포용성이 가장 중요한 항목이 될 것이다.

포용도시는 이제 돌이킬 수 없는 시대적 화두이며, 향후 20년간 전 세계의 도시개발에 있어서 핵심가치로 부상할 것이다. 포용도시의 실현은 각 도시에서 진행되는 건축사업이나 도시개발 및 도시재생 사업에서 어떠한 의사결정을 내리느냐에 달려있다. 시민들은 아파트 평수나 임대주택 여부로 이웃을 판단하지 않아야 하고, 시장과 공무원은 확고한 도시철학을 바탕으로 도시개발과 관련한 의사결정을 해야 한다. 나 혼자가 아니라 더불어 잘 살아야 도시가 제대로 발전한다.

"행복한 도시는 자본이 잠식한 도시가 아니라 사람이 중심이 되는 도시"라는 캐나다의 도시전문가 찰스 몽고메리의 견해는 더불어 잘 사는 도시를 만들어야 모두가 행복하다는 포용도시의 철학을 잘 반영한 명언이다.

품격 있는 도시는
시민 권력으로 만들어진다

—
함인선(광주광역시 총괄건축가)

　노무현 대통령의 첫 해외 순방은 당신의 생애 첫 해외여행이기
도 했다. 구미의 선진도시를 처음 본 사람들이 다 그렇듯 귀국 후
첫 일성이 "왜 우리의 도시·건축은 그처럼 아름답지 못합니까?"
였다고 한다. 이러한 대통령의 관심에 힘을 얻어 '건설기술·건축
문화선진화위원회'(2005)라는 대통령 직속 기구가 출범한다. 이 기
구는 이후 '국가건축정책위원회'(2008)로 이름은 바뀌었지만 지금
까지 우리나라 건축문화 창달을 위해 많은 노력을 해오고 있다.
　'건축기본법'(2007)은 이 위원회의 첫 작품이다. 이 법은 건축문
화를 진흥함으로써 국민의 건전한 삶의 영위와 복리향상에 이바지
함을 목적으로 제정됐다. '건축문화', '품격'이라는 용어가 등장하
고 '건축'을 건축물과 공간환경을 기획, 설계, 시공 및 유지관리하
는 것으로 정의한다. 건축기본법의 의의는 건축을 단순히 건축물
을 짓는 행위로 보는 시각을 벗어나 문화적 행위로 보고 건축물의
품격 향상이 공공성 증대에 기여한다고 본 점이다.
　그때까지 "건축은 건축물을 신축·증축·개축·재축^{再築}하거

베를린, 암스테르담의 가로벽.
아름다운 도시들은 '질서 있는
도시 안의 개성 있는 건축'을
가진다.(출처: Mook@southstep,
booking.com,bloomberg)

나 건축물을 이전하는 행위"라고 따분하게 정의되었었다.(건축법
(1962) 이로써 우리나라에서 건축은 적어도 법적으로는 선진국 수
준의 위상을 찾게 된 셈이다. 예컨대 프랑스 건축법의 제1조는 이
렇게 시작한다. "건축은 문화의 표현이다. 건축적 창조, 건물의 품
격, 주변 환경과의 조화, 자연 및 도시경관의 존중, 문화유산 보존
등은 공공의 이익을 위해 이루어져야 한다."

그럼에도 불구하고 현재 우리나라의 도시·건축이 세계 10위
경제 대국, 최고의 반도체와 자동차를 만드는 나라, BTS와 봉준호
를 배출한 나라의 수준에 도달했는가에 대해서는 여전히 의문이
다. 건축의 노벨상이라는 프리츠커 수상 횟수만 해도 일본은 7회

나 되고 중국, 인도, 아프리카에도 있는데 우리나라는 수상하지 못했다. 몰취미한 건물들과 어지러운 간판으로 뒤덮인 도시의 가로를 걷다 보면 구미 도시들의 정연하면서도 품위 있는 가로벽이 부럽기만 하다. 이기적으로 치솟는 나홀로 고층 건물들과 유치하고 열악한 공공시설물들은 그렇지 않아도 정글인 도시의 풍경을 더욱 삭막하게 만든다.

한국의 도시·건축이 후진적인 까닭

국민의 세금으로 지어져 건축문화를 선도해야 할 공공건축물은 어떠한가. 한 해 5500여 동이 지어지고 있지만 건축적으로 의미 있는 걸작은 좀처럼 눈에 띄지 않는다.

다른 모든 지표는 이미 선진국인데 유독 도시·건축은 후진적인 까닭은 무엇일까? 개발과 압축성장의 시절, 도시와 건축을 오로지 기능과 효율 위주로 짓던 관행과 부동산적 가치로만 재던 습성이 이른바 '문화'가 되었기 때문이다. "건축은 문화의 표현"이라는 프랑스 건축법 구절에 기대어 말하자면 우리 도시·건축의 이 남루함은 건조 환경을 심미적, 정신적 대상이 아닌 기능적, 물질적 대상으로만 보고 있는 우리 사회의 표현에 다름 아니다.

도시·건축과 더불어 우리나라의 경제, 문화적 위상과 비대칭을 이루는 대표적 분야가 정치라는 사실은 의미심장하다. 우리가 부러워하는 도시·건축을 가진 나라들이 모두 높은 수준의 정치문화와 민주주의를 가졌다는 사실은 우연이 아니다. 이는 저들의 도시발전 역사가 민주주의 역사와 궤를 같이하고 있다는 사실을 알면 쉽게 이해가 된다. 하다못해 골목길조차 이웃끼리 사이가 좋으면 깨끗하고 아름다워진다. 따라서 익명성과 무한경쟁의 장소인 도시 공간의 질적 수준은 구성원들의 사회적 합의 추출능력과 정확히 비례한다고 보면 옳다.

　　우리가 닮고 싶은 구미의 아름다운 도시들도 산업혁명 시기에
는 급격한 도시화로 추악한 모습이었다. 방 하나에 대여섯 가구에
심지어 돼지까지 살았으며 배설물은 길에 버렸고 근친상간이 심
각한 사회문제였다고 기록되어 있다. 그럼에도 지금의 아름다운
도시와 건축을 가지게 된 것은 지난 100여 년 동안 끊임없이 시민

파리의 몽파르나스 타워. '검은 묘비'라는 오명을 얻은 이 타워 이후로 파리 시민들은 도심 건물 높이를 37m로 규제하기로 합의한다.(출처: wikimedia)

들의 민주적 절차에 따르는 사회적 합의에 의해 엄격하게 자율 규제를 해 온 덕분이다.

파리는 구도심 전역에 10층 이상 건물은 없다. 1973년 '검은 묘비'라는 오명을 얻은 209m 높이의 몽파르나스 타워가 들어선 이후 시민들의 합의에 의해 도심 건물의 높이를 37m로 제한했기 때문이다. 재산권 침해에 대한 항의가 드셀 것 같지만 시민 모두의 자산인 도시 경관을 지키기 위해 개별 필지의 권리를 희생하는 것에 대해 모두 수긍한다. 이러한 시민정신이 아름다운 도시 파리를 지켜내는 힘이다.

우리나라는 2차 대전 이후 선진국에 진입한 유일한 국가다. 그러나 경제성장과 민주화를 동시에 이루었다는 놀라운 성취가 오히려 우리 도시 · 건축의 위기를 가져온 원인이라는 점은 매우 역설적이다. 경제성장은 개발압력에 따라 도시 · 건축의 무한 팽창

트라이앵글 셔츠웨이스트 공장의 화재(1911). 소녀 146명이 맨해튼 길 위로 떨어져 죽은 후 10만의 시민이 항의시위에 나섰다.(출처: histoy.com, Forbes, Cornell Univ)

을 요구하는 반면 민주화는 규제 권력의 약화를 야기하여 위험하고 질서 없는 도시를 만들고 있기 때문이다.

20세기 초 뉴욕이 그랬다. 고층건물이 규제 없이 들어서다가 급기야 1911년 전대미문의 참사가 일어났다. 맨해튼의 마천루의 13층 트라이앵글 셔츠웨이스트 의류 공장에서 화재가 났고 공장주가 피난 통로를 잠그는 바람에 146명의 소녀들이 거리로 뛰어내려 죽었다. 이런 전시대적 사고가 우리에게는 현재의 일이다.

우리나라 소득반영 산재 사망률은 OECD 중 압도적 1위인데 2위의 캐나다의 3배이고 13위 영국의 무려 26.3배다. 그런데 한해 1000여 명의 산재 사망자 중 절반이 건설현장에서 죽어나간다. 요컨대 우리의 도시·건축은 '고담시'같은 디스토피아나 '킬링필드'를 방불케 하는 위기에 처해 있다는 말이다.

이 위기를 극복하기 위해 국가권력을 다시 소환하여 경찰국가로 가는 것은 '배트맨'같은 해결사를 기다리는 것만큼이나 어리석은 일이다. 결국 해답은 선진도시들이 그리했듯 시민들의 각성과 합의에 의해 자율적인 규제를 제도화시키는 방법 말고는 없다. 1911년 맨해튼 사고 후 10만 명의 성난 시민들이 장례행렬에 합류했고 '공공안전에 대한 시민위원회'를 결성한다. 이들의 압력으로 주 의회는 새 노동법과 소방법을 제정하고 이후 미국에서 9.11 이전까지 그 이상의 건물에 의한 사고는 없게 된다.

민주주의적 도시·건축행정 필요

우리나라가 제도적 민주화는 이미 얻었으되 아직 민주주의가 체화되지 않고 있다는 징표는 도시와 건축 행정의 현 상황에서 읽을 수 있다. 어떤 규제가 생기거나 인허가가 뜻대로 되지 않을라치면 이해 당사자들은 행정청에 가서 시위를 한다. 시민 권력이 뿌리내린 선진국에서는 볼 수 없는 모습이다. 예컨대 영국에는 건축 인허가라는 것이 따로 없다. 법의 취지에 맞는지를 시민, 전문가들이 토론하여 부합된다고 결정하는 합의가 곧 허가다. 이 과정에서 행정청은 회의 주재, 자료 제공 등의 역할만 할 뿐이다.

이렇게 민주주의적 도시 · 건축 행정이 있는 도시에는 '질서 가운데의 개성'이 생긴다. 도시에는 시민들의 합의에 의해 만들어진 질서가 있고 그 도시를 이루는 건축은 규제가 없는 만큼 개성이 넘친다. 이것이 좋은 도시, 아름다운 도시다. 이렇게 본다면 우리의 도시 · 건축은 거꾸로다.

우리 도시는 명목적 민주화 시대를 맞아 권위주의 시대의 옛 규율은 버렸으나 새 규율을 가지지 못한 채 질서 없는 '각자도생'의 도시가 되고 있다. 한편 건축은 개발시대 대량생산의 관성과 시시콜콜한 것까지 규제와 심의로 간섭하던 타성을 벗어나지 못해 전국 어디서나 똑같은 아파트와 똑같은 우체국 건물을 보게 된다.

지금 우리나라의 도시·건축은 대전환기에 놓여 있다. 우리의 국력과 경제 수준에 걸맞은 도시·건축을 얻는가의 여부는 정치나 행정, 전문가들에 의해서가 아니라 시민 권력으로부터 결정되는 것이고 시민들이 사회적 합의를 통해 어떠한 새 규율을 만드느냐에 의해 달려 있다.

이러한 측면에서 이번 건축물 높이에 대한 일률 규제를 해제하겠다는 이용섭 시장의 발언은 의미가 있다. 파리는 구도심은 37m로 엄격히 규제하지만 라데팡스 등 도심 외곽에는 높이 제한이 없다. 런던은 세인트 폴 성당 등 랜드마크를 향하는 통경축view corridor 내부는 철저히 높이 규제를 하되 나머지는 규제가 없다. 이렇듯 도시의 건축물 높이는 차등 규제를 해야 역사성 보존과 도시경쟁력 확보라는 두 목적을 같이 이룰 수 있다.

광주도 무등산을 향하는 통경축, ACC 주변을 포함하는 원도심은 높이 규제를 더욱 강화하고 그 나머지 지역은 규제를 최소화해야 할 것이다. 이렇게 된다면 그 다음은 시민들의 몫이다. 차등 규제에 따르는 이해 당사자들의 불만은 시민적 합의에 의해 포용되어야 하며 지역, 지구적 특성을 반영한 정교한 규제 및 완화 규정 또한 시민 참여 및 주도로 만들어져야 한다.

우리나라는 이미 프랑스, 영국보다 잘 사는 나라이며 광주의 민주정신이 파리, 런던보다 못할 이유가 없다. 저들이 백여 년에 걸쳐 얻은 아름답고 안전한 도시를 우리가 더 빠른 시간에 시민적 합의에 의해 이룬다면 그것이야말로 '광주다운 도시·건축'일 것이다.

콤팩트 시티, 21세기 도시를 향해

김세용(경기주택도시공사 사장/고려대학교 건축학과 교수)

헨리 포드는 자동차를 처음으로 발명한 사람은 아니었다. 물론 자동차를 제일 잘 만들었던 사람도 아니다. 그럼에도 1908년에 포드가 처음 출시했던 T형 모델은 세상을 바꾸었다. 그는 자동차 대량생산에 성공했고, 자동차를 가장 싸게 만들었다. 1920년 포드가 내놓았던 개량된 T형은 대당 255달러였고, 당시 미국 중산층 근로자들은 반년치 급여를 저축하면 이 차를 살 수 있었다고 한다. 몇 명의 자동차 장인들이 모여서 만들어내던 수공업 방식에 비하면 컨베이어 벨트를 활용한 포드의 자동차 생산방식은 획기적인 변화였다. 약 100여 년 전의 일이다.

대중화된 자동차는 도시의 형태도 흔들어 놓았다. 이전까지 인류는 보행이 기본인 도시에서 살아왔다. 600여 년 전에 조성된 신도시인 한양의 둘레는 18㎞ 정도였다. 한양이 지어질 당시, 동로마제국의 수도로서 서구에서 가장 번영하던 도시였던 콘스탄티노플(현 이스탄불) 성 역시 둘레는 17㎞ 정도에 불과했다. 인류는 포드 전까지 수천 년 동안 커봤자 그 정도 크기의 도시에서 살았다.

포드가 만들어낸 자동차 대량 생산 시스템은 도시 형태 자체를 변화시켰다. 포드 자동차회사 근로자들.(출처: The Henry Ford Museum)

사람들은 직장과 주택 구분 없이, 구분이 있더라도 걸어 다닐 만한 거리에서 생활하였다. 성내에는 관청과 주택, 직장, 절이나 교회가 있었고, 성 밖에는 주로 논밭이 있었다.

그런데 포드가 내놓은 자동차는 이러한 생각을 흔들었고, 주택과 직장은 분리되기 시작했다. 주택만으로 이루어지는 교외신도시가 가능해진 것이다. 사람들은 일하는 곳과 잠자고 쉬는 곳을 나누었고, 그 간격은 자동차가 메꾸었다. 당연히 도시는 커져만 갔고, 커져가는 도시에 대처하기 위한 방편이었던 용도지역제 zoning(1916년 뉴욕 시에서 처음 제정됨)가 여러 도시를 움직이기 시작했다. 1920년대 이후 미국에서는 교외 신도시들이 여기저기 건설되었다. 도시 외곽의 베드타운에서 자동차로 도심에 출근하고 주말은 교외의 대형 쇼핑몰에서 가족들과 시간을 보내는 생활패턴은 전 세계로 퍼지기 시작하였다.

도시 만드는 방법을 바꿔라

1970년대 초반, UN이 발표한 자료를 보면 당시 지구상에 100만 이상의 도시는 30여 개가 되었다. 자동차 대중화 이후 50여 년 만이었다. 다시 50년이 지난 지금, 인구 100만 이상의 도시는 한국에만 10개가 넘고, 지구에는 1000만 이상의 도시가 30개에 육박한다. 메가시티의 건설과 베드타운의 양산, 이것이 지난 100년간 인류가 도시화를 촉진하면서(2015년에 도시에 사는 인구가 지구 인구의 절반을 넘어섰다고 UN이 선언하였다) 추진해온 도시를 만드는 방식이다. 매일 통근에 여러 시간을 쏟고, 도시의 15% 이상을 도로로 채우며 기능에 따라 도시의 여러 구역을 분절해놓은 도시, 우리는 이전 수천 년과는 전혀 다른 도시를 지난 100년간 만들어왔다.

그럼 앞으로 100년은 어떻게 해야 할까? 우리는 지금도 열심히 도시를 확장하는 것으로 문제를 해결하려 하고 있다. 하수下手 중의 하수다. 미국에서 교외화가 진행된 후, 이러한 흐름은 유럽을 지나 일본을 거쳐 한국으로 들어왔다. 인구가 늘면 도시를 확장하거나 교외신도시를 만드는 방법은 가장 쉽고 빠르게 기성도시의 여러 문제를 해결하는 방법이었다.

지난 70년대 이후, 한국도 이 방법을 받아들였고 지금도 진행 중이다. 그 결과 2020년 기준, 수도권의 인구 집중률은 50%를 넘어섰다. 유럽에서 수도권 집중이 가장 심한 파리권이 10% 후반, 이웃 일본의 도쿄권은 30% 정도, 아메리카 대륙에는 유사 사례가 아예 없으니 세계적으로 유례가 없는 일을 우리는 또 해낸 것이다. '더 빨리', '더 높이' 올림픽 구호처럼 도시를 만들고 확장시켜온 결과다. 수도권 집중과 지역쇠퇴는 앞으로 후손들이 고스란히 물려받아 해결책을 찾아야하는 난제기도 하다. 그럼에도 정부는 호기롭게 3기 신도시구상을 발표했고, 국가철도망계획을 통해 수도권 집중을 더 유도하고 있다.

서울권역 변화 사진(1979~2010)
(출처: 국토교통부, 2015)

　　신도시나 광역 철도망 등은 기존의 관성을 그대로 따라가는 발상이다. 급변하는 인구구조를 도외시하여 향후 불필요한 자원 낭비를 초래할 수 있는 문제 있는 정책임이 분명하다. 4인 가구가 표준이던 시절이 있었다. 1기 신도시는 4인가구를 대상으로 한 것이다. 세월이 흘러 2012년에는 우리나라 전체 가구 중 절반이 1~2인가구가 되었고, 이 비율이 60%를 넘는 데는 6년이 채 걸리지 않았다. 2021년 기준, 4인가구는 20%가 채 안 된다. 1~2인가구가 대세고, 2~3인가구도 대부분 맞벌이인 지금, 도시 외곽에 짓는 신도시는 예고된 빈집이다. 1~2인가구는 교외보다 직장 인근을, 결혼해서 자식을 희망하는 신혼부부는 처가(혹은 친가) 인근을 선호한다. 통근에 시간을 버리고 넓은 집에 살기보다는 좁더라도 도심 내 주택을 선호한다. 또 1~2인가구들은 동네에서 많은 것을 해결하려 한다. 15년 후에는 1~2인가구 비율이 70%에 이를 것으로 예측되는데, 이는 OECD 국가들의 전반적인 트렌드이며, 유독 한국만 그런 것은 아니다. OECD는 2030년 기준 1인가구 증가율을 프랑스, 뉴질랜드, 영국, 호주, 한국 순으로 매기고 있다. 우리나라의 1인가구의 비율은 2000년 15%에서 작년에는 33%, 25년 후에는 40%에 육박할 것으로 예측된다.

도시 양적 확산 재고할 시점

인구구조 변화로 인한 여러 변화는 이미 감지되고 있다. 코로나 이전인 2019년 조사를 보면, 서울시내 공유 킥보드나 공유 자전거의 이용빈도는 전년 대비 20~40%가 증가하였다. 전국의 편의점 역시 5만개가 넘게 되었으니 인구 1000명당 1개꼴이다. 근거리 교통이나 편의점수의 가파른 증가는 인구구조 변화와 밀접한 관계가 있다. 슬리퍼 끌고 다니는 슬세권, 동네에서 모든 걸 해결한다는 올인 빌all in ville이란 말이 괜히 있는 게 아니다.

이런 변화는 1~2인가구가 급격히 늘어난 2012년 이후의 일이며 당분간 이런 추세는 지속될 것이다. 활동의 많은 것을 동네 안에서 해결하고픈 1~2가구의 증가는 도심의 볼륨 증가와 도심 내 시설의 집적을 요구하게 된다. 이러한 추세는 세계적으로 퍼져 있는데, 15분 도시 파리, 10분 도시 바르셀로나가 그러하고, 작년 보선 때 서울시장, 부산시장 후보들이 내걸었던 21분 도시, 15분 도시 등도 이런 추세를 반영한 것이었다.

세상은 급변하고 있다. 이제는 기후예측도 점점 더 어려워지고 있다. 필자는 2016년에 에콰도르 키토에서 열렸던 유엔 하비타트 3차 총회를 위한 어젠다 작성을 1년여 진행하였다. 우리가 내린 결론 중 하나는 회복력resilience을 도시경영의 주요 개념으로 채택하는 것이었다. 도시의 재난을 사전에 방어한다는 생각을 버리고, 발생한 재난을 최대한 빠르게 수습하자는 게 레질리언스의 핵심개념이다. 여기엔 인간은 기후변화를 이길 수 없다는 생각이 깔려 있다. 기후만 변하고 있는 게 아니다. 전술한 인구구조도 그렇고, AI는 특이점Singularity(AI가 인간의 지능을 앞서는 시점)을 향해 빠르게 진화하고 있다. 조만간 드론 택시가 상용화될 것이고, 2035년쯤에는 스마트 모빌리티Smart Mobility가 반경 350㎞ 정도를 감당할 것으로 보인다.

신내4 _ 컴팩트시티
북부간선도로 입체화

단절된 지역을 연결하다 74,551㎡ / 990세대

사업승인 '20. 11. 착공 '21. 12. 준공 '25.하반기
·신내 IC ~ 중랑 IC (중랑구 신내동 122일원)
·대형기반시설로 단절된 주거 (북부간선도로, 중랑차고지, 신내차량기지)
·편의시설 부족 및 광역 간선도로망과 트리플역세권의 성장 잠재력

인공대지

도시의 새로운 지형
·북부간선도로 활용의 첫 단계
·신내 IC~중랑 IC 약 500m 인공대지 조성
·구조 안정성 확보를 위한
 RC+모듈러&트러스 하이브리드시스템
·터널과 건축구조를 완전 분리하여
 진동, 소음 최소화

신내3지구
신내역
북부간선도로

열린숲

인공대지를 건강한 생태숲으로
·지역주민 모두 이용할 수 있는 열린 공원
·주변단지와 교류하는 외부공간
·도시정원테마의 휴식과 지역커뮤니티,
 이벤트가 가능한 문화공원 조성
·주거생활공간 가까이 휴식을
 취할 수 있는 근거리 녹지공원 계획

신내역
6호선 신내차량기지
저층 창고
북부 간선도로
신내 3지구

신내4 컴팩트시티는 북부간 선도로 위에 약 1000호와 보 육등 공간복지시설을 건설하 는 프로젝트다. 주택 1000호는 OSC(Off Site Construction)공법 으로 공장에서 만든 후 현장 에서 조립하며, 공기는 1/3 정 도 단축된다. 도로 위에 짓기 때문에 토지매입비가 없는 프 로젝트다.

남한의 대부분 지역은 드론으로 도달 가능할 때가 10여년 남짓 남은 것이다. 지난 100년간 만들어온 도시 만드는 방식은 이제 바 꿔어야 한다. 인구가 도시로 몰리고, 늘어난 인구를 분산 수용하 기 위하여 그린벨트를 해제하고 교외 베드타운을 만들거나 기존 도시 외곽을 확장하는 방식으로는 변화에 대응하지 못한다. 이번 코로나로 우리는 뜻하지 않게 화상회의와 재택근무의 가능성을 확 인하였다. 코로나 이전부터 진행해왔던 올인빌All in Ville 트렌드는 더 욱 강화되고 있다.

필자는 SH서울주택도시공사 사장으로서 콤팩트 시티 프로젝트를 진 행했었다.

신내4 콤팩트 시티는 북부간선도로 위에 약 1000호와 보육 등 공

장지_컴팩트시티
버스차고지

버스차고지 활용의 첫 사업 38,119㎡ / 758세대
사업승인 '20. 12 착공 '21. 10 준공 '24. 10
•송파구 장지동 862 •버스운수업체 3개사, CNG 충전소

모두의 공원

지역거점 그린허브공원
•주거 생활공간 가까이 휴식, 여가, 이벤트를
위한 공원 (숲과 물의 도시 숲 조성)
•지속가능한 공원 계획

커뮤니티형 주거

사람이 모이는 지역생활중심
•마을카페 및 문화시설
•테라스 공유공간

버스차고지 활용

소셜스마트 시티
•버스차고지 활용의 첫 사업으로
소음, 매연, 위해요소로부터 적극 이격,
안전한 차고지 계획
•대합실을 통한 휴게, 대기, 만남,
육아 수유공간 제공
•퍼스널 모빌리티 보관·충전 시설 확보 및
안전 스마트 관리 / 스마트 생활 지원

간복지시설을 건설하는 프로젝트다. 주택은 OSC^Off Site Construction 공법으로 공장에서 만든 후 현장에서 조립하며, 공기는 단축된다. 도로 위에 짓기 때문에 토지매입비가 0인 프로젝트다.

공영버스 정류장 입체화 프로젝트도 있었다. 기존의 차고지는 지하로 집어넣고, 지상에는 공원과 800여 호의 주택 및 주민편의를 위한 공간복지시설을 지어서 입체화, 복합화하는 프로젝트며 빗물펌프장 기능을 그대로 유지한 채 펌프장 위에 150여 호의 주택과 공간복지시설을 복합화하는 프로젝트도 진행했었다.

이제는 도시의 양적 확산을 재고해야 할 시점이다. 그동안 우리가 만들었던 도시를 더욱 촘촘하고 콤팩트하게 재구조화해야 할 시점이다. 이걸 강조하면, 많은 도시의 관리자들이 도시 내에는 땅

서울시내에는 공영버스차고지가 30여 개쯤 있는데, 그중 첫 번째 입체화 프로젝트다. 기존 차고지는 지하로 집어넣고, 지상에는 공원과 주택 800여 호 및 주민편의를 위한 공간복지시설을 지어서 입체화, 복합화하는 프로젝트다. 그동안 버스차고지의 소음, 빛 공해에 시달렸던 주민들의 민원도 해소되었다.

연희_ 컴팩트시티

빗물펌프장

홍제천 자전거허브로

자전거 그린네트워크

청년활동 결합된 대학생 주택
홍제천 자전거 허브로

커뮤니티형 주거

생활형 SOC / 주거 통합

피트니스, 도서관, 창업지원센터 등

교통섬 위 공공주택

도시기반시설과 거주의 공존

아트리움을 통한 주거부분의 소음 및
악취 차단

교통섬 위 새로운 공공주택 4,272.6㎡ / 154세대

사업승인 '20. 03   착공 '20. 11   준공 '22. 06
•서대문구 연희동 446-26   •빗물펌프장과 행복주택 복합개발

빗물펌프장 기능을 그대로 유지한 채 펌프장 위에 주택 150여 호와 공간복지시설을 복합화하는 프로젝트다. 토지매입비가 없으므로 입주민들을 위한 여러 시설을 좀더 고급화해도 건설 예산을 절감할 수 있었다.

이 없다고 하소연한다. 재생은 시간이 많이 걸리는 작업이라 지자체장 임기 내에 실적을 거두기 어렵다는 생각도 깔려 있다. 생각을 바꿔야 한다. 다행히도(?) 그동안 우리가 만들어왔던 도시 내에는 저이용된 공공소유 공간이 많다. 그런 곳을 입체화, 복합화해서 콤팩트하게 만들면 단기간 내에 많은 공간이 생겨날 수 있고 콤팩트하게 주변과 연결될 수 있는 네트워크가 만들어진다.

21세기 도시는 21세기에 맞게 만들어야 함을 다시 한 번 강조한다.

05

도시 행복은
자치단체장의 도시 비전이 만든다

조용준(조선대학교 명예교수)

산업적·기능적 합리성이 지배하는 도시

우리는 지금 산업적 · 기능적 합리성을 최대가치로 삼고, 분리와 개별성을 통해 신속하게 만들어진 도시에서 살고 있다. 근대 이전 사회를 지탱하던 전통과 사회적 규범을 도시 발전의 장애물로 여겨 폐기하고 그 자리에 성능 좋은 설비를 갖춘 큰 건축물을 짓고 도로를 개설하는 것을 당연하게 여기는 도시에서 자동차에 의존해 살고 있다. 도시를 구성하는 건축 등 '부분'이 모인 도시는 좋은 '전체'가 되지 못한 채 몰개성화, 몰공공화된 도시에서 살고 있다.

지난 시기에 우리 도시들은 개발이 가능한 곳이면 어느 지역이든 아파트지역 등으로 개발해, 대도시는 구심점을 상실한 확산형 도시가 되었다. 도시 확산이 끝난 지금은 재개발사업, 지역주택조합 등이 주도가 돼 도심 및 기성시가지의 주택과 골목길, 언덕 등을 지우고 그 자리에 거대한 아파트 단지를 세우고 있다. 이로 인해 누적적 다양성 도시는 표층적 획일성 도시가 변모해 기억을 잃

고, 재미를 잃은 경직된 도시가 됐다.

도시가 재미가 없고 경직되고 삭막한 도시가 된 이면에는 도시
의 주인이 사람이라는 평범한 사실을 소홀히 함은 물론, 토지의 경
제적 가치를 높이려는 현존주의적 도시정책이 있다. 지난 세월 광
주에서 이루어진 정책들만 봐도 알 수 있다. 태자의 태를 묻은 왕
릉 같은 태봉산을 헐고 그 흙으로 긴 역사의 경양방죽을 매립하여
시청사 부지와 택지로 개발하거나, 도심 교통량 분산을 명분으로
광주천의 양쪽 폭을 크게 줄여 넓은 도로를 만들고 일부는 복개해
시장으로 사용하고 있는 게 대표적 사례다. 또 시가지를 혈맥처럼
흐르는 소하천에서 발생하는 악취를 방지하고 교통난을 해결한다
는 명목으로 복개를 하고, 도로변에 마지막 남은 역사적 유림수를
교통에 방해가 된다고 베어냈다. 심지어는 중앙도시계획위원회에
서 부결돼 다행이긴 했지만, 도심을 흐르는 4km의 광주천을 복개

해 상업용지로 사용하려고도 했다. 자치단체의 도시정책이 이런 도시를 만들었고, 우리는 거기에서 살고 있다.

이 같은 사례들이 어디 광주에서만 발생하는 일이겠는가? 이제 도시에 대한 철학과 만드는 방식을 변화시킬 필요가 있다.

좋은 도시는 소통, 참여, 협치와 지속성이 만든다

도시는 언제나 그 자리에 그대로지만 사는 사람들은 지속적으로 바뀐다. 도시에 정착해 사는 사람들은 그들에게 적합한 도시를 만드는 작업을 반복적으로 해왔는데, 이 중심에 자치단체장이 있다. 활력 있는 도시를 만들 책무가 있는 자치단체장에게는 도시정책을 결정하고 집행하는 막강한 권한이 주어진다. 자치단체장이 갖고 있는 도시철학이 중요한 이유다.

어떤 자치단체장은 시민들과의 소통을 중요시하며 참여와 협치를 도시정책 결정의 한 단계로 여긴다. 이런 자치단체장은 하의상달식Bottom-up으로 시민들과 함께 도시를 만들고 도시의 지속성을 중시한다. 도시 지속성은 역사적·자연적 환경의 보존뿐만 아니라 전임 자치단체장이 시민들과 합의를 통해 만들어온 도시의 연속성까지 포함한다. 반면 어떤 자치단체장은 도시정책을 결정하고 집행하는 권한을 자기중심적으로 행사한다. 이런 지자체장은 상의하달식Top-down 방식을 당연시하며 전임자들이 진행해온 정책을 버리고 새롭게 시작한다. 이런 도시들은 늘 시작점에 서 있는 경우가 많다. 기존이 있어야 발전도 있는데, 항상 새롭게 시작하기 때문에 도시발전이 없다.

인구가 증가하던 지난 시대에는 외곽지역에 주택지나 산업단지를 개발하는 것이 모든 자치단체장의 도시 비전과 도시정책이 되다시피해 책무에 큰 차이가 보이지 않았다. 하지만 인구감소로 인해 가장 먼저 소멸할 나라가 되고, 고령화로 인해 가장 큰 어려움

나카타 시장 취임 이후 가로 공간의 오픈 카페 등 새로운 프로젝트에 의해 차도를 대폭 줄이고 보행로를 확대한 일본 요코하마의 대로(출처: 요코하마 전 도시디자인실장 구니요시 나오유키 교수)

을 겪을 나라가 될 것이라는 경고를 받고 있는 지금은 상황이 다르다. 도시는 직물처럼 겹치고 엮인 다중성 구조다. 또 단순히 하드웨어를 생산하는 장을 넘어 정보를 만들고 교환하는 장이다. 자치단체장 홀로 도시 비전을 만들고 실행하기가 어렵다는 의미다. 도시를 만드는 일은 시민이나 전문가들은 물론, 공무원들과의 토론 등을 통한 소통과 참여, 협치가 무엇보다 중요하다. 우리 도시들의 잘못된 점 가운데 하나는 많은 도시들이 도시정책에 대한 자치단체 내의 토론 없이 일방적 지시만 있다는 것이다. 그런 도시에는 창조행정을 기대할 수 없다.

요코하마가 지금의 세계적 도시가 되는 데에는 1960년대의 아스카타 이치오 시장과 2000년대 초의 나카타 히로시 시장의 공헌이 컸다. 아스카타 시장은 행정의 경직된 수직적 조직에서 벗어나서 자유로운 분위기에서 토론을 통하여 시민들을 위해서 일하는 마인드를 갖게 함은 물론, 정체성 있는 요코하마 만들기를 하도록 했

'15분도시 파리'를 내건 안 이달고 파리 시장은 6만여 대 분량의 주차장을 없애 주요도로를 보행공간으로 만들고 자전거 통행을 대폭 늘리겠다고 했다. 사진은 시간당 3000여 대의 자동차가 지나다니는 차도 폭을 반으로 줄이고 정원을 만들겠다고 한 샹젤리제 거리.(출차: 조용준)

다. 니카타 시장은 뉴퍼블릭 매니지먼트NPM를 도입하고, 시장 중심의 중요정책 토론인 도시경영전략회의, 부시장 중심의 중요 시책토론인 도시경영집행회의를 시스템화했다. 이 과정을 홈페이지에 게재하고, 현안 사업실현을 위한 본부장 중심의 임시 사업본부를 만들었다. 여기에는 시장과 함께 입청한 도시디자인 전문 브레인들의 공헌도 컸다. 요코하마는 자치단체장의 도시 운영 방식이 얼마나 중요한가를 보여준다. 지역·학연·정치적 인연으로 브레인을 뽑는 것에 익숙한 우리 도시들의 경우를 감안했을 때 최근 도시디자인 전공교수를 부시장으로 임명한 경기도 고양특례시에 주목한다. 고양특례시가 우리나라의 또 다른 요코하마가 되어서 많은 도시들에게 영향을 미치기를 기대한다.

파리는 나폴레옹 3세 시대의
파리 시장이던 오스망의 파
리 대개조와 프랑스 혁명 200
주년을 기념하여 미테랑 대통
령이 오르세 미술관 등 9개의
빅 프로젝트를 시행했다. 사진
은 그중 하나인 그랜드 알슈
다. 이 건축물은 424개의 국제
현상공모 중에서 최종 선정된
2개의 안 중에서 대통령이 선
택한 건축물이다.(출처: 조용준)

사람이 중심이 되는 재미있는 도시 만들기

21세기가 되면서 도시들은 인구감소 대응과 사람도시로의 변
화, 지구 생존을 위협하는 탄소 배출량 감소 문제에 직면해 있다.
혈연가족의 붕괴와 함께 1인가족의 절연생활이 고착화되고 있고,
노인을 위한 도시로의 변화도 요구받고 있다.

정부의 재정지원이나 민자 유치를 통한 도시 활력을 만드는 일
도 중요하지만 자치단체가 자력으로 진행할 수 있는, 재미있는 사
람의 도시를 만드는 일이 필요하다. 재미있는 사람의 도시는 시각
적 즐거움은 물론, 소통과 신뢰, 감탄을 만드는 공간의 다양성에
서 나온다. 불편한 도시, 불안한 도시, 혼란스러운 도시는 감탄이
나오지 않는 재미없는 도시다.

재미있는 도시를 만들기 위해서는 창조성이 바탕이 된 건축과

도시디자인 개념을 적극 끌어들어야 한다. 도시디자인에는 도시에 생명력을 불어 넣고, 물리적 공간을 사회적 공간으로 만들고, 사람들을 도시공간으로 나오게 하는 재미를 만드는 창조적인 힘이 있다. 창조성은 도시재미의 근원이다.《창조도시》의 저자 찰스 랜드리의 말처럼 상상력이 풍부하면서 혁신적이고 창의적인 방식으로 처리하는 창조성 발휘가 필요하다. 창조성은 지리적 · 경제적 · 환경적 이유로 발생하는 어려움과 불리함을 극복하고 활력을 만드는 유일한 방법이기도 하다.

창조성은 특히 소멸을 걱정하는 지방도시에 더욱 필요하다. 자치단체장은 창조성이 발휘될 수 있도록 지시적 행정에서 토론적 행정으로 바꿔야 한다. 또 어떤 도시가 재미있는 도시인가에 대해 끊임없이 토론하고, 이를 통해 재미있는 도시상을 만들어야 한다.

지구상에는 사람이 중심이 되는 창조적 도시디자인을 추구하는 시장들은 많다. 과거 로마 개조의 교황 식스터스 5세, 파리 개조의 오스만 시장도 있었다. 지금은 '15분 도시'를 선언한 이달고 파리 시장은 6만여 개 주차장을 없애고 센 강변의 양쪽 자동차도로를 보행자공간으로 바꾸는 것은 물론, 시간당 3000여 대의 자동차가 지나다니는 샹젤리제 도로를 반으로 줄여 정원으로 만들겠다고 발표했다. 뉴욕 센트럴파크보다 넓은 공원을 포함해 모두 600개 공원을 만든 엔리케 페날로사 보고타 시장, 인구감소와 함께 고령인구가 급속히 증가하는 상황에서는 자동차 도시로 성장할 수 없다면서 트램 등을 도입하고 도시적 시설을 도심에 배치, 집약형 도시를 구축하면서 도시 확대를 억제한 일본 도야먀의 모리 마사시 시장도 있다. 이런 도시들은 자치단체장의 도시 철학이 얼마나 중요한가를 보여준다. 도시의 수준은 지자체장 수준이라는 말에 공감이 간다.

자치단체장은 소통이 도시를 만든다는 관점을 가져야 한다. 그래야 급변하는 시대에 좋은 도시 철학과 운영방식도 가질 수 있다. 그것이 경쟁력 있는, 재미있는 도시를 만드는 방법이다.

제2장

걷는 것이 즐거운 보행도시

걷고 싶은 도시로 다 같이 걸어야

오성훈(건축공간연구원 보행환경연구센터 센터장)

걷는 사람의 마음이 먼저다

우리 주변의 보행환경을 개선하는 도시 정부의 정책이 잘못됐다고 이야기하는 사람은 찾아보기 어렵다. 실제로 불편하고 위험한 보행환경을 고치기 위해 많은 사람들이 노력해 왔으며, 어느 정도 개선이 이루어진 것도 사실이다.

그러나 보행환경을 착실하게 개선하기 위해서는 물리적인 시설 공사를 하기 이전에 도시 안팎에서 살아가는 사람들의 형편을 우선 살펴보는 일이 중요하다. 걷고 싶은 도시를 만들기 위해서는 먼저 걷고 싶은 사람들의 마음에 대한 고려가 필요하다. 자동차를 이용하는 사람들이 도로에서 기대하는 것에 대해서는 많은 고민들이 이루어져왔지만, 길을 걸어가는 사람들이 원하는 것이 무엇인지에 대해서는 충분한 배려가 없었다. 보도나 과속방지턱 같은 물리적 시설을 몇 미터, 몇 건 정도 일률적으로 설치하는 일은 나름 의미는 있지만, 실질적인 보행환경을 충실하게 개선하기에

는 부족하다.

길을 걷는 사람들을 살펴보면 각양각색이다. 자동차나 자전거도 물론 다양하기는 하지만 여행객이 아니라면 목적지로 최대한 빠르게 이동하고자 하는 유사한 목적을 가지고 있고, 바퀴가 달린 물리적 조건이 같다보니 움직이는 방식도 비슷하다는 것을 알 수 있다.

이와는 달리 걷는 사람들은 각자 다른 목적과 여건을 가지고 있어 간단하게 파악하기가 쉽지 않은 특징이 있다. 출근길의 직장인들은 목적지로 가기 바쁘지만 점심시간에는 여유롭게 삼삼오오 짝을 지어 대화를 하며 천천히 걷고, 집으로 돌아갈 때면 피곤한 몸으로 전화기만 보며 힘겹게 발을 옮길 것이다.

같은 사람이라도 때때로 걷는 이유와 모습이 다름은 물론이고, 우리 삶에서는 혈기왕성한 소년들, 나이 드신 어르신들, 무거운 짐을 든 사람들, 어린아이의 손을 잡고 걷는 이들, 전동휠체어나 유모차를 미는 이들이 보도를 함께 나눠 쓰고 있다. 길에는 걷는 이들뿐 아니라, 멈춰 서서 버스를 기다리거나 이웃과 인사를 나누고 가게 앞을 서성이며 흥미로운 물건을 구경하는 이들도 있다.

이 모든 모습 중 어떤 것이 더 중요하다고 규정하기는 어렵다. 서로 다른 의도와 여건으로 빚어진 길 위의 모습이 다양한 것은 걷는 사람들의 마음이 그만큼 다 다르다는 것을 뜻한다. 길은 사람들이 이동하기 위한 수단이기도 하지만, 사람들이 머무르고자 하는 공간 자체다. 길을 걸어가는 사람은 정규화되고 흐름으로 단순하게 표현할 수 있는 이동수단이 아니라, 각자의 다양한 사정과 한계를 가지고 가로공간을 부유하거나 점유하는 주체라는 점이 고려돼야 한다.

매일 걷는 이들의 마음으로

이제는 구식이 되어버린 존 롤즈의 '정의론'을 구태여 들먹이지 않더라도, 다양한 이들 가운데 가장 약한 이들을 배려하는 것이 걷고 싶은 거리를 만드는 시작점이 될 수 있을 것이다. 가장 약하다는 의미는 별다른 대안이 없는 이들이다. 어린이들은 누군가 데려다주지 않는다면 학교 가는 길은 정해져 있다. 유모차에 아기를 태우고 밀며 길을 걷기 위해서는 혼자 다닐 때에 비해 몸과 마음이 힘들기 마련이다. 무거운 책가방이나 짐을 이고 다녀야 하는 이들

좁은 보도에 세워진 이륜차는 걷는 이들에게 불편을 준다. 보도에서조차 보행권이 침해되는 일이 일상화되고 있다. (출처: 오성훈)

도로 양쪽에 차량들이 빼곡히 주차되어 있어 자동차가 지나갈 경우 유모차를 미는 이는 옆으로 피할 곳도 마땅치 않아 위험스럽다.(출처: 오성훈)

도로의 수백m 사이에 횡단보도가 없어 위험을 감수하고 많은 보행자들이 무단횡단을 하고 있다.(출처: 오성훈)

의 어려움이나 큰 여행가방을 끌며 낯선 길을 찾아 헤매는 이들 또한 그 순간에는 약자가 된다.

　길을 어쩌다 한두 번 걸어보는 것만으로는 약자들의 수고로움을 알기 어렵다. 매일 그 길로 일을 나서고, 학교에 가야하고, 장을 보고, 아이를 데려다 주어야 하는 사람들의 처지에서는 목적지에 가기 위해 매번 마음의 짜증과 몸의 피곤함을 견뎌야 하는 것이다.

　우리의 길을 어떻게 사용할까, 누가 우선적으로 사용하도록 허락할까, 누구를 위하여 만들고 운영할까 하는 공적인 의사결정은 매우 과학적인 판단을 바탕으로 이루어진 것처럼 생각하기 쉽지만, 사실은 누구의 처지를 먼저 생각할까 하는 판단에서 기인한다.

　걷고 싶은 도시에 대한 이야기를 하면 아름답게 꾸며진 공원의 산책로를 떠올리거나 가로수가 울창한 도심의 식당가를 연상하기 쉽다. 하지만 걷고 싶은 길은 어쩌다 체험용 테마파크처럼 찾아가서 체험하는 곳이라기보다는 매일 일하고, 놀고, 잠자는 일상 속 공간에 밀접하게 녹아있어야 한다.

여기서 중요한 것은 매일 이용하는 길이라는 점이다. 하루하루 고된 일상을 보내는 사람들이 일상적으로 마주해야 하는 길이라면 단 50m, 3분을 더 돌아가거나 더 기다리는 일도 부담이 된다. 자동차가 끊이지 않는 보도 없는 길을 아이 손을 잡고 걸어가거나 좁고 울퉁불퉁해 유모차를 밀고 가기에 힘든 보도를 매일 다녀야 하는 이들의 마음에는 그늘이 질 수밖에 없을 것이다. 작은 공간들의 문제가 일상이 될 때, 우리 삶의 질은 떨어지기 마련이며 보행환경 문제는 생명과 장소를 해치는 주범으로 우리 앞에 계속해서 모습을 드러낸다.

사는 곳에 대한 이미지는 실내보다 언제나 마주하는 길에서 마주치는 사람들과 상점, 경치, 탈 것들로부터 큰 영향을 받는다. 길을 걸을 때 불편하고 위험을 느낀다면 사는 곳에 대한 애정과 관심 대신 형편만 좋아지면 이곳을 벗어나고자 하는 마음만 커질 것이다. 제인 제이콥스는 "누구나 기회만 되면 벗어나고자 하는 동네가 바로 슬럼"이라고 정의했다. 매일 길을 걷는 사람들이 지역의 주인이며 이들의 마음을 보살피는 길이 필요하다.

걷고 양보하고 함께하고

누구나 걷고 싶은 길을 원지만, 우리 도시 안팎은 대부분 걷기 불편하다. 특히 자동차를 우선순위에 두고 만들어진 많은 길들은 걷는 사람들을 불편하게 하고 때론 위험에 빠트린다.

안전한 보행환경의 기준은 집이나 직장 앞에서 어린이들과 장애인들이 부담 없이 혼자 횡단보도를 건널 수 있는지를 생각해보면 된다. 내 가족이 혼자 길을 건넌다는 것이 불안하다면 좋은 보행환경과는 거리가 멀다고 판단해도 무방하다. 또 볼일을 보거나 대중교통을 이용하기 위해 걸어가는 길이 불편하고 멀리 돌아가야 한다면 이 역시 편리한 보행환경이라고 볼 수 없다. 위험하고 불편한 길은 걸어가던 사람들이 다시 자동차로 가고 싶다는 마음을 갖게 만든다.

걷는 이들이 겪는 위험과 어려움을 완화시키기 위해서는 기존에 누리던 운전자들의 속도와 편리함을 조금은 양보해야 한다. 자동차들이 이전처럼 다니면서도 걷기 좋은 도시가 되는 방법은 없다. 자동차는 걷는 이들이 있는 곳에서는 더 느리고 조심히 다니며, 더 멀리 돌아가야 한다. 자동차를 위해 아낌없이 할애하던 길을 걷는 사람들에게 양보하고 나눠줘야 한다.

도시의 도로는 이전 시대의 의사결정으로 조성된 것이어서 예전처럼 속도를 내려는 많은 운전자들의 오해와 불만을 초래하기도 한다. 따라서 나누어 쓰는 행동을 고려한 새로운 길의 물리적 조건과 운영방안을 고민할 필요가 있다. 여기에는 보행자 우선 도로와 도로 다이어트의 확대, 차량소통 중심의 교차로 개선, 횡단보도의 설계 개선, 어린이보호구역 등의 전면적인 개편이 포함된다.

자동차를 이용하는 생활은 더 많은 비용이 든다. 이런 부담은 불필요한 지출이 없는 '적정비용의 도시' 구현에 역행하는 요소로 작용한다. 아기나 어린이를 보살피고 함께 다니는 데 바람직한 보행환경이 마련되지 않은 곳에 사는 이들은 결국 승용차 수요층이 되고, 안전하고 편리한 이동을 위해 더 많은 비용을 지불해야 한다. 이는 그만큼 삶의 다른 부분에서 누릴 수 있는 것들을 앗아가는 셈이다.

또 승용차의 과도한 이용은 사람들이 살면서 더 많은 에너지를 소비하고 더 많은 온실가스를 발생시킨다는 의미도 된다. 더 적은 온실가스, 더 적은 에너지를 기반으로 소외계층이나 소외지역의 이동여건을 악화시키지 않고, 이동의 효율성을 유지할 필요가 있다. 보행자 교통사고 사상자가 계속 발생하는 것을 허용하지 않으려면 도시의 보행환경과 이를 기반으로 하는 대중교통이 함께 강조돼야 한다. 이는 2020년 국제 도로안전에 관한 장관급 회의에서 발표된 '스톡홀름 선언'에도 담겨 있는 내용이다.

걷고 싶은 도시에 대한 논의 과정에서는 다양한 거주자 집단의 서로 다른 보행여건과 보행수요를 종합적으로 검토해 대안을 마련할 필요가 있다. 이를 위해서는 기존 정책이 갖기 쉬운 시설 중심의 관성을 과감히 탈피해야 하며 도시를 이용하는 최종적인 행태적 유형이 바로 보행활동이라는 점을 고려해야 한다. 승용차가 고려의 중심이 되는 곳에서는 걷기가 힘들고, 걷기 힘든 도시에서는 다시 승용차를 이용하는 이들이 늘게 된다. 이 과정에서 승용차를 이용하지 못하는 이들을 도시 공간의 사각지대에 몰아넣어 위험하고 불편하게 만들 수도 있다.

안전하고 편리하며 매력적인 도시를 조성하기 위해서는 걷는 것이 즐거운 길들이 이곳 저곳에 가득해야 한다. 이는 그 도시에서 걷는 이들을 위해 승용차의 양보가 얼마나 이루어질 것인가에 달려 있다.

걷기 좋은 도시를 위해 바꿔야 할 기준

—
한상진(서울대학교 환경대학원 교통학전공 부교수)

신도시는 살기 편해 보인다. 넓은 광로부터 좁은 소로까지 유기적으로 연결된 격자형 도로망 체계를 갖추고 있어서다. 도로가 둘러싼 네모난 공간에는 고층 아파트와 상가건물, 학교 등 공공시설이 배치된다. 물길이나 산 등 자연지형을 따라 공원도 조성된다. 실제로 신도시의 아파트가 주변 아파트보다 매매가나 임대료가 높은 편이니 이왕이면 신도시에 살고 싶어 하는 사람이 많다고 볼 수 있다.

그래서인지 신도시의 모습은 어딜 가나 비슷하다. 대표적인 1기 신도시인 경기도 일산, 분당, 평촌의 거리 풍경은 20년 뒤에 지어진 동탄, 30년 뒤에 지어진 위례 신도시 거리 풍경과 크게 다르지 않다. 넓은 도로, 네모난 아파트, 네모난 상가건물, 비슷하게 지어진 학교 등 큰 틀에서 도시의 외모나 인상은 다르지 않다. 마치 신도시는 이렇게 지어야만 하는 규정이 있는 듯하다. 같은 풍경의 'K-신도시'는 한국을 넘어 외국으로도 수출된다고 한다. 그만큼 장점이 많은 도시임에 틀림없다.

일반적인 신도시 상가 건물은
네모난 10층 규모로, 여러 상가
가 입주한다. 경기도 위례 신
도시 상가 건물.(출처: 한상진)

우리나라 신도시의 가장 큰 장점은 집적의 이익을 충분히 활용하는 데 있다. 고밀 아파트에 거주하는 사람들이 이용하기 편리한 위치에 상가건물을 배치한다. 이 건물에는 슈퍼마켓, 제과점, 카페뿐만 아니라 우체국, 관공서, 학원, 스포츠센터 등 다양한 상점이나 시설이 들어선다. 거의 모든 도시 활동이 한곳에서 이루어지는 것이다. 그러니 사람들이 많이 모일 수밖에 없고 그만큼 상가 매출도 올라가기 쉬운 구조다. 공간 효율성 측면에서 이만한 설계는 없어 보인다.

신도시에서는 자동차를 이용하기도 편리하다. 8차로 이상의 넓은 간선도로가 도시의 골격을 형성하고, 4차로의 집분산도로가 단지를 연결하며 폭 10m 내외의 국지도로가 개별 건물을 연결한다. 신도시 안에서는 특별한 장소와 시간을 제외하면 차가 막힐 일도 거의 없다. 아파트와 상가에는 지하 주차장을 넓게 조성해 주차하기도 편리하다. 주차비 부담도 미미한 수준이다. 차를 가지고 있다면 이용하지 않을 이유가 없다.

하지만 이런 장점 때문에 잃어버리는 가치도 있다. 자동차 위주의 고밀 도시개발이 효율성은 높이지만 차 이외의 교통수단을 이용하기에는 불편하다. 특히 사람이 즐겁고 편안하게 걸을 수 있는 공간이 줄어든다. 걷기는 산책이나 운동을 위한 특별한 활동으로 간주된다. 그래서인지 신도시에 도보 산책 코스는 잘 마련되지만 걷기를 일상의 교통수단으로 여기는 도시계획은 충분히 고려되지 못하고 있다.

신도시에서 많은 사람들이 아파트 주차장에서 차를 이용해 걷기에는 다소 멀고 차를 타기에는 가까운 애매한 거리의 상가건물로 이동한다. 상가는 엘리베이터를 타고 위아래로 움직여 가는 곳이라는 인식이 강화된다. 실내 건물에 위치한 상가에서 상가로 이동하니 그만큼 거리를 오가는 사람은 줄어든다. 걷는 계층은 주로 차를 이용할 수 없는 어린이, 청소년과 고령자다.

같은 상가건물에 있더라도 보도에서 진출입이 가능한 1층 상점은 여전히 보행자에게 매력적이다. 다만 충분하지 않다. 만약 고층 상가건물을 좀 낮추고 대신 주변 주거용 건물의 1층을 상가로 이용하면 어떨까? 재미있게 걸을 수 있는 거리가 그만큼 늘어날 것이다. 신도시의 단독주택지구 중 1층에 근린생활시설이 들어설 수 있는 지구 내 거리가 카페골목이니 먹자골목이니 하는 이름으로 변모하는 이유도 1층에 상업시설 수요가 그만큼 많다는 점을 방증하는 것은 아닐까 싶다.

걷기 통한 일상생활이 가능한 도시

걷기 좋은 도시가 되려면 걷기를 통해 일상의 도시생활을 할 수 있도록 계획하는 것이 중요하다. 그러자면 한곳에 집중된 상업시설의 일부를 주변 건물의 1층으로 분산시키는 방안을 찾으면 좋을 것이다. 가령 현재 10층 정도인 상가건물을 3~4층 정도로 낮추면서 나머지는 주변 도로변 아파트 등의 1층에 위치시킬 수 있다. 상업시설의 적절한 집중과 분산을 동시에 꾀하는 전략이다. 이렇게 되면 상가건물 실내를 걷던 사람들이 햇볕과 바람을 느낄 수 있는 거리를 더 이용하게 된다. 물론 한여름이나 추운 겨울, 눈비가 많은 시기에는 야외 거리를 걷는 것이 힘들 수 있다. 하지만 상가건물 내부에 거의 모든 도시기능을 배치하는 지금의 일률적인 계획방식도 지나친 측면이 있다. 상가건물의 경제적 효율성을 무시할수는 없다. 다만 걷기 좋은 도시를 만들려면 옥외에서 접근할 수 있는 상업시설이 지금보다 많아져야 한다. 그래야 더 다양한 도시공간을 갖게 될 것이다.

이렇게 걷기 좋은 도시가 되려면 기존의 도시계획 관행에서 벗어나야 한다. 우선 지금처럼 높은 층수를 디폴트 옵션으로 하면 안 된다. 건물이 높지 않아도 된다면 도로가 지금처럼 넓을 필요

가 없다. 한꺼번에 도로를 이용하는 교통량이 훨씬 줄어들기 때문이다. 건물이 낮아지고 도로가 좁아지면 그만큼 걷기에 좋아진다. 파리나 런던의 거리를 걸으며 느끼는 편안함을 우리 도시에서도 찾을 수 있을 것이다.

사실 이런 도시의 필요성은 많은 도시 전문가들이 공유하고 있다. 알지만 제대로 구현되지 않는 이유는 무엇일까? 필자는 가장 큰 이유가 기존의 도시계획 기준을 벗어나는 두려움 때문이라 생각한다. '도시·군관리계획수립지침' 등에서 30%까지 도로율을 확보할 수 있다고 한다면 그 수치에 가까워야 좋은 도시라는 인식이 생긴다. '도시계획시설의 결정·구조 및 설치기준에 관한 규칙'이 규정한 70m 이상의 광로 계획이 꼭 필요하다고 생각할 수 있다.

이런 관행에서 벗어나려면 기존의 도시계획이나 시설 지침을 보완하는 새로운 도시계획 지침이 만들어져야 한다. 보행자 위주의 도시가 만들어질 수 있도록 과감한 변화를 용인하는 규정이 있어야 한다. 넓은 블록이나 가구분할 방식에서 벗어날 수 있는 근거, 8차로 이상의 넓은 도로를 지금보다 줄이고 4차로나 2차로 중심의 도로체계로 바꿀 수 있는 근거가 필요하다. 도시계획 단계에서 간선급행버스BRT: Bus Rapid Transit, 경전철, 지하철 등 대중교통이 도시의 주요 거점을 연결하는 노선을 고려하도록 하는 근거가 있어야 한다. 아무리 소신 있는 계획가라 하더라도 이런 근거가 없다면 나중에 어떤 책임을 질지 모를 모험을 시도하기 어렵다. 하지만 이런 변화 없이 좋은 도시는 만들어지지 않는다.

이렇게 건물의 높이가 낮아지고 도로가 좁아지면 과연 차에게 불리하고 보행자에게만 좋은 것일까? 분명 보행자는 길이 좁아지면 길을 건너다 차에 치일 가능성이 줄어들어 좋다. 하지만 차를 이용하는 사람에게도 좋다. 신호대기시간을 줄일 수 있기 때문이다. 넓은 도로와 넓은 도로가 만나면 그만큼 교차로가 넓어지고 차량의 신호대기시간이 늘어난다. 하지만 좁은 도로가 서로 만나

단독주택지구 1층에 연이어 들어선 상가. 위 상가는 공원길과 인접하여 걷는 재미가 큰 반면, 아래 상가는 반대편 골목길의 주차공간이 크게 부족하다.(출처: 한상진)

는 곳에서는 차량의 신호대기시간이 짧아진다. 회전교차로로 바꾸면 영국 밀턴 케인즈처럼 신호등이 없는 도시도 만들어낼 수 있다. 대기시간이 크게 줄어들면 오히려 전체적인 통행속도는 전보다 빨라질 수 있다.

새로운 도시계획 기준 필요

도시계획 기준을 바꾸면 실제로 다른 설계가 가능함을 보여주는 연구도 있다. 정해진 도시계획 기준에 따르다 보니 신도시 단독주택지구의 가로망 체계와 가구분할은 어느 곳이나 비슷하다. 하지만 이런 기준에서 벗어나 순서만 바꾸어도 전혀 다른 도시설계가 가능하다.

가령 단독주택지구 1층에 연이어 들어선 상가들의 모습은 기존의 일산 신도시 단독주택지 설계를 어떻게 바꿀 수 있는지 보여준다. 위의 왼쪽 설계는 단독주택지 블록을 격자형으로 가구 분할한 현재의 모습이다. 오른쪽 설계는 학교, 버스정류장, 상가 등을 연결하는 보행자도로 네트워크를 우선 배치한 후 가구분할과 도로를 나중에 설계한 경우다. 순서만 바꾼 것이지만 같은 가구수를 유지하면서도 전혀 다른 도시의 모습을 만들 수 있다. 훨씬 차로부터 안전하고 쾌적한 주거공간을 만들 수 있다. 필지의 모양도 다양하다. 공동주차장도 마련된다면 아파트 못지않은 생활공간이 될 것이다.

도시는 우리의 욕망을 담아내는 그릇이다. 그동안 우리는 자동차가 중요하다는 인식에 차가 다니기 좋은 도시를 선망했었다. 하지만 점점 차에서 벗어나 걷기 좋은 도시가 더 살기 좋은 도시라는 인식이 커지고 있다. 그런 도시를 만들려면 그릇의 모양을 결정짓는 틀을 바꾸어야 한다. 새로운 도시계획 기준을 만들려는 진지한 논의가 필요한 이유다.

08

일본의 '걷고 싶은 도시' 만들기

송준환(일본 야마구치 국립대학 부교수)

  걷고 싶은 도시 만들기, 이른바 워커블 시티Walkable City를 향한 일본의 움직임이 대폭 확대되고 있다. 도시는 다양한 사람들이 모여 교류하고 다양한 활동을 영위해나가는 것을 통해, 새로운 비즈니스와 이노베이션을 창출해내는 장으로서의 역할을 해 나가야 한다.

  한국은 2020년 사망자가 출생자보다 많아 인구가 자연적으로 감소하는 인구 데드크로스가 일어났고, 지방도시를 중심으로 인구감소가 급격히 진행 중이다. 한국보다 약 15년 먼저 이를 경험한 일본 또한, 2005년을 기점으로 인구감소로 돌아섰다. 지방도시에서는 시가지의 확대와 함께 급격한 인구감소가, 대도시에서는 고령화 급증이 예상된다.

  이런 상황에서 국토교통성은 도시 전체의 구조를 재편하기 위해 2014년 도시재생특별장치법을 개정하고 '입지적정화 계획' 제도를 창설했다. 이는 거주자의 생활기반을 유지하는 콤팩트 시티Compact City를 목표로 거주 기능과 도시 기능의 집약을 통해 밀도 있

보행자 중심 광장과 같은 도로 공간을 실현하는 사회실험을 진행 중인 히로시마 시의 가미 하치키테루 어반 트랜짓 베이 전경.(출처: KAMIHACHIKITERU)

는 경제활동과 생활의 편의성을 유지·향상시켜 지역 경제의 활성화와 지속가능한 도시경영을 실현하는 것이 목적이다. 2023년 현재, 644개 지방자치단체에서 이 계획을 책정하고 있고, 이 가운데 470개 단체는 계획을 공표·실행에 옮기고 있다.

각 지자체별로 입지 적정화 계획이 책정되고 있지만 중심시가지는 매력 없는 도시 공간으로 전락, 사람들이 찾지 않는 이른바 '셔터가(街, 셔터가 내려진 상점가)'로 변해버렸다. 거시적 접근방식인 '입지적정화 계획'만으로는 시민들이 만족하는 도시 공간을 만드는 데 한계가 있다. 사람들이 만나고 교류하며 다양한 집적활동을 할 수 있도록 하기 위해서는 미시적 관점에서의 쾌적하고, 걷고 싶은 도시 만들기 이른바, 워커블 시티의 병행적 추진이 필수 요소가 됐다.

일본의 걷고 싶은 도시 만들기의 개념

각 도시의 중심부에 사람들의 교류공간을 만들기 위해서는 자동차 중심에서 인간 중심의 공간으로의 전환이 필요하다. 또 보행자 눈높이에 맞는 공간으로의 전환을 위해 저층부(10m 이내)의 그라운드 레벨을 보행자 중심으로 디자인하고 누구나 자유롭게 접근 가능한 공공공간의 창출(공원, 가로, 광장, 공개공지 등)을 조성하는 게 필수요소다.

이를 위해 일본에서 제시하는 개념이 'WE DO!'다. 걷고 싶고 Walkable, 유리입면을 확대해 건물 내부 점포 등의 움직임을 바깥 거리에서도 인지할 수 있어 안심하고 건물에 들어갈 수 있으며 Eye Level, 다양한 사람들의 교류와 다채로운 용도 활용이 실현되는 Diversity, 가로공간·공원·잔디광장·카페 등 사람들이 쉽게 모일 수 있는 공간Open을 위한 도시 만들기다.

일본 국토교통성은 'WE DO!' 추진을 위해 도시재생특별장치법 등의 일부 개정을 실시하고 있다. 교통성은 워커블 도시에 찬성하는 지방자치단체를 모집, 국내외 각종 사례와 정보를 공유하는 플랫폼을 통해 정기적인 심포지엄 등을 진행 중이다. 2023년 5월 현재 351개 자치단체가 참여하고 있으며, 이 가운데 걷고 싶은 도시 만들기 내용을 구체적으로 추진하는 '쾌적하고 걷고 싶은 도시 만들기 추진구역(체류-쾌적성 향상구역)'을 도시재생정비계획에 도입하고 있는 지방자치단체는 73개 도시다.

국토교통성 도시국은 2020년 9월 도시재생특별장치법을 일부 개정, '쾌적하고 걷고 싶은' 중심시가지의 창출을 위해 지방자치단체가 작성하는 도시재생정비계획 안에 관민官民이 힘을 모아 교류·체류하는 공간을 창출하는 내용을 도입했고, 법률·예산·세제를 패키지로 적극 지원 중이다.

'체류-쾌적성 향상구역'은 도시재생정비계획 내에서 지방자치

단체가 지정하는 구역(중심시가지 워커블 구역)을 말하는데, 약 1㎞ 정도 걸을 수 있는 범위를 설정하고 보도의 폭원 및 공원·광장 등의 교류거점 정비, 건물 저층부의 입면 유리화를 통한 내외부 투시성 향상 등의 중점적인 정비를 실시도록 하고 있으며 중심시가지 워커블 구역으로 지정되면 '관민일체형 워커블 향상 관련사업' 등을 통해 국비 보조 등 각종 특례를 적용받는다.

보행자 편의증진도로 제도(이하 호코미치 제도)는 '도로공간'에서 보행자가 안심·쾌적하게 통행할 수 있는 것을 기본으로 하되, 사람들의 교류와 체류공간의 질 향상, 활기 창출을 위한 공간의 정비가 가능하도록 새로운 도로구조기준을 책정하는 것으로, 호코미치로 지정된 도로에서는 보도 내 '보행자의 편의증진을 도모하는 공간'을 정하는 것이 가능하다.

2020년 코로나 영향으로 사람들 간의 접촉이 대폭 제한되고 시가지 내 사람이 격감했다. 국토교통성 도로국은 음식점 등을 경제적으로 지원하기 위한 긴급장치로 음식점 내 밀폐공간이 아닌, 외부공간에서의 음식행위가 가능하도록 하되, 도로공간 점용료를 면제하는 제도를 만들었다. 필자가 함께 활동하고 있는 야마구치현 우베시에서도 이 특례제도를 활용, 2020년 8월부터 중심시가지의 점포 20여 곳의 도로상 오픈 테라스 운영Open Street Ube을 실시하고 있고, 올해 4월부터 호코미치 제도로 변경, 마을만들기 회사가 전반적인 매니지먼트를 실시할 예정이다.

일본 제도 정비에 있어서 중요한 점은, 행정의 관할구분에 따라 건축물과 도로공간이 따로 분리되어 제도가 제정되는 것이 일반적이나, 이번 워커블 관련 제도 정비에 있어서는 국토교통성 도시국이 제정한 워커블 구역설정을 통해 건축물 저층부의 리뉴얼 사업지원제도와 국토교통성 도로국이 제정한 도로공간 활용제도가 함께 도입되어, 도시공간을 구성하는 건축물의 저층부 공간과 도로공간의 일체화된 계획과 활용사업의 실현이 가능하게 되었다는 것이 큰 특징이다.

#'인간중심'의 걷고 싶은 도시 전환과 지역 비전

국가적 차원에서의 법제도 지정 움직임과 함께, '차량중심'에서 '인간중심'의 걷고 싶은 공간으로의 전환이 각 도시들의 지역재생 및 활성화에 있어서 중요한 화두로 대두되고 있다. 필자가 실제 참여하고 있는 히로시마 시 중심시가지의 사례를 소개한다.

히로시마의 중심시가지인 가미야초-하초보리는 2019년 3월부터 지역 상점가와 민간기업, 히로시마 시 및 히로시마현으로 이루어진 '지역 매니지먼트 실천연구회'를 설립, 메인 스트리트인 아이오이도오리를 중심으로 한 지역 비전을 정했다.

히로시마 역에서 약 2㎞ 떨어진 중심시가지가 도시개발이 한창

코로나로 경제 사정이 어려운 가게들을 위해 도로점용특례를 활용한 일본 우베시 가로변 테라스 운영 사례.(출처: 송준환)

인 히로시마 역에 비해 도심활력이 저하되고 있는 것에 대한 문제의식을 바탕으로, '차량중심'의 도로공간을 '인간중심'으로 전환하는 것이 주요 목적이다. 현재 차량왕복 6차선과 노면전차로 이루어진 도로 공간구성을 노면전차와 버스만을 통과하게 하고 차량은 우회하게 해 보행자 중심의 광장과 같은 도로 공간을 실현하는 '트랜짓 파크' 콘셉트가 시에 제안됐고, 자치단체는 이를 행정계획에 어떻게 반영해 나갈 것인지 고민 중이다.

비전의 책정만으로는 실질적으로 어떠한 도시 공간이 창출되는지, 전문가가 아닌 이상 쉽게 이해하기 어렵다. 이럴 경우 사회실험을 실시, 일부 공간을 단기간이지만 모두가 체험할 수 있는 곳으로 만들어 행정뿐만 아니라 민간기업, 시민들의 합의형성을 위한 툴로서 활용하게 된다. 히로시마에서도 2020년 3월 '트랜짓 파크'에 대한 사회실험으로서 '가미하치키테루Urban Transit Bay'를 실시

보행공간에 목재를 활용한 데크와 벤치, 매일 다른 레스토랑이 입주하는 컨테이너를 배치해 사람들의 교류와 체류가 이루어지는 히로시마 시의 가미하치키테루 어반 트랜짓 베이.(출처: KAMIHACHIKITERU)

했다. 약 100m 정도의 보행공간에 목재를 활용한 데크와 벤치 공간, 매일 다른 레스토랑이 입주하는 컨테이너를 배치해 사람들의 교류와 체류가 이루어지는 공간을 실현했다. 2021년 10월 민간 주도로 지역 비전을 발표했고 2022년 가을에도 규모를 더욱 확대하여 사회실험을 실시하였다.

지금까지 국가적 차원에서의 제도적 움직임과 지역주체들의 실천적 활동을 살펴보았다. 일본의 경우 워커블 시티 만들기를 위한 제도의 적극적 활용과 활동 주체 양성을 위해 지역 주체들의 타운 매니지먼트 활동이 매우 중요한 역할을 한다는 것을 알 수 있다. 관민연계 활동과 민간주도에 의한 시민 눈높이에 맞는 도시 만들기를 위해서 지역 매니지먼트 단체를 행정이 공식적으로 인정하는 '도시재생추진법인 제도'를 기본으로 하고 있으며, 지역 단체들이 중심이 돼 행정에 의한 워커블 관련 공공사업과 연동해 오픈 카페, 광고물 설치 등 각종 활동을 추진해 나가는 시스템을 구축해 나가고 있다.

이런 관민 일체형 교류·체류공간을 창출하면 예산과 세제 면에서 적극적인 지원을 하고 있다. 지역 비전 책정과 관련 조직단체

를 설립할 경우 국가차원에서 예산을 지원하며 민간사업자가 민간부지를 쾌적한 교류 및 체류공간으로 정비할 때는 부동산세 등의 감면장치를 활용할 수 있다. 도시재생추진법인 제도에 근거한 지역 매니지먼트 단체는 도로공간 활용점용료를 대폭 감면받는 등 관민연계에 의한 조직·공간 활용의 연동을 통해 걷고 싶은 도시 만들기를 점차 확대 실천중이다.

　우리나라 또한 일본 사례를 참고해 집약형 도시구조Compact City 실현을 바탕으로 하되, 도시기능이 집약된 중심 도시 공간의 매력증진을 위해 도로공간, 공원·하천공간 등 공공공간의 질을 높이는 게 필요하다. 다양한 사람들이 교류를 통한 새로운 비즈니스와 이노베이션을 창출해내는 장소 만들기를 실천하기 위해 지방자치단체뿐만이 아니라 민간사업자, 주민 등 많은 이해관계자들의 연계가 필수 불가결하며, 이를 지지할 수 있는 제도적 기반 만들기 또한 중요하다.

제**3**장

다양한 이동수단으로
접근이 편한 도시

미국 시애틀 '노스게이트 몰' 70년 역사에서 배우다

김충호(서울시립대학교 도시공학과 교수)

역사가 주는 교훈을 추적하며

2022년 임인년王寅年 새해는 미국 시애틀에서 맞았다. 시애틀은 내 고향 대전, 대학 입학 이후 머물게 된 서울 다음으로 내가 박사 유학을 하며 가장 오랜 시간 체류한 도시다. 그런 시애틀에 2021년 9월부터 2022년 8월까지 연구년으로 돌아와 강의와 연구를 하였다. 과거의 향수를 꿈꾸며 돌아온 시애틀에서는 나를 놀라게 하는 여러 도시적 변화가 진행 중이었다.

사실 도시에서 시시각각으로 일어나는 변화에 대해 인지하거나 평가하는 것은 쉽지 않은 일이다. 하지만 오랜 시간에 걸쳐 일어나는 도시의 변화와 함께 새로운 방향성은 우리에게 많은 시사점을 준다. 그것은 마치 '무슨 일이든 반드시 옳은 이치대로 돌아간다'는 사필귀정事必歸正이라는 말처럼, 어떤 도시가 겪은 오랜 변화의 누적과 여러 시행착오가 우리에게 중요한 역사의 교훈을 주기 때문이다.

노스게이트 몰의 연대기적 변화를 보여주는 대표적인 사진들(위: 1950년 4월 21일 노스게이트 몰의 개업일 모습, 아래: 1965년 당시 건설된 고속도로 I-5의 진출입로와 맞닿은 노스게이트 몰).(출처: Seattle Post-Intelligencer)

이 글은 미국 시애틀 노스게이트 몰Northgate Mall의 70년 역사를 다루고 있다. 노스게이트 몰은 시애틀 북쪽 입구에 해당하는 동네에 위치한 대규모 상업시설이다. 노스게이트 몰은 지난 70년 동안 도시 모빌리티와의 긴밀한 연관 속에서 형성과 진화 및 재구성의 변화를 겪었다. 노스게이트 몰의 변화를 통해 도시 공간 따로, 도시 모빌리티 따로가 아니라, 도시 공간과 함께하는 도시 모빌리티의 변화에 대해 생각해보려 한다.

1950년대 노스게이트 몰의 등장

시애틀 북쪽에 위치하며 아직 본격적인 개발이 진행되지 않은 동네였던 노스게이트에 드라마틱한 변화가 처음 일어난 것은 제2차 세계대전 이후부터였다. 1948년 2월 22일, 서버번 컴퍼니Suburban Company는 노스게이트 60에이커 부지(약 7만 3500평)에 1200만 달러(현재 가치로 약 1억 4000만 달러)를 투자, 미국 최초의 교외 지역 쇼핑센터를 만들겠다는 계획을 발표했다. 이후 1950년 4월 21일, 3500여 대의 주차장을 보유한 노스게이트 몰의 성대한 개업식이 열렸다. 바야흐로 미국 자동차 시대에 교외 쇼핑몰의 출발을 알리는 역사적 사건이었다.

노스게이트 몰은 상업시설이 대지의 중심부에 위치하고, 이를 에워싸면서 방대한 주차장이 배치되는 공간형식으로 디자인됐다. 상업시설은 여러 개의 상점 블록들로 구성됐으며 중심부의 인도를 따라 남북으로 길게 배치됐다. 이에 따라 노스게이트 몰은 자동차가 없이는 본질적으로 접근하기 어려운 공간구성이 됐다. 노스게이트 몰은 처음부터 주변 동네가 아니라 원거리에서 자동차로 방문하는 소비자를 목표로 한 것이었다. 다시 말해, 노스게이트 몰은 '자동차의, 자동차에 의한, 자동차를 위한 쇼핑몰'로 계획됐다.

하지만 놀랍게도 자동차 중심의 노스게이트 몰은 오늘날 미국 자동차도로의 근간을 이루는 주간고속도로Interstate Highway System의 건설 이전에 건립된 것이었다. 그로부터 20여 년 가까이 흘러 미국 서부의 주요 주간고속도로인 I-5의 공사가 워싱턴 주에서 1969년에 완료되었으며, 결과적으로 노스게이트 몰은 I-5의 진출입구와 서측에서 바로 면하게 됐다. 자동차 중심의 쇼핑몰이 자동차도로와 바로 맞물리게 되면서 노스게이트 몰의 호황과 번영은 자연스레 이어졌다.

이에 따라 노스게이트 몰은 지속적인 확장과 함께 시대의 변화에 따라 주요 임대 매장이나 시설 등이 변경되면서 대대적인 리노베이션을 수차례 진행했다. 특히 공간적으로 지하에서 판매자뿐만 아니라 소비자의 손쉬운 하역을 가능하게 하는 긴 터널이 생겼으며, 지상에서 여러 개의 상점 블록을 연계하던 실외 인도가 상부의 지붕과 함께 실내 공간으로 바뀌게 됐다. 다시 말해, 노스게이트 몰은 오랜 시간에 걸쳐 '아웃도어 스트리트 몰'에서 빅 박스Big Box 스타일의 '인도어 몰'로 변모했다.

2020년대 노스게이트 몰의 새로운 변화

영원히 공고할 것만 같았던 노스게이트 몰의 새로운 변화는 2018년 상반기부터 시작됐다. 아마존을 중심으로 하는 전자상거래의 등장으로 상업 생태계와 상업시설에 많은 변화가 있었으며, 시애틀의 유입인구 증가 및 지속가능개발 의제에 따라 도시설계 및 개발의 패러다임이 혁신적으로 변화했다. 이에 따라 노스게이트 몰의 소유주들은 지난 70여 년 동안 유지되던 교외 쇼핑몰로부터 대대적인 변화를 일으킬 새로운 비전 계획을 시애틀 시에 제출했다.

비전 계획은 상업시설의 전유물이었던 노스게이트 몰에서 벗어나 이제는 주거, 업무, 상업, 문화 등이 함께하는 복합용도 개발을

　제3장 _ 다양한 이동수단으로 접근이 편한 도시

지향했으며 기존의 상업시설 면적을 50~70%까지 확장하면서 다른 주거와 업무, 문화시설의 면적도 대폭 늘리려 했다.

한편 새로운 노스게이트 몰은 공간적으로 빅 박스 스타일의 인도어 몰을 다시 아웃도어 스트리트 몰로 회귀하는, '내부를 외부로 Inside Out' 변환하는 설계 원칙을 제시했다. 또한 자동차 중심의 쇼핑몰이 아니라 자동차, 전철, 버스, 보행, 자전거, PM^{Personal Mobility} 등의 다양한 교통수단이 상호 긴밀하게 연계돼 이용자에 따라 자유롭게 활용될 수 있게 했다.

이에 따라 새로운 노스게이트 몰은 24시간의 도시이자 라이프스타일 센터로서, 주거와 직장이 함께 있으며 보행, 자전거, PM으로 자유롭게 여러 골목길을 이동할 수 있게 되었다. 이제 노스게이트 몰은 주변 동네와 호흡하면서 원거리의 소비자만을 대상으로 하지 않게 된 것이다. 흥미롭게도 마치 1950년대 노스게이트 몰의 등장이 자동차 시대의 교외 쇼핑몰을 제시했던 것처럼 2020년대 노스게이트 몰의 새로운 변화는 경험과 다양성이 중요한 하이브리드 시대를 알리는 신호탄처럼 느껴진다.

살 만한 도시, 지속가능한 도시, 시애틀의 교훈

미국의 역사는 1776년 독립선언 이후로 250년이 채 되지 않았으며 시애틀의 역사는 1851년 아서 A. 데니^{Arthur A. Denny}가 처음 웨스트 시애틀에 도착한 이래 170여 년에 불과하다. 그럼에도 불구하고 시애틀은 미국 본토의 변방에서 짧은 역사 동안 보잉, 마이크로소프트, 아마존, 코스트코 등 전 세계를 선도하는 기업의 중심지가 되었으며 파이크 플레이스 마켓, 개스 웍스 파크, 피-패치 등 도시계획 및 설계 분야의 많은 우수 사례가 있는 모범 도시다.

이로 인해 시애틀은 미국 내에서 살 만한 도시, 지속가능한 도시의 순위에서 항상 상위권에 오른다. 더욱이 시애틀은 오늘날 주

2021년 10월 2일 시애틀의 경전철이 노스게이트 역까지 연장되어 개통되었다. 이 경전철은 2009년 최초 개통 이후 2044년까지 지속적으로 확장될 예정이다.(출처: 김충호)

2021년 10월 2일 필자가 가족
과 함께 노스게이트 역을 방문
한 모습.(출처: 김충호)

민투표로 자동차도로 대신 경전철을 만들고, 미국 내 자전거 이용
자 수 1위를 기록할 정도로 도시 모빌리티 역시 혁신적인 도시다.
그렇다면 우리는 미국 시애틀 노스게이트 몰의 70년 역사에서 어
떤 교훈을 얻어야 할까?

오늘날 기후변화의 위기 속에서 탄소중립을 위한 도시 전환 및
건설을 위해 도시 모빌리티의 혁신적 변화에 대한 관심이 뜨겁다.
하지만 자동차 중심의 도시가 아닌 대안적 교통수단의 도시를 만
들기 위해 보행, 자전거, PM을 위한 길을 만든다고 해서 사람들이
걷고 자전거와 PM을 타게 된다는 것은 단순한 생각에 불과하다.

노스게이트 몰의 70년 역사는 오늘날 도시 공간과 도시 모빌리
티의 변화가 함께 이루어져야 한다는 사실을 잘 보여준다. 첫째,
도시 공간은 토지이용 관점에서 주거, 업무, 상업, 문화 등이 분리
되기보다는 복합돼 도시의 활력을 창출해야 한다. 둘째, 도시 공

간은 단일의 대규모 실내 공간보다는 여러 크고 작은 다양한 실내 공간과 실외 공간이 서로 어우러지게 배치돼야 한다. 셋째, 도시 모빌리티는 광역 교통과 지역 교통 그리고 개인 교통이 상호 긴밀하게 연계돼야 한다. 넷째, 이용자 스스로 도시 모빌리티의 다양한 옵션에 대해 자유롭게 선택할 수 있어야 한다.

2021년 10월 2일 노스게이트 역의 경전철 개통일에 가족과 함께 현장을 방문했었다. 노스게이트 역에는 실제 개통을 위해 일한 공무원, 엔지니어, 현장 근로자 등의 사진과 함께 감사의 문구가 적혀 있었고, 열차에서는 장애인을 기다리며 자전거 탑승을 돕는 사람들을 목격할 수 있었다. 결국, 우리의 생각과 우리의 마음이 좋은 도시 그리고 행복한 도시를 만드는 불변의 원동력이라 믿는다.

활기 넘치는 중소도시의 탄생,
교통마을 만들기

염대봉(조선대학교 건축학과 교수)

    우리 지방도시들은 급격한 인구감소와 고령화로 시간이 지날수록 활력을 상실해 가고 있으며, 구도심은 닫힌 상점과 빈집들이 점점 더 늘어만 가고 있다. 이러한 우리의 모습과는 대조적으로 프랑스 지방도시들은 늘 생기와 활력으로 넘쳐난다. 프랑스 지방도시의 활력의 배경을 들여다보면 그 중심에 경전철과 연계한 교통마을 만들기가 있다.

    경전철은 오늘날 프랑스 지방도시들의 새로운 변화와 도심 활성화의 주역으로 자리를 굳건히 하고 있다. 경전철은 현재 세계 여러 도시들에서 운행 중이다. 대표적인 나라가 프랑스, 독일, 미국, 러시아, 일본으로 50여 개국 400여 개 도시들에서 운행 중이다. 그 중에서도 프랑스가 가장 활성화된 나라로 현재 30여 개 도시가 경전철을 도입했다.

    세계 최초의 경전철의 등장은 19세기로 거슬러 올라간다. 독일 지멘스사의 전기 트램이 발명돼 1887년 미국에서 첫 실용화됐다. 우리나라에도 1899년 서대문-청량리 구간이 첫 개통된 후 후 용산

다양한 색상과 형태로 디자인된 경전철은 도시의 랜드마크이자 살아 움직이는 도시 예술품이다. 프랑스 몽펠리에.(출처: http://transporturbain.canal-blog.com)

로, 원효로, 영천, 노량진 등 외곽지역으로 확장됐다. 그러나 제2차 세계대전 이후 버스와 자가용의 폭발적 증가로 우리나라를 비롯한 대다수의 국가에서 경전철이 모두 폐기됐다.

이러한 역사를 지닌 경전철이 부활하기 시작했다. 1973년 오일쇼크와 교통 혼잡이 증가되면서 자동차 중심의 교통정책이 대중교통 정책으로 선회했고, 프랑스 리옹과 마르세이유, 낭트에서 경전철이 다시 운행되기 시작했다. 이후 스트라스부르시에서 경전철이 더욱 활성화되어 인구 28만의 지방도시지만 동서남북을 연결하는 총 7개의 경전철 노선망을 갖추고, 경전철은 주요 대중교통수단이 되었다. 프랑스 수도 파리에서도 1992년 센-생드니 지역의 생드니와 보비니 지역에 경전철이 최초로 도입된 이후 현재 총 3개 노선을 운행 중으로 지속적인 증가 추세에 있다.

경전철, 콤팩트한 도시 공간구조 형성 기여

프랑스 교통계획은 도시계획 마스터플랜을 통한 종합적인 계획 속에서 이루어진다. 경전철 노선을 중심으로 업무, 상업, 교육, 관공서 및 주요 주거지들이 상호 긴밀한 연결체계를 구축, 무분별한 도시 확산을 막고 콤팩트한 도시 공간구조를 형성해 토지이용의 효율화를 극대화하고 있다. 뿐만 아니라 경전철은 직장, 학교, 주거지의 선택 등에서 자가용이 없는 세대들에게도 접근권과 이동권을 보장해 줌으로써 사회적 기회균등을 실현하고 있다.

한편, 경전철의 발전된 유형인 '트램-트레인'은 도심에서는 저속으로, 도심 외곽에서는 고속으로 달릴 수 있어 중소도시 주변지역의 인구를 도심으로 빠르게 유인하는 효과 또한 크다.

프랑스에서 경전철(트램)이 가장 발전된 스트라스부르시에서는 자가용을 이용하는 교외 거주자들의 도심 진입을 용이하게 하기 위해 파크 앤 라이드(P+R)를 시가지 외곽에 건설, 누구나 쉽게 경전철로 환승이 빠르게 이루어지도록 했다. P+R의 주차요금은 무료화하거나 차량 1대당 4.1유로(5290원)를 부여하고 동승한 7명까지 경전철 왕복표를 무료로 제공함으로써 이용률을 높이고 있다.

프랑스 통계조사에 따르면 경전철은 대중교통을 이용하려는 사람들의 의지를 높이는 데 크게 기여하고 있는 것으로 나타났다. 도심 방문객들은 자가용 운전과 주차에 대한 부담으로부터 해방돼 자유롭게 도심을 산책하거나 쇼핑과 식사를 즐길 수 있어 높은 만족도를 보이며 구도심 경제 활성화에도 크게 기여하고 있다.

친환경도시계획에 기여하는 도시계획 수단

경전철은 도시재생, 도시경관 향상, 친환경도시계획에 완벽하게 일치하는 도시계획 수단이다. 프랑스의 경전철 선택은 프랑스

푸른 잔디 위를 달리고 있는
친환경 교통수단 경전철, 프랑
스 그르노블.(출처: 구글이미지)

정부가 선호하는 지속가능한 개발 철학에 확고한 뿌리를 두고 있
으며, 경전철 노선을 중심축으로 자전거도로 및 보행 네트워크들
이 발전하면서 자전거 및 보행 활동이 크게 증대됐다. 구도심은
자가용을 몰아내고 도로 다이어트를 통해 보행자천국으로 변해가
고 있다.

경전철 운행의 30년의 역사를 지닌 스트라스부르시는 세계 최초
로 완전 초저상 경전철을 도입해 모두에게 열린 안전 도시로, 자동
차의 소음과 매연으로부터 벗어난 친환경도시로 거듭나는 데 성공

했다. 특히, 경전철의 대표적인 유형인 노면전차Tramway는 km당 건설비용이 지하철 건설비용의 1/3~1/5 정도로 저렴하고, 에너지를 가장 적게 소모하는 경제적인 교통수단일 뿐만 아니라 저소음의 친환경 미래 교통수단이다.

한편 경전철은 도시경관 향상에도 기여한다. 다양한 형태와 색채로 도시마다 차별화된 독특한 디자인의 경전철은 살아 움직이는 도시 예술품이 되고 있다. 도심 곳곳에 생기와 활력을 불어넣고 우아한 자태를 뽐내며 도심을 달리는 경전철의 모습에서 시민들은 도시에 대한 자부심마저 느낀다.

경전철은 이제 프랑스 지방도시를 방문하는 관광객들이 한 번쯤 꼭 타보고 싶어 하는 관광상품이자 도시의 브랜드 가치를 한 차원 끌어올리는 중요한 도시 구성요소가 됐다. 경전철 내부에서 밖을 온전히 바라볼 수 있도록 배려된 넓은 전망 창은 보행자 시점에서 아름다운 도시풍경을 한눈에 관람할 수 있어 더없이 좋다. 경전철 노선을 따라 멋지게 디자인된 가로조명, 투명 유리로 디자인된 승강장, 푸른 잔디로 이루어진 선로, 경전철 노선을 따라 지역성을 살린 도시조경은 새로운 도시경관을 창출한다. 뿐만 아니라 경전철 노선을 따라 점진적으로 변해가는 세련된 디자인의 건축물들과 소공원들이 조성되면서 도시경관 변화의 중심축이 되고 있다.

교통복지 실현으로 삶의 질 향상 필요

프랑스 교통정책은 사회정책의 일환이다. 프랑스의 마을만들기에서는 지역경제 활성화와 교통복지에 관해 사회구성원 누구나가 문제의식을 공유하고 있으며, 사회정책의 수단으로서 교통에 주목해 오고 있다. 교통복지의 구체적 실현을 위해 '사회 운임 제도'에서도 세심한 배려가 이루어진다. 이용자의 실제 수입 상태에 따라 서비스 수혜자의 입장에 맞춘 대중교통 요금체제로 '부양가족

계수'를 활용해 부양가족이 많을수록 운임이 싸지는 방식을 채용하고 있다. 2021년 9월부터는 파리, 스트라스부르, 몽펠리에, 릴시는 18세 미만 모든 청소년들에게 대중교통 이용료를 무료화 했고, 프랑스 일부 시에서는 토요일과 주말 대중교통 이용료를 전면 무료화해 경전철 이용률을 더욱 높이고 있다.

한편, 휠체어나 유모차가 쉽게 오르내릴 수 있도록 설계된 초저상 경전철은 노인, 장애인, 임산부, 어린이 등 사회구성원 누구나가 안전하게 이용할 수 있어 더없이 편리하다. 또한 프랑스 환경부 발표자료에 따르면 1만㎞ 주행 시 사고율이 버스의 경우 0.66%인 데 반해 경전철은 0.36%로 그 절반에 해당하며, 경전철 운행 경험이 20년 이상 된 스트라스부르에서는 사고율이 0.28%로 더욱 감소한 것으로 나타났다. 이처럼 안전성, 신속성, 정시성, 높은 운행 빈도가 특징인 경전철이 활성화된 도심은 항시 사람들로 넘쳐나며, 교통약자인 노인들이나 휠체어 이용 장애인 그리고 유모차 이용자들의 도심 외출이 매우 높고 활발하다.

앞으로 20년 후인 2040년 우리나라 전체 인구의 3명 중 1명이 노인이고, 대도시에 비해 고령화율이 2배 이상이 높은 지방 중소도시들은 초고령화 사회에 돌입하게 된다. 나이가 들수록 자가용 운전이 힘들어지고 접근권과 이동권에서 제약이 따를 수밖에 없다. 고령화 사회에 누구나 평등하게 도시에서의 권리를 누리기 위해서는 도시 공간과 시설을 무장애화하고 접근권과 이동권을 보장하기 위한 교통복지정책의 수립과 실행이 우선되어야 한다.

우리의 지방도시들이 지속가능한 도시 발전을 이루어가기 위해서는 우선 교통마을 만들기 정책의 수립과 실행이 필요하다. 급격한 인구감소와 고령화 사회에 대응해 미래지향적인 도시교통 인프라를 구축하고 이와 연계해 토지이용을 집약화하는 콤팩트 시티 정책의 수립과 실행 또한 절실하다.

경전철은 쇠퇴하는 지방도시에 활력을 불어넣고, 도시경쟁력

휠체어 이용 노인과 시각장애
인이 경전철의 도착을 기다리
고 있다. 프랑스.(출처: infotbm.
com)

향상에 기여하며 고령화사회에 거주민과 방문객 모두에게 교통복
지를 실현하는 주요한 교통수단이다. 뿐만 아니라 경전철은 도시
경관 향상 및 도시관광을 활성화하고 도시 브랜드 가치를 높이는
주요한 교통수단으로 자전거 이용 및 보행 활동을 촉진시켜 친환
경도시, 건강도시의 구현을 가능하게 한다.

지방소멸위협이 점점 더 가시화되어가고 있는 이때에 교통마을
만들기에 대한 관심과 지방도시의 활력을 불어넣기 위한 우리 모
두의 관심과 노력이 절실하다.

도시 경쟁력 높이는 '대·자·보 도시'

정석(서울시립대학교 도시공학과 교수)

1996년 여름 유럽 출장은 내게 큰 충격이었다. 박사학위를 하자마자 1994년 초 서울연구원에 들어갔고, 이듬해부터 보행환경 연구를 시작했다. 그땐 지금과 사뭇 달랐다. 막 시작된 자동차 대중화시대를 맞으면서 서울은 점점 자동차 도시로 변했다. 보행권은 존중되지 못했고 보행환경은 엉망이었다. 1995년 보도 위 도로시설물 연구에 이어 1996년에는 대중교통과 연관된 보행환경 연구를 시작했고 독일, 네덜란드, 벨기에 답사를 위해 유럽 출장을 떠났다.

뒤셀도르프 역에서 기차를 내려 광장에 나오니 코앞에 트램 환승정류장이 반갑게 맞아주었다. 멀리서 기차로 이 도시에 온 사람들은 기차에서 내려 몇 걸음만 걸으면 도시 어디든 갈 수 있는 대중교통으로 편리하게 갈아탈 수 있었다. "야!" 감탄을 할 때 서울역이 떠올랐다. 당시 서울역 앞 광장의 대부분은 자동차 주차장이었고, 버스정류장은 역에서 꽤 떨어진 곳에 위치했다. 북쪽 방향의 버스를 타려면 지하도를 오르내리며 한참을 걸어야 했다.

도시 이동을 편리하게 해주는
독일 뒤셀도르프 역 트램 환승
정류장(출처: 정석)

암스테르담 역 앞 풍경도 놀라웠다. 옆 앞 광장은 역시 트램과 버스 환승정류장이었고, 뒤쪽은 온통 자전거 주차장이었다. 자동차 주차장을 애써 찾아보니 딱 두 대, 그것도 장애인을 위한 주차장이 전부였다.

서울은 철도역 앞 노른자 공간을 자가용 이용자에게 내어준 반면 유럽 도시들은 대중교통과 자전거 이용자들에게 내주었다. 마스트리히트를 떠나 브뤼셀로 가는 길에 목격했던 자전거 전용도로도 뜻밖이었다. 자동차도로 양측에 가드펜스로 안전하게 분리된 자전거전용도로가 끊임없이 이어졌고, 마침 휴가철이어서인지 이용자들도 아주 많았다. 우리로 치면 서울에서 강릉까지 장거리 휴가를 자전거로 다녀오는 이들이 많다는 말을 듣고 깜짝 놀랐다. 우리와 많이 다른 유럽 도시들을 목격하고 나니 서울의 문제가 더욱 선명해졌다.

자가용 등 차량이 중심인 서울
역 앞(1990년대)(출처: 서울시)

도시가 활력을 유지하는 데 가장 중요한 것이 교통이다. 시민
들이 자가용에 의존하지 않고 대중교통과 자전거와 보행만으로
일상생활이 가능해야 중소도시 상점가가 죽지 않고 살아남고, 작
은 도시들도 서로 연결되어 마치 하나의 도시처럼 상생할 수 있
다. 사람들의 원활한 이동을 보장해주는 대중교통 중심의 교통체
계를 만들어주는 것이 지방소멸을 막고 도시를 다시 살리는 재생
의 핵심이다.

대중교통+자전거+보행이 중심인 도시

사람 몸 안에 맑은 피가 구석구석 돌아야 건강을 유지할 수 있
는 것과 같은 원리다. 한두 사람을 태우면서 많은 공간을 점유하
는 자가용은 맑은 피가 아니다. 대중교통과 자전거와 보행이 도시

를 살리는 맑은 피다. 대중교통과 자전거와 보행만으로도 어디든 편리하게 다닐 수 있는 '대자보(대중교통+자전거+보행) 도시'를 만들어야 한다. 일상도 관광도 대자보로 너끈히 할 수 있어야 시민도 도시도 행복할 수 있다. 어떻게 우리 도시를 대자보 도시로 바꿀 수 있을까?

우리나라 도시들은 여전히 자가용 중심의 한계를 넘어서지 못하고 있다. 출퇴근할 때도, 주말에 쇼핑할 때도, 여가생활을 즐길 때도 대부분 자가용을 이용한다. 대중교통 중심의 도시로 성큼 다가가지 못하는 이유가 뭘까? 대중교통을 이용하면 불편하고 자가용을 이용하면 편리하기 때문이다. 대중교통 중심의 교통체계를 만드는 방법은 간단하다. 대중교통이 자가용보다 더 유리하면 된다. 반대로 말하면 자가용이 대중교통보다 더 불리해져야 한다. 둘 다 좋을 수는 없다. 목적지까지 가는 데 자가용보다 대중교통이 더 빠르다면, 게다가 비용도 훨씬 덜 든다면 사람들은 시키지 않아도 대중교통을 선택할 것이다. 대중교통과 자가용은 시소 관계다. 하나가 내려가야 다른 쪽이 올라간다. 자가용 이용이 줄어야 대중교통 이용이 늘어난다.

지하철에서 지상의 경전철로, 경전철에서 다시 간선급행버스BRT: Bus Rapid Transit로 대중교통이 진화하고 있다. 지하철은 워낙 건설비용이 많이 들고, 철도선로를 건설해야 하는 경전철보다 버스를 이용하는 간선급행버스가 건설 및 운영비용이 훨씬 적게 들기 때문이다. 1km를 건설하는 데 지하철이 1천억 원, 트램이 400억 원 드는데 비해 간선급행버스는 30억 원 정도면 가능하다. 수도권 지하철 노선의 대부분 적자라는 걸 안다면 국내 여타 도시들에게 지하철은 답이 아님을 쉽게 알 수 있다.

간선급행버스는 1970년대 초반 브라질 꾸리찌바에서 처음 등장했다. 막힘없이 달릴 수 있는 버스전용차로와 수용능력을 키운 굴절버스, 버스 타기 전 미리 요금을 지불하고 승객들을 쾌적하게 보호해주는 튜브정류장이 간선급행버스의 핵심요소다. 훨씬 적은 건설비용으로 지하철과 다름없는 성능을 발휘하는 간선급행버스가 이제 대중교통의 대세가 되었다. 광주송정역과 광주역을 연결하는 셔틀기차처럼 기존 철도선로 위를 달리는 '트램–트레인'도 대중교통의 역할을 맡을 수 있다. 이와 같은 다양한 대중교통수단들이 간선과 지선 등 역할을 나눠 시내 주요지점을 최단거리로 연결해주고, 나아가 인접 도시들까지 연결해주어야 대자보 도시에 다가갈 수 있다.

자전거도 빼놓을 수 없다. 대중교통과 자전거, 그리고 보행까지 녹색교통 3총사가 함께 완비되어야 활력 넘치는 도시를 만들 수 있기 때문이다. 자전거를 도시교통의 당당한 주체로 우대하고 도로 공간의 배분에도 자전거를 배려해야 한다. 파리의 '벨리브Velib', 창원의 '누비자', 서울의 '따릉이', 대전의 '타슈' 같은 공공자전거도 시민들의 자전거 이용을 활성화하는 데 효과적이다.

대중교통, 자전거, 보행을 깍듯이 우대하여 세계적 도시로 유명해진 곳이 스페인 폰테베드라다. 1999년 당시 자동차로 인해 몸살을 앓고 있던 도시를 바꾸려고 시장선거에 출마한 의사 출신 미구엘 로레스 후보는 자신이 시장이 되면 폰테베드라 도심부를 차 없는 도시로 만들고, 도시의 주인의 순서를 바로잡겠다는 공약을 발표하였고 선거에 이겨 시장이 되었다. 그가 말한 도시의 주인은 첫째가 걷는 사람, 둘째가 자전거를 타는 사람, 셋째가 대중교통 이용자 그리고 가장 후순위가 자가용을 타는 사람이었다. 우리 도시는 지금 정반대다. 대자보 도시가 되려면 이것부터 바꿔야 한다.

사회정책과 연계한 대중교통 중심 도시정책

대중교통 중심의 도시정책은 사회정책과도 연결해야 한다. 자가용이 없는 사회적 약자들도 이동에 제약이 없게 해줘야 하기 때

네덜란드 마스트리히트 자전
거 전용도로.(출처: 정석)

문이다. 대중교통 요금도 싸게 해줘야 약자들도 부담 없이 이용할
수 있다. 우리나라는 선불 또는 후불카드제인데 반해 유럽 도시들
은 대부분 정기권 제도를 쓴다. 우리는 이용한 만큼 꼬박꼬박 비용
을 지불해야 하지만, 정기권을 운영하는 도시에서는 모든 대중교
통을 무한정 맘껏 이용할 수 있다. 대중교통을 이용하면 할수록 유
리해진다. 프랑스는 경제 여건을 고려하여 대중교통 요금을 차별
화하는 '사회요금제'까지 적용한다. 부양가족이 많을수록 정기권
비용을 할인해주니 나 같은 다자녀가정에겐 몹시 부러운 제도다.

대중교통 무료화도 확산 추세다. 발트3국의 하나인 에스토니아
는 2013년부터 수도 탈린 시에서 대중교통 무료화를 시작했고, 5
년 뒤 2018년 7월부터는 전국으로 확대하여 시행하고 있다. 대중
교통을 무료로 하면 재정이 어려워지지 않을까 걱정하겠지만 탈
린 시의 경우 무료정책 이후 7년 동안 전입인구가 3만 1000명 늘었

고 연평균 400만~500만 유로의 세입도 증가하였으니 무료정책이 더 큰 효과를 거둔 셈이다. 우리나라에서는 화성시가 청소년과 어르신 대중교통 무료정책을 시행하고 있다.

대자보 도시를 만드는 일은 특정 도시 안에서의 '시내교통intra-city transportation' 측면뿐만 아니라 도시와 도시를 연결하는 '시외교통inter-city transportation'의 관점까지 넓혀서 볼 필요가 있다. 지난해 하동 한 달살이를 마치면서 윤상기 하동군수를 만나 건의했던 게 '지리산 권역 순환 간선급행버스 구상'이었다.

전북 남원시와 전남 구례군, 경남 하동군, 산청군, 함양군까지 5개 시군은 지리산을 둘러싸고 있다. 광역도 다르고 서로 다른 기초 자치단체들이지만 지리산을 공유하고 있다는 점에서는 동질성을 갖는 소도시들이다. 이들 5개 시군을 최단거리로 연결하는 기존 도로에 버스전용차로를 설치하고 이른 새벽부터 자정까지 촘촘한 배차간격의 친환경 대중교통 지리산권역 순환 간선급행버스를 운행한다면 함양, 산청, 하동, 구례, 남원은 하나의 생활권이 될 것이다. 작은 소도시들이 각자도생하면서 서로 뺏고 뺏는 제로섬게임을 하는 악순환에서 벗어나, 하나의 생활권이 되어 제각각 장점들을 나누며 상생할 수 있을 것이다. 지역민들뿐만 아니라 이곳을 찾는 방문객들도 대중교통으로 편안한 관광을 즐길 수 있을 것이다.

기존 국도를 활용하면 총연장 203㎞, 일부 도로를 신설해 최단거리로 연결하면 193㎞여서 2~3시간이면 일주가 가능할 것이다. 상상해보라. 남원의 청년들이 하루 일을 마치고 하동으로 건너와 하동 친구들과 저녁식사와 술도 한잔 한 뒤 대중교통으로 남원 집에 올 수 있다면 얼마나 좋을까. 덩치를 키운 '메가시티Megacity(인구 1000만 명 이상의 거대도시)'보다 연결을 강화한 '소도시연합'이 더 좋은 해법이고, 소도시연합으로 가는 첫걸음이 '대자보 도시'다. 그러하니 바꾸자.

대자보 도시로!

자전거 친화 도시,
탄소저감도시의 첫걸음을 떼다

박태원(광운대학교 도시계획부동산학과 교수)

코로나 펜데믹은 전 세계 도시민들에게 장기간에 걸쳐 폐해를 끼쳤지만 기대치 않았던 반사이익도 제공하였다. 건축도시의 관점에서는 고밀의 도시를 예찬하고 추종했던 관성에서 벗어나, 그동안 모르고 지나쳤던 소중한 도시가치를 재발견할 수 있는 성찰의 시간을 준 점은 의미있다고 생각한다.

특히 개인적으로 대표적 새로운 가치 재발견 사례는 이동수단이자 여가활동의 대상인 자전거라 할 수 있다. 코로나 사태로 도시를 벗어난 야외활동에 대한 사회적 수요는 폭증했고 수요의 상당부분이 자전거 수요로 집중되었다. 이에 따라, 자전거 이용인구도 기하급수적으로 증가했다.

서울시에서만 '따릉이' 이용자가 300만 명에 가깝게 늘었고 자가 자전거 이용인구를 더하면 수치는 더욱 높아질 것이다. 이러한 사회적 여건변화 속에서 수요의 공급과 충족의 관점에서 여러 가지 의문이 들었다. 도시 내 생활권의 거주민들이 공간소비자로서 불편하지 않게 라이딩 활동이 이루어지고 있는지, 불편하고 해결

베를린 차도의 자전거전용도
로 전환 사례.(출처: 박태원)

되어야 하는 것은 무엇인지를 건축과 도시의 관점에서 살펴봐야
할 시점이 도래한 것이다.

인류가 발명한 무연료 이동수단 중에서 가장 빠르게 움직일 수
있는 발명품은 자전거다. 화석연료를 사용하지 않고 인간의 힘만
으로 극단적으로는 하루 만에 서울에서 부산에 이르는 약 600㎞
를 이동할 수도 있다. 과거에는 여가와 레저의 수단, 운동의 도구
로 생각했으나, 최근 들어 코로나 국면과 고유가 시대 속에서 자
전거 교통의 새로운 가치의 재발견 및 재평가가 이루어지고 있다.

탄소저감도시 해외도시 사례

자전거 선진국의 대표는 네덜란드다.1970년대 초 1차 오일쇼
크 사태부터 자동차 의존도를 줄이기 위한 방안으로 자전거를 새

로운 교통수단으로 주목하기 시작하였고, 그 결과 자전거의 교통 분담율이 30%를 넘는다. 본격적인 자전거 이용 촉진정책은 1990년 자전거 마스터플랜을 수립하면서부터 시작되었고, 중앙정부가 1991년부터 6년 동안 약 1억 유로의 정부보조금을 지방정부에 지원한바 있다.

독일은 도시계획 수립 시 자전거를 독립교통수단으로 동등하게 취급하여 자동차를 도시에서 밀어내고, 자전거전용도로를 경쟁적으로 건설하고 있으며, 자동차 속도제한도 시속 40㎞로 낮추고 있다. 프랑크푸르트, 베를린, 함부르크 등이 대표적인 도시다. 최근 들어 자전거와 연계하는 대중교통 무제한 이용제를 시행하는 혁신적 정책을 수행하고 있다.

이스라엘의 수도 텔아비브는 스마트 도시를 내세워 마이크로 모빌리티 중 하나인 전기자전거에 초점을 맞추고 '세계 최고 혼잡

도시'에서 탈출하고 있다. 첨단 기술의 스타트업이 발달한 텔아비브는 전기자전거, 전동스쿠터 등을 바탕으로 창업생태계를 더욱 풍부하게 연계하는 방향으로 진행하고 있다. 텔아비브는 도시계획을 통해 2025년까지 자전거도로를 350㎞로 두 배 이상 넓힐 계획이다.

자전거 불모지 미국은 코로나 펜데믹으로 드라마틱하게 변했다. 2019년의 경우 미국 전체 통근자의 0.5%에 불과했으나, 코로나19 사태 이후 특히 보스턴과 시카고는 50%를 넘어섰다. 조 바이든 연방정부는 1조 2000억 달러의 인프라 법안을 통과시켜 자전거 인프라 조성계획을 발표했다.

프랑스 파리시의 경우 코로나19 대유행 기간 동안 자전거를 이용한 여행이 급증하면서 프랑스 파리에는 매일 100만 대의 자전거 통행이 이루어지고 있다. 파리 시정부는 현재의 도로 상황으로는 자전거의 급격한 증가를 소화하기 어렵다고 판단, 자전거 전용도로와 자전거 고속도로를 건설하겠다고 발표하였다. 또한, 15분 도시를 실현하는 마이크로 교통수단으로 보행과 함께 자전거 개인 교통수단을 중시하고 있다.

자전거 친화도시를 위한 건축과 도시 변화

그렇다면 이제 저탄소 자전거 친화도시를 위해 건축과 도시를 어떻게 바꿔야 할까? 업무용 건물의 경우, 자전거 출퇴근자를 위해 1층에 샤워시설을 겸비해주는 것이 필요하다. 주차장도 옥외주차공간을 기본으로 하되, 필요에 따라서는 층별 또는 옥상주차도 고려해야 한다. 공동주택에서도 현재의 옥외 자전거주차 시설 외에도 날씨의 한계를 극복할 수 있는 자투리 공간을 활용한 창의적인 주차공간 마련이 필요하며, 심지어는 자전거 보관이 가능한 실내공간계획도 고려할 수 있다.

최근 들어 주4일 근무제 논의가 활발하다. 이러한 사회적 트렌드 속에서 여가를 즐기는 동호 인구를 위한 호텔 여가시설에도 자전거 관련 시설의 세밀한 배려가 요청된다. 실내 보관이 가능하고, 공기주입이나 간단한 경정비가 가능한 틈새공간을 배치한 숙박시설이 요청된다. 새롭게 설계되고 있는 관광형 호텔의 경우, 이러한 트렌드와 공간소비자의 사회적 수요에 부응하는 새로운 평면이 인기를 끌고 있으며, 생존경쟁에서 살아남는 전략이 되고 있다.

상권에서도 소비자 집객을 위한 새로운 변화가 필요하다. 젊은 여성을 필두로 한 MZ세대들을 잡아야 하는 상권에서는 자전거를 배려한 주차가 필수가 되기 시작했고, 고가의 자전거로 무장한 구매력을 갖춘 동호단체를 배려한 맞춤형 장소전략이 필요하다.

도시 차원에서는 도시계획과 자전거교통계획의 상호연계가 선행되어야 하며, 교통의 우선순위에 대한 유연적 조정이 필요하다. 네덜란드와 같은 자전거 선진국은 안전한 교통이자 친환경적인 자전거 교통을 1순위로 하여 도시계획에 반영되는 계획적 프레임을 갖추고 있다.

하루가 다르게 기후변화가 현실로 체감되는 상황에서 저탄소

도시로의 전환 논의가 뜨겁다. 기술만능주의 관점에서는 스마트 도시로 전환되면 모든 것이 해결될 것처럼 말한다. 과연 기술로 모두 해결 가능한 것일까? 스마트 도시도 기본적 도시의 구조와 맥을 같이 해야 한다. 스마트 도시를 현실적으로 구현하기 위해서는 보행과 자전거 교통과 같은 마이크로 모빌리티의 연계가 핵심이다. 스마트한 도시일수록 보행과 자전거 친화가 필수적으로 연계되어야 한다.

사회적 수요에 대응하는 미래도시의 방향

첫 번째, 지자체의 계획, 광역권의 계획, 중앙정부 차원의 국가계획으로 공간적 위계를 고려한 기본구상 및 기본계획의 수립이 필요하다. 이를 바탕으로 광역권을 고려한 지자체의 고유한 계획이 수립되어야 전체 국토를 연계할 수 있는 국토 차원의 자전거 인프라가 구축되는 것이다. 그야말로 저탄소 도시의 국지적 실현을 위한 그랜드디자인이 선계획 후실현을 주도하게 된다.

두 번째, 자전거도로의 기능별 유형화와 가이드라인 및 매뉴얼의 작성 및 보완이 필요하다. 거시적 인프라를 구현할 수 있는 필지, 지구 및 단지, 도시 차원의 매뉴얼을 통해 통일감 있는 현실적 실현이 가능해지기 때문이다. 가이드라인을 통해 보행자전거 겸용도로, 자전거 우선도로, 자전거 전용도로, 자전거 고속도로 등으로 구분하여 탄력적으로 대응할 수 있다.

세 번째, 도시설계 차원의 대응이 필요하다. 대지 내 공지, 건축선 후퇴 등 건축과 도시를 조율할 수 있는 지구 차원의 수단이 연계되어야한다. 커뮤니티 차원의 구성과 배치, 보행과 차량의 충돌 없이 자연스러운 지구 차원의 교통계획은 도시설계적 대응 없이는 불가능하다.

네 번째, 스마트 도시의 연계가 필요하다. 선진사례에서 알 수 있듯이 자전거는 이제 전기자전거 이용자 확장성을 장점으로 개인교통수단 PM과 연동하게 된다. 이는 스마트 도시의 핵심적 구성 요소이며, 저탄소와 친환경을 추구하는 스마트 도시의 철학과 맥을 같이 한다. 구조적인 교통체계는 하이테크로 움직이지만 스마트 도시를 주도하는 창조적 계급의 단거리 이동은 마이크로 교통을 선호하는 것도 잊지 말아야 할 포인트다.

다섯 번째, 대중교통 활성화 정책과 연계하여 진행해야 한다. 독일이 현재 시행하고 있는 9유로 무제한 대중교통정액권 제도는 버스, 지하철, 트램 또는 기차를 마음껏 이용할 수 있는 것이며, 이 제도는 자전거와 대중교통의 연계가 가능하기 때문에 현실에서 작동되고 있는 것이다. 우리나라도 자전거도로의 조성과 함께 대중교통수단과의 연계를 입체적으로 가능케 하는 정책이 뒤따라야 한다.

여섯 번째, 자전거 친화도시를 지속가능성을 위한 운영관리 주체의 설립이다. 단위 지자체는 독자적으로 추진할 수 있으나, 복수의 지자체를 연계하는 광역도로의 경우 설치 이후 운영관리에서 문제가 발생한다. 자전거도로의 설치와 운영을 총괄할 수 있는 공적기관의 설립과 운영관리기법의 선진화를 통해 탄력적인 대응이 필요할 것으로 보인다. 이른바 자전거도로공사와 같은 기관이 그것이다.

바야흐로 자전거 인구 1300만 시대를 맞아, 마음만 먹으면 서울에서 광주까지 자전거로 이동할 수 있는 미래를 꿈꾸며 새로운 뉴노멀의 미래를 전망해 본다. 이제, 국토자전거 종주길과 같은 하드웨어의 확충에서 더 나아가 자전거도로 기능과 유형에 맞는 소프트웨어적 관리운영의 선진화가 시급해 보인다. 지역 간 연계 자전거도로도 늘어가고 있지만 유지관리의 한계로 방치되고 있다. 자전거도로의 건설, 관리운영을 통합적으로 수행하는 가칭, 광역 자전거도로공사와 같은 전문기관의 설립도 고민해봐야 할 시점

미국 뉴욕 시 가로변 스마트
자전거 주차장.(출처: 박태원)

이다.

고령화 도시, 15분 도시, 스마트 도시를 실현하는 주된 이동수
단은 자전거로 대별되는 마이크로 모빌리티micro mobility이며 전기자
전거의 등장은 청소년, 여성 및 노령자의 신체적 한계를 극복시
켜 장거리와 경사지 이동도 가능해지는 혁신성을 보여주고 있다.
이러한 상황 속에서 우리가 마주한 탄소중립도시는 먼 곳에서 시
작하지 않으며 내가 살고 있는 마을로부터 출발함을 기억해야 할
것이다. 자전거 친화도시는 기후변화로부터 자유로운 행복도시의
첫 걸음이자 미래도시의 뉴노멀이다.

'입체도시'로 공간의 영역을 허물다

홍석호(국립목포대학교 도시및지역개발학과 교수)

　SF영화의 단골 소재인 인공지능 로봇, 하늘을 나는 자동차가 우리의 현실로 성큼 다가왔다. 6세대(6G) 이동통신 시대로 접어들면서 도시 내에서는 자율주행, 도심항공 등의 교통체계로 새롭게 변화될 것이다. 불과 몇 년 전만 해도 상상하지 못했던 가상 세계 속 현실이었다. 하지만 앞으로의 세상은 더욱더 빠르게 변화할 것이며, 초현실 미래도시가 펼쳐질 것이다.

　1900년대 미국 뉴욕을 중심으로 초고층 시대가 열렸다. 20세기 초 인류가 세운 초고층 빌딩은 시대정신을 구현하였다. 특히 예술가와 영화 제작자들이 표현한 미래도시 모습은 현재 나타난 현실과 괴리된 모습은 아니었다. 높은 건물을 연결하는 공중 위의 다리, 초고층 빌딩 사이로 느껴지는 분주함, 거대한 비행선 등이 현대를 정의했다. 이 같은 풍경은 뉴욕이라는 도시를 유기체들의 집합체처럼 느끼게 한다. 에너지가 넘치는 도시, 열정이 식지 않는 도시라는 이미지가 현대를 정의했다.

　그 당시 초고층 빌딩을 가능하게 해준 것은 엘리베이터의 등장

현대자동차 도심 항공 모빌리
티 시스템 구상도.(출처: 현대
자동차)

이다. 엘리베이터 등장 이전까지는 계단을 오르지 않아도 되는 낮
은 층이나 층수가 낮은 건물들이 최고로 여겨졌지만 엘리베이터
가 등장한 기점으로 전망 좋은 고층이 최고 인기 층을 차지하게 되
었다. 이처럼 엘리베이터의 등장은 전 세계 도시의 풍경을 완전히
변화시켰다. 다시 말해 엘리베이터는 도시 공간을 바꾼 획기적인
발명품이라 할 수 있다.

뉴욕의 대표적인 랜드마크인 엠파이어 스테이트 빌딩의 첨탑
의 용도는 비행선의 계류장으로 사용하는 것이었다. 비행선을 타
고 유럽에서 대서양을 횡단, 엠파이어 스테이트 빌딩 꼭대기에 내
린 후 엘리베이터를 타고 뉴욕 도심을 여행하려는 계획이었다. 건
물 꼭대기를 이용해 공항의 기능으로 사용한다는 계획은 창의적
이고 혁신적인 발상이었다. 하지만 그 계획이 상상으로 끝날 수밖
에 없었던 이유는 바람으로 인해 비행체를 정박할 수 없었기 때문

이다. 아쉽게도 비행 착륙 시도는 딱 한 번의 이벤트로 끝이 났다.

도심항공 모빌리티 미래 교통수단 각광

최근 도심 항공 모빌리티UAM: Urban Air Mobility의 등장이 예고되고 있다. 1900년대 상상했던 미래도시가 현실화되고 있는 것이다. 우리나라에서는 2025년부터 도심항공 시스템이 두 곳의 터미널에서 시범 서비스를 시작한다고 한다. 국토교통부에 따르면 정부는 2030년까지 터미널을 2개에서 10개로 늘리는 것을 목표로 잡고 있다.

가까운 미래에는 하늘 위에서 택시 서비스가 구현될 것이다. 도심 항공 UAM은 도심뿐만 아니라 지역과 지역을 유기적으로 연결하고, 도심에서의 교통 혼잡으로부터의 해방 및 응급 의료 후송 등의 높은 활용도가 높아 기대되는 미래 교통수단이다. 이러한 인프라가 활성화되려면 우선 접근이 용이한 도심 공간 내에 수직 이착륙 비행장Vertiport, 충전소Vertihub 등의 인프라를 구축할 때 기존 건축과 협력, 입체적으로 조성하는 게 필요하다. 또한 이착륙 공간은 도심의 병원, 환승 시설과의 연결되어야 한다.

이러한 개념이 현실화되기 위해서는 도시 공간에 입체도시계획 개념이 적극적으로 적용되어야 한다. 도시 공간은 평면적으로 도시계획시설과 비도시계획시설로 구분된다. 도시계획시설은 공공의 영역으로 도시의 기능을 원활하게 하는 도로, 공원, 학교 등을 포함하며 그 외의 주거, 상업시설 등은 민간의 영역이다.

입체 도시 공간에는 수직적인 운송 수단인 엘리베이터, 계단 등 다양한 입체 수송 수단이 발달돼 수직적인 공간 이동을 하며 그 안에서 인간관계나 기업 활동이 이뤄진다. 최근에는 철도 부지나 버스터미널 부지 위에 백화점, 문화시설, 주거 등의 공공시설과 민간시설이 혼합된 복합 건물의 형태로 도시 공간을 조성하는 사례

도심 항공 모빌리티 시스템
구상도.(출처: MVRDV-Airbus
UAM,https://www.mvrdv.nl/proj-
ects/421/airbus-uam)

가 많아지고 있다. 이와 같이 공공 공간과 사적 공간의 영역이 명
확하게 분리되지 않기 때문에 중간영역에 대한 이해관계가 상충
되는 경우가 나타난다.

앞으로 도심 항공 모빌리티의 대표적인 공간인 착륙장은 공동
주택, 주유소, 백화점, 병원 등 민간 영역에 조성될 것이다. 또한,
이러한 형태의 복합화된 용도는 공간의 이용과 활동을 활성화시
키고 토지이용계획 측면에서도 합리적이지만 한편으로는 공공과
민간의 새로운 갈등 요소를 내포하고 있다. 그렇기 때문에 갈등을
합리적으로 해결하기 위해서는 입체도시계획이 필요하다. 입체도
시계획은 '기존의 평면적으로 관리된 도시계획에서 벗어나 공중
또는 지하의 공간을 이용해 3차원의 입체적 도시 공간으로 계획하
는 기법을 의미하고, 도시계획시설과 서로 다른 용도가 지정 가능
한 것을 말한다.

1900년대 영화 제작자들이
상상한 미래도시.(출처: Keith
de Lellis Gallery "New York: A
Bird's-Eye View")

입체도시계획이 도시 공간에 적용된다면 공공의 영역과 민간의
영역에 대한 장벽이 허물어지고 창의적인 도시 공간을 조성할 수
있다. 복합적으로 계획한 입체도시를 통해 하부에 주요 교통로를
포함한 인공지반의 보행자 전용도로와 자동차 동선을 분리시키
고, 상업시설과 초고층 건축물 사이로 도심항공들이 이동하는 미
래 지향적인 공간을 조성할 수 있다.

일본 오오하시 잇초메 정비사
업.(출처: https://www.g-mark.
org/award/describe/40404)

지자체, 민간 협력 통해 인프라 구축

대표적인 성공사례로는 일본 오오하시 잇초메 정비사업의 사례를 들 수 있다. 오오하시 지구 재개발 사업 위치는 도쿄를 대표하는 부도심인 시부야에서 1.5㎞ 떨어진 곳이다. 주요 도심인 이케부쿠로, 신주쿠, 시부야 등의 만성적인 혼잡을 완화하기 위하여 수도 고속도로(외곽순환도로)와 내부순환도로를 부도심과 연결, 교통을 분산하기 위한 도로에 루프형 램프를 교차시켜야 하는 위치다. 오오하시 지구는 폭이 좁은 도로, 공원 녹지 부족 등 여러 가지 문제점을 가지고 있어 개선이 필요한 재개발 지구였다.

또한 사업 대상지는 제2종 시가지재개발 사업 지구로 면적은 약 3만 8000㎡고 지구 계획에 있어서 도시 고속도로 연결 램프를 구역의 일부 재개발 사업에 해당하는 민간 토지를 이용하는 입체도시계획 기법이 적용되었다. 사업 진행을 위해 도로 정비의 조기 실현, 지역 분단 해소라는 명분을 적극 활용했다. 실제 사업을 시행하면서 부족한 면적은 민간 토지를 구분 지상권의 형태로 추가 확보, 사업을 안정적으로 진행하였다.

가장 큰 특징은 민간협력 방식을 통해 도로와 재개발을 동시에 진행, 빠른 시간 내에 인프라를 구축했다는 점이다. 또한 지구 계획부터 입체 도로 제도를 적용하고 이 제도를 활용해 각종 규제를 완화시키고 행정의 유연한 발상을 이끌어냈다. 그 결과 사업부지의 유효 활용뿐만 아니라 도로개발 및 재개발 측면 모두 사업비를 절감하는 효과를 거뒀다.

또한, 연결램프는 전체가 복개돼 상부는 입체공원으로서 오픈 스페이스 기능을 가지고 있다. 이 공원은 지상 약 15~34m 높이에 있으며 폭 약 18~26m, 연장 약 400m의 공간을 활용해 도시 공원의 기능을 한다. 더불어 도시형 주택(약 900호) 두 개 동 및 오픈 스페이스(옥상 공원, 지상 광장 3개소), 상업시설(슈퍼마켓), 공공시설 등을 종합적으로 정비해 주변과 연속성을 가지는 도시 환경이 배려된 지역개발의 모델로 자리 잡았다.

이러한 사업방식은 선도적인 사업모델이라 할 수 있지만 국내 여건에서는 이처럼 창의적인 사업들이 진행되기에는 힘든 구조를 가지고 있는 것이 현실이다. 조성 이후 시민들의 불편함을 해결해주며, 도시의 삶의 질이 향상된다면 이와 같은 사업모델 방식은 도시계획의 선구자적인 역할을 하게 될 것이다.

또한, 타 지역에 비해 도로, 철도와 같은 교통 인프라 시설이 부족한 지역이나 섬들이 즐비하여 공간적인 연계가 어려운 곳에서는 입체도시계획을 통해 도심 항공 모빌리티Urban Air Mobility와 같은 저고도 단거리 항공운송 시스템이 도입된다면 수도권에 집중된 인프라 불균형 문제의 해결뿐만 아니라 지역발전을 위한 정책적 대안이 될 것이다.

몇 년 후면 본격적으로 상상 속에서만 그리던 하늘을 달리는 차를 눈앞에서 보게 될 것이다. 일명 '플라잉카'를 지역발전을 위한 지속적인 수단으로 조성하기 위해서는 그에 따른 인프라 구축뿐 아니라 입체도시계획을 활성화할 수 있는 관련 법과 제도의 정비도 반드시 뒷받침되어야 할 것이다.

도시 공간 속에서 입체도시계획을 적용한 도심항공교통의 허브로 조성한다면 지역의 미래가치는 향상될 것이다.

제4장

주거문화가 살아 있는 정주도시

좋은 도시란 공동체가 살아있는 도시다

김재철(광주전남연구원 초빙연구위원)

사회는 다양한 사람들과 소통하고 협력하면서 새로운 것을 창조한다. 뿐만 아니라 그 과정에서 내 삶도 더 나아지고 행복해진다. 이런 의미에서 이웃이나 지역 주민들과의 사회적 관계가 활발하고, 그런 관계 속에서 살 수 있는 여건과 환경이 만들어진 도시를 우리는 '살기 좋은 마을', '살기 좋은 도시'라고 부른다.

도시는 많은 사람들이 모여들고 다양한 사람들과의 관계를 통해 역동적인 활동이 이루어지는 공간이다. 그러므로 이웃이나 주민들과 사회적 관계가 활발할수록 보다 창의적이고 역동적이며, 문화적으로 또는 경제적으로 매력적인 도시가 될 것이다. 이러한 사례들은 공동체가 잘 발달된 유럽이나 일본 등의 도시나 마을에서 흔히 볼 수 있다.

일반적으로 공동체라고 하면 마을을 먼저 떠올리게 된다. 그것은 마을을 중심으로 공동체가 형성되었고 발전했기 때문이다. 아무래도 걸어 다닐 수 있는 근린 범위에서 사람들 간의 관계가 더욱 빈번하고, 삶의 지혜와 문화가 쉽게 공유되기 때문이다. 따라서 공동체는 함께 더불어 살아가는 사회 또는 문화를 형성한 물리적 공간 즉 커뮤니티라는 마을이나 도시를 말한다.

우리의 전통적인 마을에서 이웃들과 접한 골목길은 아이들의 놀이터였고, 오며가며 서로 생각을 공유하는 주민들 간의 소통공간이었다. 이러한 공간을 통해서 더불어 사는 공동체 의식과 문화가 형성되고, 공동체의식 덕분에 내 삶과 내 마을이 더 안전하고 행복하다고 믿었던 것이다.

그런데 우리는 지난날 빠른 산업화로 사람과 자본이 도시로 모여들자 그 과정에서 도시를 일자리와 부를 창출하는 기회의 공간으로 인식하였고 개발하였다. 아침 일찍 일터로 출근하고 밤 늦게 집에 돌아오는 삶이 일상적 도시풍경이었다. 집은 가족과 함께하는 유일한 휴식처였다.

이러한 시대적 상황에서 공동주택이라는 아파트가 도시개발로 탄생하였다. 아파트는 사생활이 보호되고 범죄로부터 안전하며 더욱 편리한 우리 가족만의 보금자리로 그리고 투자 상품으로 안성맞춤이었다. 그래서 아파트단지는 공동체성이 없는 '마을이 아닌 마을'이 되었으며 우리나라 도시개발의 주류가 되었다.

집과 직장을 오가는 도시민의 삶과 아파트의 주거환경은 기존의 마을에서 서로 소통하고 협력하며 살았던 공동체를 약화시켰다. 이웃과 소통하고 지역사회와 사회적 관계를 가질 수 있는 여유보다는 개인이나 가족 중심으로 삶이 펼쳐질 수밖에 없었기 때문이다. 그리고 이러한 삶 속에서 공동체라는 의식은 점차 사라지게 되었다. 또 도시의 물리적 환경과 공간에서도 이웃과 주민이 소통하고 함께 공유할 수 있는 공간은 중심기능에서 밀려났다. 대신 개인 소유의 다양한 공간으로 경계지고, 차도와 건물이 칸막이되어 점점 사람들과 관계를 단절시키는 도시의 장벽이 되었다.

그러나 이제 많은 것들이 변화하고 있다. 초고령사회로 접어들면서 노인들만 사는 집이 증가하고, 혼자 사는 1인 가구도 증가하고 있다. 사람들과 소통하고 교류하지 않으면 점점 고독해질 수밖에 없는 환경이 된 것이다. 다행히 인터넷을 기반으로 사람들 간의 다양한 소통이 이루어지고, 그 관계망의 공간도 보다 넓어지기는 했지만 그래도 여전히 이웃과의 대면적 관계는 무시할 수 없다. 최근에는 일하는 시간이 줄어들고 여가활동이 늘면서 이웃, 친구, 가족과 함께 동네를 걷는 등 가벼운 산책이나 교류 등이 일상적인 생활문화로 자리 잡고 있다. 그래서일까. 동네의 많은 카페가 이웃과 주민이 만나고 소통하는 새로운 문화공간이 되었다.

도시에서 마을공동체의 바람이 분다

이런 시대적 상황을 반영한 것인지 10여 년 전부터 도시나 농촌 할 것 없이 마을공동체가 사람들의 관심을 받고 있다. 이웃과 주민이 함께 소통하고 활동하는 경우도 많아졌다. 처음에는 살기 좋은 마을을 만들기 위해 자발적 주민들이 삼삼오오 모여 시작한 이후 공동체운동으로 발전하고 있다. 전통적인 마을의 형태가 사라지고 그 자리에 아파트단지가 세워진 도시에서도 사람과 소통하고 공유하는 삶은 모두가 꿈꾸는, 더불어 사는 즐거움과 행복인 것 같다.

이웃과 마을주민이 함께 살아간다는 것은 서로의 신뢰와 소통을 기반으로 이루어진다. 개인의 이익과 권리만을 주장하는 것이 아니라 이웃을 존중하고 내가 살고 있는 마을과 주민을 위해 다양한 활동에 참여하는 공동체적 덕성이 필요하다. 개인이 가지고 있는 유무형의 재능과 자원을 서로 나누고 공유하며 연대하고 협력하는 삶이 더 좋은 마을과 도시를 만들기 때문이다.

그렇지만 우리 사회는 소통과 신뢰의 부재로, 생각과 문화의 차이로 다양한 갈등도 있다. 때문에 공동체가 발전하기 위해서는 민주적 토론과 합의를 끌어내는 협치와 자치 그리고 이웃의 차이를

토론과 협치를 통해 주민 스스로 마을계획을 수립하여 가꾸어가는 사람들.(출처: 김재철)

존중하는 민주적 시민의식의 사회적 인프라가 필요하다. 그래서인지 마을공동체를 활성화하려는 많은 마을에서 커뮤니티를 중심으로 다양한 주민조직과 주민들이 참여하는 주민협의체를 조직하고 있다. 이런 협의체를 통해 민주적 협치, 주민자치에 대한 학습과 다양한 노력들이 펼쳐지고 있다. 이러한 과정에서 주민들은 공동체의 필요성을 인식하고 마을과 도시를 바꾸는 데 보다 적극적으로 참여하게 된다.

이처럼 공동체문화가 생활 속에서 살아나기 위해서는 이웃과 주민들 간의 소통과 협력이 중요하지만 마을과 도시에서 이러한 문화를 만들어내는 공간디자인도 매우 중요하다고 생각한다. 주민들의 소통과 관계를 매개해주는 요소가 다양한 공간이기 때문이다. 전통적인 마을에서 골목길, 광장, 마을회관이 그러했던 것처럼 도시의 아파트단지나 단독주택지에서 주민들이 만나고 소통

창고로 쓰던 공간을 주민들의 소통공간으로 탈바꿈시킨 사례.(출처: 김재철)

하면서 다양한 활동이 이루어지는 공유 공간들이 있어야 한다. 그러나 현장에 가보면 이를 담아낼 수 있는 도시환경이나 커뮤니티 시설들은 여전히 부족한 것 같다.

그래서 여러 도시와 마을에서 주민들이 함께 살아가는 공간과 환경을 가꾸는 활동들이 늘고 있다. 주민들이 모여서 우리 마을에 어떤 자원이 있는지 조사하고, 그 자원들을 어떻게 가꿀 것인지 주민 스스로 마을계획을 수립하고 있다. 이 과정에서 주민들의 다양한 아이디어를 모으고 함께 토론하고 결정하는 주민총회가 마을축제와 함께 마을마다 열리고 있다.

주민들이 소통하고 모일 수 있는 커뮤니티공간을 아기자기하게 꾸미고 골목길이나 마을도로에 벽화나 가로 화단, 산책로와 보행로, 주차공간 등을 조성하여 걷고 싶은 거리로 가꾸기도 한다. 또한 마을 공원과 역사문화적 공간을 마을의 랜드마크로 꾸미기도 하고, 미래사회의 중요한 의제인 기후위기 극복을 위한 다양한 행동까지도 실천하는 등 다양한 마을공동체 활동이 전개되고 있다.

마을광장은 소통과 문화공간
이다. 광주 발산마을 광장에
모인 사람들.(출처: 김재철)

　이를 반영하듯 최근 건설된 아파트단지에서 이웃과 주민간의
소통을 위한 공간구성의 변화가 나타나고 있다. 과거와 달리 주민
들과 소통하고 함께 할 수 있는 카페를 비롯하여 다양한 커뮤니티
시설과 과거 골목길을 연상시키는 단지 내 광장과 산책로 등이 중
요 시설로 도입되고 있다.

　또한 중앙정부나 지방자치단체들이 추진하고 있는 도시재생사
업에서도 공동체 활성화를 중요한 가치로 두고, 우리 동네 살리
기와 같은 사업들을 주민들과 함께 펼쳐가고 있다. 기존의 도시재
개발에서 벗어나 지역의 역사적 흔적과 문화적 가치를 새롭게 살
리면서 마을의 개성과 매력을 발현하고, 주민들이 소통하면서 사
는 살기 좋은 마을과 도시로 만들어가는 것이 보편화되어가고 있
는 것이다.

마을은 아이들의 배움터며 놀이터

뿐만 아니라 아이들의 돌봄과 교육에서도 공동체성이 나타나고 있다. 옛말에 '온 마을이 나서 한 아이를 키운다'는 말이 있듯이 마을마다 아이들을 키우고 돌보는 마을교육공동체 운동이 전국적으로 확산되고 있다. 입시교육이 중심인 우리 사회에서 아이들은 온종일 학교와 학원에 머물러 있는 상황에서 아이를 키우고 교육한다는 것은 일상적인 삶 속에서, 도시와 마을공간에서 이루어지고 그 영향 또한 클 것이라고 생각한다.

그런 측면에서 마을은 학교 안에서 배울 수 없는 다양한 경험의 배움터이자 놀이터다. 놀이를 통해서 소통을 배우고, 마을의 다양한 시설과 자원과 주민들의 재능이 우리 아이들의 경험과 진로와 창의적 꿈을 키우는 데 도움이 된다. 아이들은 많은 것을 경험하고, 다양한 또래와 이웃과 소통하면서 공감과 협력의 능력을 키우고, 남을 배려하고 존중하는 보다 나은 시민 또는 공동체 일원으로 성장할 것이다. 미래에 살아갈 아이들에게 이러한 능력은 더욱 중시되고, 사회도 이를 요구하게 될 것이다.

그래서 우리는 학교와 주민, 교사와 학부모가 협력하여 아이들이 마을 안에서 즐겁고 건강하게 자랄 수 있는 환경을 만들어주어야 한다. 학교는 커뮤니티의 중심공간이다. 학교와 지역사회가 보다 더 소통하고 협력하고 연계해 아이들에게 즐거운 배움터를 제공해야 한다.

이처럼 공동체는 내 삶이 외롭지 않고 서로 기대며 안전하고 행복하게 살아갈 수 있는 사회적, 문화적 토양이라고 생각한다. 무엇보다 소통, 공유, 협력이라는 사회적 관계가 내가 살고 있는 마을과 도시 안에서 활성화 되는 것이 중요하다. 이를 위해 마을과 도시의 물리적 환경에서도 변화와 혁신이 필요하다고 생각한다.

대규모의 도시건설도 중요하지만 우리의 삶과 직결되고 사람들

마을은 아이들의 꿈과 희망을 키우는 배움터다. 학교와 마을에 연계해 다양한 행사를 진행하는 것도 의미있다.(출처: 김재철)

간의 소통과 교류를 생각하는 사람 중심의 도시와 마을, 아파트단지가 되었으면 한다. 이제 사람들은 생활문화, 생활자치, 생활경제 등 내 생활에 큰 관심을 갖고, 생활공동체로써 마을이라는 근린 생활공간과 도시를 바라보고 있다. 사람들은 즐거움과 행복을 찾기 위해 이웃과 소통하고 함께 동행 할 수 있는 다양한 공유 공간들이 마을에 채워지기를 바라고 있다.

이웃, 주민, 사람들 간의 소통과 연대와 협력이 갈수록 중시되는 시대에 커뮤니티라는 공동체의 가치를 도시 전체로 확장시켰으면 한다. 내가 사는 마을에서부터 공동체적 문화가 활성화되고, 다양한 개성과 특성을 지닌 마을과 마을이 연결되어 도시 전체가 조화를 이루었으면 한다. 결국 이런 도시가 살기 좋은 도시, 매력있는 도시, 사람 사는 도시라고 생각한다. 행정, 시민, 전문가 모두가 다시 한 번 고민해보자.

구도심의 몰락, 고층 아파트가 대안인가

윤현석(광주일보 정치부 부국장)

도시에서 사는 이유는 가지각색이다. 태어난 곳이어서, 진학·취직이나 결혼을 해서, 뜻밖의 우연한 일로, 그 도시의 시민이 된다. 시간이 지나며 계속 살아가기도 하고, 또 비슷한 이유로 떠나는 사람들도 있다. 도시는 자연 생태, 지리적 여건, 주변 지형 등에 의해 자연적으로 생겨나기도 하고 철도의 정차, 도로의 교차, 거점시설 설치 등에 의해 인위적으로 조성되는 경우도 있다. 또 고대에는 착취를 위해 식민도시를 만들기도 했고 최근 들어서는 인구 분산, 공공기관 이전, 산업단지 배후 등 특정한 목적을 갖고 찍어내듯 신도시가 제조되고 있다.

도시는 기본적으로 정치, 행정, 경제의 중심이며, 일정 규모 이상의 인구가 집적돼 있다. 다양한 재능을 가진 사람들이 모여들고, 창의적인 사고·행동을 융·복합하는 과정에서 상상할 수 없는 성과들을 만들어낸다. 사람만이 아니라 자본, 물자 등이 몰리고 상업·편의·문화·유희시설들이 즐비하며 첨단과학·금융·유통 등의 관련 기업들이 자리하고 있다. 공원, 오픈 스페이스, 수

독일의 환경수도 프라이부르크의 바우반 주택단지. 공공이 조성한 주택단지로, 차량의 진입은 원천적으로 봉쇄하고 있으며 에너지 자립, 다자녀 등 입주 조건이 까다로운 것으로 유명하다.(출처: 윤현석)

변 공간, 공공청사 등이 잘 배치된 경우 시민들의 만족도는 더 높아진다.

도시는 각각 다른 경관을 갖고 있다. 지형, 역사 및 전통, 거주 집단의 특성, 자원·기술의 유무, 운영 체계 등에서의 차이는 독특하고 개성 있는 '정체성'을 만들어낸다. 한순간에 만들어질 수도 없고, 하나의 건축물이나 시설로 대표할 수도 없는 정체성은 자긍심의 원천이 되기도 하고, 머물러 살아가는 이유가 되기도 한다. 따라서 정체성은 도시를 계획하고 정비·재생하는 데 있어 가장 중요한 기준이 되고 반드시 지켜내야 할 핵심요소다.

도시에 사람들이 집적해 살아가는 이유는 무엇보다 편의성에 있다. 일할 장소, 쇼핑할 장소, 즐길 장소, 머무를 장소, 쉬어갈 장소 등을 농촌보다 훨씬 편하게 접근할 수 있기 때문이다. 도보, 자전거, 대중교통, 승용차 등 이동수단 역시 다양하다. 여기에 탑, 미술관·박물관, 분수대, 광장, 공공예술 등 눈을 사로잡을 수 있는 현란한 장면들이 곳곳에서 펼쳐진다면 관광객까지 끌어 모을 수 있는 매력 넘치는 도시로 부상할 수 있다.

다양성, 정체성, 편의성을 점차 끌어올리는 방향으로 도시를 정비·재생하는 것이야말로 지금 반드시 필요하다는 것이다. 문제는 도시의 역사를 담고 있는 태자리이자 도시 성장·발전의 시작점인 구도심이 외곽 택지지구보다 더 높은 아파트 단지로 채워지고 있다는 것이다. 특히 중심상업지역, 즉 일하고, 쇼핑하고, 즐기며 머무는 장소가 외지인을 배척하는 것은 물론 주변 경관을 완전히 가리는 30~40층 주거단지로 탈바꿈하는 것은 전혀 바람직하지 못하다.

이제부터는 필자가 살고 있는 광주를 중심으로 이야기를 풀어나가겠다. 사실 정부와 지자체, 공기업 등 공공은 광주 구도심을 철저히 외면해 왔고, 지금도 마찬가지다. 고려 말 조선 초 광주민들은 광주천 중류, 무등산을 등지고 있는 평지에 읍성을 지어 중심을 잡았다. 이어 광주천변에 시장 두 곳(큰 장, 작은 장)이 자연스럽게 형성되면서 광주읍 시가지(도심)가 형성됐다. 일제강점기, 이 읍성이 무너지면서 도심이 서서히 넓어졌고, 도시화, 근대화가 진행되면서 광주는 호남의 중심도시로 성장해나갔다. 근대식 도로, 철도, 건축물, 공원 등은 일제에 의해 계획·실현됐으며, 최초의 도시계획 역시 일제가 만들었다.

해방 이후 폭발적으로 증가한 인구를 수용하기 위해 외곽 택지가 '촉진' 개발되면서 도심은 '구도심'으로 이름이 바뀌었다. 공공은 저렴한 토지를 수용해 오로지 신시가지를 조성하는 데 행·재정력을 쏟아 부었다. 반듯하고 넓은 도로, 인접한 공원, 언제든 이용할 수 있는 문화·체육시설, 대규모 관공서, 무엇보다도 단독주택과 비교할 수 없이 편안하고 안전한 아파트 단지 등이 신시가지에 들어섰다. LH, 광주도시공사 등은 개발된 택지를 건설업체에,

미국 뉴욕의 도심 한가운데 광장에서 열리는 그린마켓. 뉴욕 주변 농업지역에서 생산된 야채, 과일 등이 도시민들에게 저렴하게 판매된다. 도심은 다양한 행사, 프로그램으로 사람들을 불러들인다.(출처: 윤현석)

건설업체는 아파트와 상가를 시민·외지인에게 분양해 천문학적 수익을 가져갔다.

구도심은 50년 이상 방치되면서 기반시설이 미흡해 불편하고 좁은 골목길에는 사람이 사라지고 자동차로 가득하게 됐다. 노후하고 불편한 단독주택지역에는 빈집이 속속 생겨나 이제는 '사람 없는 동네'로 을씨년스럽기까지 하다. 그럼에도 정부·지자체는 '언발에 오줌 누기 식'으로 '재생'을 하겠다며 재정을 투입하고, 한편으로는 건설업체, 토지소유주에게 혜택을 더 몰아주는 고층 아파트로의 정비를 계속 추진했다.

실질적인 주거의 질 개선 없는 '말로만 재생'은 거주민들의 마음을 얻지 못했고, 조합원 아파트를 분양받아 '프리미엄'을 받고 팔 수 있는 재개발에 대한 그들의 선호만 더 뚜렷해지고 있다. 무엇보다 충장로 인근은 물론 금남로까지 아파트가 장악하면서 구

프랑스 파리의 퐁피두센터는 광장, 거리카페, 어린이공원, 조각공원 등이 인근에 자리하고 있어 언제나 사람들로 넘친다.(출처: 윤현석)

도심에 그나마 남아있는 상업기능이 절멸할지도 모른다는 불안감이 엄습하고 있다.

광주 구도심에 들어섰고, 조만간 들어설 예정인 고층 아파트들은 '아파트 무덤'이라는 미래 광주의 암울한 상징이 될 것임이 틀림없다. 10년 이상 실수요에 대한 아무런 조사·분석 없이 투기세력을 염두에 둔 무계획적인 공급의 결과는 광주의 경관·정체성·개성·매력의 상실이었다. 도시 공간에서 어떤 이는 공공의 인·허가에 의해 엄청난 금전적인 이득을 취하고 있다. 그러나 무등산 조망, 녹지 및 공공공간에서의 휴식 등 광주시민 모두가 누려야 할 가치가 사라지고, 구도심 공간의 질은 더 하락해 거주·유동인구는 계속 감소중이다.

유럽의 도시들은 중세, 근대를 거치면서 가톨릭 중시, 중상주의 정책, 식민지 개척, 산업혁명 등을 통해 부를 축적하고 다양한 도시 유산들을 만들어냈다. 역사가 짧은 미국은 '도시 미화 운동'을 시작으로 대규모 공원 시스템을 구축하며 경쟁력을 높였다. 반면 우리나라의 도시는 일제강점기, 해방 이후 급속한 산업화로 급증하는 인구를 수용하는 데만 급급해 '계획 없는 개발'을 반복했다. 설사 '계획'이 있더라도 '이권' 앞에 수없이 변경돼 너덜너덜해졌다. 또 개발에 따른 수익을 얻으려는 자들의 '투기' 대상으로 전락했다.

신도시, 택지지구 등도 유사한 설계로 조성됐으며 구도심에 그나마 남아있던 유산들 역시 속수무책으로 사라져갔다. 도시를 아름답게 가꾸고, 역사문화 자산을 유지·보존하며, 자신의 주거지에 애정을 갖고 계속 살아가려는 노력이 상대적으로 부족할 수밖에 없는 여건이었다.

광주의 구도심을 몰락하도록, 시멘트 덩어리로만 채워지도록, 사람은 사라지고 빈 노후주택만 남도록 해야 되는 것인가. 가장 급한 것은 도시 공간의 사유화를 막아 소수가 개발 이익을 독점하는 것이 아니라 공동체 모두가 공유할 수 있는 가치를 구도심에 구현해야 한다는 점이다. 우선 구도심 전체를 지구단위계획으로 묶어 개별 인·허가를 통한 고층 아파트 및 대규모 시설사업의 개발수익을 철저히 사전 검증해야 한다. 인간적인 척도로 구도심에 적정한 건축물 높이를 정하고, 이를 반드시 지켜야 할 원칙으로 여기도록 하는 것도 중요하다.

두 번째, 국립아시아문화전당의 시너지를 낼 수 있는 시설, 장소를 서둘러 구도심에 조성해야 한다. 사람들을 불러 모을 수 있는 미술관, 박물관, 역사관, 체험관 등을 도보로 연결하고 빈집과 공터를 작은 광장이나 공원으로 조성해 시민들에게 안겨줘야 한다. 또 차도를 좁혀 자동차를 불편하게 하고 넓게 보도와 자전거 도로를 조성하는 방향으로 구도심을 재편해야 한다. 구도심의 거리에서 공연, 전시, 판매(카페) 등 시민의 자유로운 활동을 권장한

일본 구마모토시의 주거지 전경. 골목길에 주차된 차량은 거의 없다. 도로는 기본적으로 공공공간이라는 인식이 강하고, 차량을 구매하기 위해서는 차고지를 증명해야 하는 제도가 자동차 없는 골목길을 만들어 냈다.(출처: 윤현석)

다면 금상첨화다.

세 번째, 구도심을 광주의 역사가 살아 숨 쉬는 공간으로 만들어야 한다. 조선시대와 그 이전, 일제강점기, 1960년대 이전, 1980년대 이전까지 시대를 구분해 건축물이나 시설들을 파악하고 이들 가운데 공공이 매입 가능한지를 검토한 후 시대상을 반영할 수 있는 공간으로 탈바꿈시켜 '시대 순례길'을 조성했으면 한다. 광주인만이 아니라 외지인들도 찾을 수 있는 수준 높은 역사 공간으로 만들어야 한다.

네 번째, 광주 구도심에 남아있는 단독주택지역에 대해 보다 세심하고 폭넓은 지원으로 현재의 거주민이 계속 거주하고, 단독주택에서의 생활을 바라는 이들을 유인할 수 있도록 해야 한다. 도시정책은 무엇보다 거주민의 계속 거주에 초점을 맞춰야한다. 공원·도로·하수 등 기반시설을 신속히 정비하면서 금융·세제 지원을 통해 단독주택과 3~4층의 소규모 연립주택으로 구성되는 광주 주거지의 새로운 모델을 개척할 필요가 있다.

다섯 번째, 승용차 없는 거리, 자동차 없는 날 등을 선정한 뒤 바자회, 농수축산물 직거래장터, 물물교환 등 다양한 프로그램을 도심에서 실시해야 한다. 또 자동차의 구도심 진입과 주차를 최소한으로 유지해 자동차가 앗아갔던 구도심 공간을 시민들에게 돌려줘야 한다. 일정기간이 지난 빈집 철거 및 공터를 관련 법률 및 조례 개정을 통해 공공주차장으로 만들어 골목길의 기능을 되살리고, 구도심의 주요도로는 대중교통 전용공간으로 묶어 도시의 주인은 자동차가 아니라 사람이라는 점을 분명히 해야 한다.

광주의 구도심을 '인본도시'의 시작점으로 삼고 이를 충실히 실현해야 하며, 중세와 근대 유럽이나 미국이 도시에서 그렇게 했었듯이 공공재정을 집중적으로 투자해야 한다. 공공이 구도심으로 사람을 불러 모으고, 이를 기반으로 민간이 상업공간을 채워나갈 수 있도록 해야 할 것이다. 구도심이 없으면 광주도 없다.

16

삶의 집합체로서 도시 주거지

—
오세규(전남대학교 건축학부 교수)

한 도시의 형태는 시간이 경과함에 따라 형성되는 것으로, 건조물과 외부공간이 함께 모여 이루는 복합체이며, 시민들의 삶터로서 생활을 영위하는 곳이다. 여기에는 다양한 시설들이 있으며, 이 시설들은 용도별로 구분되어 있는데, 가장 범위가 넓은 지역이 주거지다. 도시 주거지의 공간구조와 공간조직, 구조와 형태에 관심을 가져야 하는 이유는, 그것이 시민들의 사회적, 경제적, 물리적 삶의 환경에 지대한 영향을 미칠 뿐만 아니라 정서적, 감성적 측면에까지 큰 영향을 미치기 때문이다. 주거지는 그 속에서 생활하는 시민들의 삶과 서로 영향을 주고받으면서 그 특징이 형성되어왔다.

집합체로서 도시 주거지가 지니는 의미

도시의 주거지 형태는 일반적으로 단위 공간들이 모여 이루고 있는 공간조직으로, 기능과 용도, 건축물의 입자 크기, 집합형식

영국 밀레니엄 빌리지(렐프 어스
킨), 영국 런던(출처: https://gold
enemperor.com/uk/wp-con
tent/uploads/sites/3/2022/03/
Greenwich-Millennium-Village-
Project-Page-Eng-25.jpg)

등의 관점에서 동질적인 모습을 가지고 있다. 주거지 공간구조는
도로의 위계와 블록의 유형, 그리고 대지, 건축물의 규모와 형태
및 배치 등에 의해 그 특성이 결정된다.(예: 스페인 바르셀로니아의
도시와 주거지 조직) 집합체로서 도시 주거지가 지니는 의미와 가치
를 파악하기 위해, 도시와 주거지 형태와 공간, 장소에 관한 학자
들의 견해를 살펴보면, 다음과 같다.

형태적인 관점으로는, 가로와 블록, 대지와 건축물을 도시형태
의 주 인자로 파악한 입장, 개별 건축물의 형태와 용적, 가로변 건
축 군의 배치, 가로와 광장의 형태 및 그것을 구성하는 요소들의
관계를 중요시하며 심미성을 강조한 입장(까밀로 지떼), 가변요소
와 충진요소로 구분하고, 형태의 다양성을 추구하기 위해 충진요
소의 변화를 주장한 입장(하브라켄) 등이 있다.

장소성을 중요시하는 관점에는, 현상학적 분석으로 좋은 장소

를 만드는 것이 좋은 도시라고 주장하는 입장(노베르그 슐츠)과, 길이나 광장과 같이 잘 만들어진 공공공간을 시민들이 즐겁게 이용할 수 있어야 한다고 주장하는 입장(롭과 레온 크리에 형제)이 있다.

사회적 집합체로 보는 관점은, 장소 속의 활동의 관점으로, 사람과 물리적 환경의 관계성으로 파악하는 입장(스텐포드 애더슨)과 역동적인 사회적 집합체로 만드는 사건들 사이의 관계로 도시를 파악(로저 베이커)하는 입장이 있으며, 생활의 지속성을 강조하고 위생문제와 교통의 흐름을 개선하면서 원 주민들의 주거패턴의 유지를 주장(패트릭 게더스)하는 주거지 패턴의 지속화 관점이 있다. 경관론적 관점은 연속적인 조망을 통해 복합적으로 얽힌 도시조직의 개념적인 즐거움을 재발견해야 한다고 주장했다.

집합체로서의 주거지 조직의 가치와 의미는 형태적, 장소성 관점, 사회적 집합체와 주거지 패턴의 지속화, 경관론적 관점과 같은 키워드들을 통해 발견되었다. 필자는 이 5가지 관점에서 도시 주거지를 복합적 집합체로서 살펴보았다.

우리 도시 주거지 형성에 영향을 끼친 개념들

우리의 주거지 형성에 큰 영향을 미친 것은, 국제주의 근대건축가들의 계획개념과 그들이 만든 실험적 도시 및 주거지일 것이다. 그들의 가장 우선적인 생각은, 공업생산이 가능하고, 적절한 채광과 통풍 등 위생적인 요구를 충족하는 것이었다. 그들에 의하면, 산업화 사회의 구성원 중 가장 중요한 것은 개인이며, 사회는 개인의 집합이라는 단순한 생각이었다. 그들이 가장 중요하게 여겼던 것은 단위주거였기 때문에, 거주자들의 사회적 교류에 의해 형성되는 공간의 성격과 그들이 지닌 역사적, 문화적 요구가 반영되지 않은 채 동일집단으로 설정되었다.

그 결과 동일한 주거유형을 반복적으로 생산하면서 집단의 주

거지를 만들어왔으며, 단순한 도식에 따라 주거의 밀도와 높이를
결정하는 문제만을 고려하였다. 또한 토지이용의 효율만 중요시
한 결과로 집합주택이 가져야 할 제반요소인 안전성, 영역성, 장
소성, 커뮤니티와 프라이버시의 조화 등의 개념은 철저히 무시되
었다.

근대 건축가들 중 가장 영향력 있는 르 코르뷔지에는 녹지 위에
고층주거라는 주거환경의 새로운 계획개념을 제시하였다.(예: 르
코르뷔지에 주거조직) 오늘날 우리 도시 주거지 계획에 막대한 영
향을 끼친 건축가다. 그는 수많은 단독주택을 하나의 구조물로 결
합시켜 공공시설과 공간을 대량으로 확보할 수 있다고 주장하였
다. 집합화에 의해 형성될 수 있는 거대한 녹지공간과 레저시설
을 제시하면서 공동시설의 경제적 효용성을 강조하였다. 그의 '삼
백만을 위한 도시'에서 계획된, 시설의 공동화, 개인 공간을 집합

화한 도시주택 유형은 정착되어 지금의 우리 도시에까지 지속되고 있다.

그 당시 활동한 근대건축가 중 한 사람인 그로피우스는 주택의 높이와 인동간격에 대한 다이어그램을 통해, 일조 및 공간이용 측면에서 고층아파트가 가장 효율적이고, 경제성과 저렴한 비용으로 최대량의 주택을 공급하는데 유리하다고 주장하였다. 여기에 더해, 도시를 4가지 기능인 주거, 일터, 여가공간, 교통망으로 분리하여 지역지구로 나누고 배치하는 조닝제가 도입되었으며, 페리의 근린주구 이론은 규모, 주구의 경계, 오픈 스페이스, 공공, 상업시설, 내부 도로체계, 초등학교 학군을 중심으로 하는 소생활권 개념을 제시하였지만, 생활권의 지속적 확대 현상으로 볼 때 경직된 계획개념이 되었다.

도시 주거지의 현실과 새로운 계획과제

대부분의 우리 도시는 양적 측면에서의 부족한 주택공급을 해결하기 위한 정책의 일환으로, 신도시 건설과 대규모 단지 위주의 공동주택 개발에 치중해온 것이 사실이다. 오랜 세월에 걸쳐 누적된 고유한 주거지 형태는 사라져가고 있다. 지금은 역사적 흔적으로 사라졌지만, 세계에서조차 유일무이했던 도시조직이 있었다. 바로 일제강점기에 형성된 노동자 이주터인 광주 학동 팔거리가 그곳이다.(예: 광주 학동 팔거리) 아마도 현재까지 존재해 있었더라면 로마에도 없는 독창적인 도시 공간구조가 되었을 것이다. 4개의 연속된 주거지 블록이 8거리를 형성하는 공간구조다. 길과 만나는 필지는 그 속에서 나름대로의 독특한 주거공간을 구성하고 있었다. 도시구조와 개별 필지, 그리고 길과 주거공간의 전형을 볼 수 있었던 사례였지만 지금은 아파트 단지가 들어서면서 사라졌다.

바이크월 주거단지(랠피 어스
킨). 영국 뉴케슬.(출처: https://
www.hanlimgroup.com/
news/?mod=docu ment&uid=
474

주거지는 시민들의 사회적 장소와 기억의 매개체가 되어야 한
다. 재개발, 재건축, 재생 등은 지우기, 덧씌우기, 새로 만들기 작
업이었으며, 이는 공동체의 해체와 사회적 장소를 망가뜨리는 결
과를 초래하였다. 시간의 연결이 중요하다. 공동성의 공유가 중요
하다, 시설보다 사람에 초점이 맞춰져야 한다. 주거지 역사와 주
거건축물의 존중이 필요하다. 주거지 역사는 세대를 통해 지속된
다. 손상된 것을 다시 되살려야 한다. 렐프어스킨의 영국 바이크
월 주거단지 재생계획이 구체적 예이다.

노후화된 주거지를 어떻게 접근하여 재생시킬 것인가 경제적,
사회적, 물리적 방안 등을 강구하여야 한다. 미래의 새로운 주거지
를 계획하고 만들 때도 자연환경의 특성을 고려하고 장소적 특성
을 살리면서 거주자들의 사회문화적인 주 요구들이 반영된 다양한
형태의 도시 주거지 모습이어야 한다. 영국 그리니치 페니슐라 마

일본의 중정형 주택에서의 사회적 장소, 1982년 일본 기바 공원 미코 주택단지,(출처: https://protocooperation.tistory.com/623)

스터플랜이나 렐프 어스킨의 밀레니엄 빌리지를 참고할 만하다.

아름다운 삶의 집합체를 만들어가자

아름다운 도시 주거지 공간과 장소가 그 속에서 사는 시민들에게 매력 있는 감동을 주기 위해서는 어떤 특질들이 담겨있어야 할까? 그 주거지에는 시민들의 삶의 흔적이 간직되어야 한다. 주거지 역사는 세대를 통해 지속되기 때문에 여기에는 장소의 역사적 맥락이 있어야 하며, 시간의 연결이 스며들어 있어야 한다. 이를 담아낼 수 있는 물리적인 환경이 되려면, 집합적 공간구조로 길과 주거공간, 내부공간과 외부공간, 공적공간과 사적공간, 장소와 장소들이 긴밀하게 연결되어 사회적 장소를 만들어내야 한다.(예: 일본 중정형 도시주택, 기바 공원 미코 주택단지)

여기에 3차원적 집합적 경관을 형성하기 위해서는, 그 주거지에 조화되는 색채와 재료로써 형성되는 감각과 디테일이 담겨있어야 한다. 진정한 주거지의 아름다움은, 감각적이고 매력적인 점적인 주택들과 그들의 집합으로 맥락이 형성된 선적 가로환경, 길과 필지 그리고 주택공간과 오픈 스페이스 등이 블록화된 사회적 조직체로서 면적화될 때에야 비로소 우리에게 발견될 수 있을 것이다. 시민들은 삶터인 이곳에서 공동체 의식을 높일 수 있는 다양한 활동과 공유된 이야기를 만들어나갈 것이다.

테오 크로스비는 거주지는 단순히 은신처가 아니라 사회적 집합 생활이 개인과 가족에 결합하여 나타나는 곳이며 개인의 공간적, 생리적, 영적, 감동적 욕구까지 만족시켜야 한다고 말한다. 이는 살맛나는 도시, 만남의 공동체, 독자개성의 추구, 주체성과 소속감이 있어야 한다는 것을 의미한다. 우리는 거주하는 도시와 주거지 형태에서 우리 자신의 모습을 발견한다. 지금부터라도 각자가 도시 형태와 주거지의 공간구조에 있어 깊이 있는 숙고를 함으로써, 미래도시의 새로운 주거지 모습을 만드는 데 힘을 모아야 한다.

거주가치 중심의 주거문화

—
염철호(건축공간연구원)

소유(분양) 중심의 주택공급의 문제

그동안 많은 주거 연구자들은 우리나라의 대규모 아파트 단지 위주의 주거에 대하여 획일성, 폐쇄성, 도시 맥락과의 단절, 상품화 등의 문제를 비판하면서 이를 개선하여야 한다는 주장을 계속해 왔다. 심지어 외국인의 시각에서 우리나라의 주거를 바라본 발레리 줄레조의 《아파트공화국》이라는 책이 사회적으로 주목을 받기도 하였다. 하지만 여전히 많은 사람들은 대규모 아파트 단지를 선호하고 여기에 살고 있다,

왜 우리의 주거문화는 이러한 비판을 받게 된 것일까? 당연히 그 원인은 주택이 부족한 시기에 민간의 자본을 활용하여 빠르게 주택을 공급하기 위한 대규모 택지개발 중심의 주택공급을 국가가 장려하였고, 대형 건설사는 이러한 정책에 편승하여 상품화 전략을 통해 공급자 중심의 주택공급방식을 채용하여 왔기 때문이다. 주택을 구매하는 기준이 거주라는 본연의 가치보다는 투자가치와

유휴호텔을 리모델링한 창작
주택 안암생활.(출처: 아이부키
홈페이지)

환금 가능성에 치우쳐 지면서 자신의 라이프 스타일이나 수요에
맞는 주택을 찾기 보다는 주택 가격의 상승 가능성이 주택을 구입
하는 데 더 큰 영향을 끼쳐 왔다. 이러한 경향은 소위 수익형 부동
산으로 불리는 오피스텔이나 도시형 생활주택을 거주대상이 아닌
투자대상으로 보는 사회적 양상으로 다시 확대되었다.

필자는 과거 박근혜 정부에서 처음 '뉴스테이' 정책을 발표하였
을 때 매우 바람직한 정책이라고 여겼었는데, 그 이유는 뉴스테이
가 기존의 분양 위주의 단지형 아파트나 협소하고 저렴한 임대주
택과 차별화되는 일정 수준 이상의 주택 규모와 주거서비스를 갖
춘 장기 민간임대주택으로서 주거유형의 다양화에 기여할 수 있
을 것이라 기대했기 때문이다, 하지만 8년 후 분양전환을 통해 장
기 임대주택이 사라진다는 사실을 알고는 매우 실망하고 말았다.
이처럼 우리나라의 주거문화는 이른바 소유(분양) 중심의 주택공

급방식의 결과물이라고 할 수 있다.

필자는 2011년 연구원에서 우리나라의 주거문화를 진단하는 매우 어렵고도 부담스러운 연구 과제를 진행하면서 도대체 '주거문화란 무엇인가?', '문화적이다 라는 것은 어떤 것인가?'라는 질문에 대한 해답을 찾고자 고민했다. 이를 위해 많은 문헌을 찾던 중 문화인류학, 문화사회학, 문화지리학과 같은 문화 관련 서적과 논문에서 힌트를 얻게 되었는데, 그것은 문화를 향유하고 소비하는 주체인 소비자의 '취향'에 주목하여야 한다는 것이었다.

문화 분야 이론에서는 '취향'을 대중문화를 바라볼 때 유용한 개념으로 사용하였는데, 소비자의 취향이 다양하고 복잡하여 생산자들이 도대체 어떤 것들이 잘 팔릴지를 예측하지 못하는 데서 소비자의 힘이 나오며, 그러한 상태를 '문화적이다'라고 말할 수 있다는 것이었다. 이를 주거문화로 바꾸어 보자면 바람직한 주거문화의 형성은 주거에 대한 다양한 소비자(거주자)의 취향이 외부적으로 표출될 수 있어야 하며 거주자의 취향이 주택시장에 영향을 끼칠 수 있어야 실현된다고 할 수 있다. 즉 주거문화를 창출하는 주체는 공급자인 건설사가 아니라 주택을 구매하고 거주하는 소비자인 거주자이어야 하고, 거주자의 취향이 구현될 수 있는 다양성과 정체성을 주거가 내포하여야 비로소 우리는 주거에서 '문화적'이라고 이야기할 수 있게 된다.

그간 우리나라의 주택정책에서 사회취약계층에게 주거를 제공하기 위한 주거복지 정책과 주택가격을 안정적으로 관리하기 위한 주택시장 정책에 비하면 주거문화 향상을 위한 주거문화 정책은 상대적으로 주된 정책적 관심의 대상이 아니었다. 앞으로의 주거문화 정책은 획일성, 폐쇄성, 도시 맥락과의 단절, 상품화 등의 문제로 비판 받는 주택시장에서 공급자가 아닌 수요자(거주자)가 주도하는 시장의 형성을 위하여 거주자가 자신의 취향에 따라 다양한 주거를 선택할 수 있는 환경을 만드는 것에 목표를 둬야 한다.

거주가치 중심의 주택이란?

저출생 고령화에 따른 인구사회구조의 변화에 따라 과거의 소품종 대량생산방식의 주택공급체계가 다품종 소량생산방식으로 변화할 것이라는 주장과 전망과 함께 기존의 아파트 단지나 수익형 부동산과는 차별화된 공동체주택, 사회주택, 공유주택과 같은 새로운 유형의 주택공급 사례가 조금씩 이나마 증가하고 있다. 이것은 단순히 '수요가 다양화하고 있다'라고 설명되기보다는 거주자의 '취향'에 부합하는 주거모델이 구현된 결과물들이 주택시장에서 소수이긴 하나 실현되고 있다고 설명되는 것이 맞을 것이다.

주택공급체계와 관련된 주체들을 열거해 보면 시행주체, 소유주체, 거주주체, 관리·운영주체로 구분할 수 있을 텐데, 분양 아파트 단지나 수익형 부동산 등은 각 주체가 대부분 동일하지 않은데 비해 공동체주택, 사회주택, 공유주택 등은 시행, 소유, 거주, 관리·운영주체가 대부분 동일한 것을 알 수 있다. 아울러 계획참여, 공동소유, 운영 참여, 지역이용 등 기존의 분양 아파트 단지나 수익형 부동산 등에서 구현되기 어려운 새로운 방식들과 가치들을 확인할 수 있다. 소유(분양)가치 중심의 주택들과 대비되는 거주(이용) 가치 중심의 주택은 시행, 소유, 거주, 관리·운영주체가 가능한 한 동일하면서 거주자의 다양한 요구를 반영할 수 있는 체계가 구축되어 있고, 거주자와 지역을 위한 다양한 주거서비스가 지원되는 주택이라고 정의할 수 있다.

거주가치 중심의 주택공급과 운영-안암생활

거주가치 중심의 주택공급 사례들은 공공임대주택 보다는 사회적경제주체 등 민간주체가 직접 공급하거나 공공의 지원을 받아 공급하는 사례들에서 많이 등장한다. 공공임대주택은 대규모로 공급되고 기획, 설계, 입주, 운영이 각각 다른 주체에 의해 진행되면서 표준화와 공평성 등을 기반으로 추진되기 때문에 초기 단계부터 입주자의 다양한 요구를 파악, 반영하여 이를 설계에 반영하거나 입주 이후에도 입주자의 수요를 운영에 반영할 수 있는 체계를 구축하기가 어렵다. 창업, 육아 등 특화형 주택이나 커뮤니티 활성화나 지역과의 연계를 지향한 공공임대주택에서 이러한 목표가 최종적으로 달성되기 어려운 이유다.

2020년 아이부키가 LH공사의 매입약정형 비주택 용도변경 리모델링 사업으로 진행하여 준공한 안암생활은 거주가치 중심의 다양한 요소들을 반영한 사회주택이다. 안암생활은 공공의 지원을 받아 사회적 경제주체가 유휴호텔을 기숙사로 용도를 변경하여 122세대의 청년을 위한 주거로 공급한 사례인데, 기존 호텔을 리모델링하는 어려운 사업여건에도 불구하고 호텔의 지하공간을 창작 및 창업을 위한 코워킹 스페이스로 활용하고, 회의실, 공유주방, 공유세탁실 등 다양한 커뮤니티 시설을 제공하고 있다. 또한 사업을 기획한 사회적경제주체가 주택의 운영 또한 담당하면서 창작과 창업이라는 특화방향에 부합하는 입주자를 선정하였으며, 커뮤니티 활동비, 입주자 자치회 운영, 창업 및 창작활동, 공유화폐, 커뮤니티 활동공간 등을 지원하고 있다.

안암생활의 지하 1층에 있는 생활가게, 무료나눔 공간, 예술작업 공간 등은 모두 입주자의 의견을 받아 조성한 공간들인데, 입주자를 커뮤니티 지원팀의 멤버로 고용하는 등 입주자의 의견이 직접 반영될 수 있는 여건을 만들고 입주자가 스스로 조직한 모임을 통해 제시된 사업계획을 반영하여 유휴 공간을 입주자가 스스로 운영하는 프로그램 공간으로 활용한 사례다. 주택 내 커뮤니티 활동을 통해 만들어지는 소규모 모임들은 공통의 취향에 따라 만들어지는 '취향 공동체'이며, 안암생활에서는 이러한 취향 공동체를 중심으로 입주자 참여형의 공간 운영을 통해 '느슨한 연대'를

입주자 의견을 반영하여 조성
한 아이부키 내 공간들(위부터
생활가게, 무료 나눔 공간, 예
술작업 공간.(출처: 염철호)

통한 사회주택의 실현을 추구하고 있다. 안암생활 주변의 카페, 식당 등 소상공인과의 연계를 통해 매출 확대와 할인이라는 상생 방안도 강구하였는데, 이러한 주택과 지역과의 연계는 그 밖의 많은 사회주택과 공동체주택 등에서 주민공동시설의 개방, 마을가게 운영, 공동육아 어린이집, 소극장, 공유 오피스 등 다양한 형태로 구현되고 있다.

주거와 시설의 적극적 연계-비바스니신마치

주거 수요 다양화에 따라 정부는 주택 관련 기준들을 개정하고 청년 지원주택, 신혼희망타운, 고령자복지주택 등 특화형 공공임대주택 공급을 확대하였고, 다양한 입주자 편의시설과 함께 국공립어린이집, 돌봄센터, 공동육아시설, 창업지원시설, 복지관 등 지역 주민이 함께 이용할 수 있는 지역편의시설을 주택과 연계한 사례들이 등장하고 있다. 입주자는 일상생활에서 필요한 다양한 주거서비스를 단지 내에서 제공받을 수 있고, 지역 주민들 또한 이를 공유할 수 있다는 점에서 이러한 시설 결합형 주택의 공급 확대는 매우 바람직하다고 할 수 있다. 다만, 단순히 시설을 부가적으로 병설하는 것뿐만 아니라 주택과 시설의 다양한 결합 방식을 모색할 필요가 있으며, 운영과정에서 주택과 시설이 어떻게 유기적으로 연계되도록 할 것인가와 같은 지속가능한 운영방식에 대한 방안을 초기 단계부터 보다 면밀히 검토할 필요가 있다.

일본 가나가와현 가와사키시에 2005년 준공된 비바스니신마치는 노인병원과 고령자용 임대주택, 일반임대주택을 복합화한 시설이자 주택으로 병원과 주택을 결합한 혁신적인 모델로서 일본 내에서도 주목을 받았던 사례다. 사업을 주도한 주체는 가와사키시 주택공급공사인데, 시민 설문조사를 바탕으로 의료시설과 주거시설을 결합한 새로운 주택사업방식을 모색하게 되었고, 마침

공공임대주택과 민간병원을
결합한 가와사키시 비바스니
신마치.(출처: 염철호)

노후병원의 재건축을 추진하고 있던 지역 민간병원이 사업에 함
께 참여하여 공동사업을 통해 고령자를 위한 병원과 주택이 복합
화된 비바스니신마치가 건설되게 되었다.

　비바스니신마치에는 요양병상 85개의 민간병원과 서비스 제공
고령자임대주택 55호, 일반임대주택 10호가 있는데, 고령자임대
주택에는 〈고령자주거법〉에 따른 기준에 따라 고령자를 위한 다양
한 장치가 마련되어 있으며, 함께 공급된 일반임대주택은 고령자
만이 거주하는 것 보다는 일반세대가 함께 거주하는 다세대 공생
형의 주거공간을 지향하고자 한 의도가 반영된 것이다. 병원과 주
택 사이의 4층 공간은 지역 개방형 공용시설로서 커뮤니티 광장,
옥상정원, 데이케어센터 등이 조성되어 있어 단지 주민뿐만 아니
라 지역 주민도 이용 가능하며, 그 밖에도 6층과 10층의 일부 공간
에는 입주민 상담, 교류회의, 동호회 활동 등 입주자를 위한 시설

과 운영 프로그램을 제공하고 있다. 고령자 임대주택에 거주하는 고령자는 평소에는 주택에 거주하면서 NPO법인이 6층에서 제공하는 고령자를 위한 생활지원 서비스를 받을 수 있으며, 건강이 좋지 않게 되면 바로 아래의 데이케어센터나 요양병상에서 전문적인 의료서비스를 받을 수 있게 된다.

거주가치 중심의 주거문화를 위해

그동안 주거문화 향상을 위한 정부의 주택정책은 특화형 공공임대주택을 공급하거나, 특별설계공모를 통해 기존보다 디자인 측면을 강화한 주택공급 사례를 실현하거나, 특정한 새로운 주택유형을 제도화하여 시장을 변화시키려는 방식으로 추진되어 왔다. 하지만 이러한 방식들은 그다지 큰 효과를 거두지 못하였거나 오히려 부작용을 낳기도 하였다. 결국 공공이 주도하는 방식 보다는 민간이 주도하고 공공이 이를 지원하는 방식으로 주거문화 정책이 변화되어야 한다.

거주가치 중심의 주택공급방식은 단지형 아파트나 수익형 부동산처럼 사업시행 주체가 기대할 수 있는 사업수익이 크지 않고 기획부터 준공에 이르는 기간과 노력이 상대적으로 많이 필요한 사업방식이다. 또한 주택을 준공하고 거주자가 입주한 이후에도 거주자의 의견을 반영하면서 지속적으로 주거서비스가 제공되어야 하는 방식이다. 거주가치 중심의 민간 주도 주택공급방식의 활성화를 위해서는 작지만 새로운 시도들이 실제로 구현되고 주택시장에서 주목을 받음으로써 주거문화 향상에 점진적으로 기여할 수 있는 여건을 만드는 일에 주목할 필요가 있다.

따라서 공공이나 민간건설업체와는 차별화되는 다양한 가치를 구현하고자 하는 민간의 건전한 주택공급주체를 육성하고 안정적인 사업주체로서 주택시장에서 정착할 수 있도록 지원하는 것을 정책의 지향점으로 설정하여야 한다. 또한, 거주가치 중심의 주택이 구현하고자 하는 방향에 따라 다양한 시설이 연계되고 복합화될 수 있도록 민관협력방식의 사업모델을 도출하고, 주택과 시설의 결합을 저해하는 경직된 제도를 유연화하는 방안도 보다 적극적으로 모색되어야 한다. 거주가치를 모색하는 사회적 실험들이 나의 취향을 실현하고자 하는 사람들을 위한 주거로 연결되고, 독특한 집이 더 이상 돈 안 되는 집으로 치부 받지 않고, 획일적인 삶이 아닌 다른 삶을 꿈꾸는 사람들의 선택지가 보다 넓어지는 우리 주거문화의 미래를 기대해 본다.

18

아파트 숲,
피할 수 없다면 시대흐름에 맞추자

안길전((주)일우엔지니어링 건축사사무소 대표)

공과(功過) 담고 도시형 주택으로 자리한 아파트

거대한 고층 아파트로 메워지고 있는 우리 도시들의 모습이 외국인에게는 어떻게 비춰질까? 2017년 프랑스 마른 라벨리 대학 발레리 줄레조 교수가 쓴 책《아파트공화국》에 궁금증에 대한 답이 있다. 저자는 처음 서울을 방문했을 때 군대 막사를 연상시키는 거대한 아파트 단지를 보고 충격을 받았다고 한다. 협소한 영토에 비해 인구밀도가 높은 네덜란드나 벨기에는 그러하지 않는데, 왜 한국에는 고층 아파트가 이렇게 많은 걸까? 프랑스에서는 저소득층의 생활공간인 아파트가 왜 한국에서는 인기가 있을까? 그는 이런 의문을 품고 책을 썼다고 한다.

한국을 처음 방문한 사람들은 아파트가 모든 계층이 살고 싶어하는 최고의 주택유형이라는 사실과 가장 큰 재산증식의 수단이라는 사실을 알고 놀란다. 또 아파트가 주도하는 무질서한 도시모습에 고개를 흔들고 거대한 폐쇄적 아파트 단지가 삶 문화의 장소

싱가포르 마리나원 주상복합 아파트 외부공간.(출처: 안길전)

로 인기가 많다는 점도 궁금해 한다. 이런 충격과 의문, 놀람과 궁금증의 이면에는 비판적 시각이 존재한다.

국내외의 비판적 시각에도, 대도시는 물론 읍면의 문전옥답에까지 아파트가 세워질 정도로 인기가 있는 현실에는 한국만의 특수한 시대적 상황이 있다. 이미 일제 강점기부터 주택난을 겪었던 우리나라는 해방 직후 많은 해외 동포들이 귀국하고 6·25전쟁으로 주택이 파괴되면서 주택 부족 현상이 심화됐다. 이후 급격한 산업화로 농촌 인구의 도시 이동이 이뤄진데다, 베이비붐 세대가 결혼하고 핵가족화되면서 주택난은 사회문제가 됐다. 정권마다 주택난 해결책을 고민했는데, 그 방안은 짧은 기간에 토지를 가장 효율적으로 이용해 주택을 대량 공급할 수 있는 아파트 신축이었다.

아파트는 여러 비판에도 불구하고 주택부족 해소는 물론, 일정 수준 이상의 주거문화를 향상시키는 데 큰 공헌을 해 왔다. 특히 빠른 기간에 후진국형 주거문화에서 지금과 같은 질 높은 주거 문화를 가질 수 있었던 것은 아파트가 아니었으면 불가능했다. 대부분의 도시에서 아파트가 도시주택의 주류가 되고 있고, 심지어는 아파트 점유율이 70% 수준인 도시도 있다. 이는 짧은 기간에 아파트가 주택난 해소에 꽤 큰 역할을 했음을 알 수 있다. 이 과정에서 수요에 비해 공급이 크게 부족해 아파트 입주당첨은 로또 복권처럼 재산적 가치를 크게 증식시켜 주었다.

인구가 급격하게 감소하는 지금도 아파트 인기는 여전하지만, 공급이 수요를 크게 앞지를 때도 재산증식 수단이 될지는 의문이다. 또 지나치게 기능성과 산업성을 중시하며 형성된 획일적이고 규격적인 주동과 주호(단위세대)의 공간구성이 유효할지도 의문이다. 이제 아파트는 변화하는 사회적·시대적 요구에 부응하는 제2의 진화가 필요하다.

다채로운 설계가 돋보이는 덴
마크 코하우징(출처: 구글)

획일적·개인화에서 다양성의 공동화 생활방식으로

　21세기 가장 큰 문제는 인구감소와 환경부하 증가에 대한 대응
이다. 인구감소는 소자녀 · 고령화로 이어지며, 1인가족의 고착화
를 가져온다. 우리나라 고령화 비율은 2021년 15.7%(일본 28.1%)
에서 2060년에는 43%(일본 38%)로 증가, 머지않아서 일본을 제치
고 세계 최대 고령화 나라가 된다. 현재 40% 수준인 1인가구도 머
지않아 우리 사회 대부분을 차지할 걸로 예견되기 때문에 아파트
의 대응이 필요하다. 그렇지 않으면 아파트는 절연생활을 고착화
시키면서 고립과 고독, 고독사 등 사회문제의 근원이 될 수 있다.

　주로 공동주택을 설계하는 필자는 일본 등의 사례를 접하며 앞
으로 아파트는 지속가능한 사회(저출산 · 고령화 사회)와 지속가능
한 환경(환경보전 대응, 자원에너지 절약)에 대응하는 자세가 필요함
을 절실히 느낀다.

　첫 번째가 공유적 삶의 지향이다. 우리 아파트는 가족만의 생활

을 전제로 설계됐다. 초창기에는 주택난이라는 심각한 문제를 해결해야 하는 큰 목표가 있었고 가족단위의 생활과 직장 등에서의 활동이 활발해 사회적 고립으로 이어지지는 않았다. 그러나 노인 인구를 비롯한 1인가구가 늘어나고 있는 지금은 상황이 다르다. 혼밥, 혼잠은 고립, 고독과 함께 사회적 고독으로 이어지기 때문에 이웃과 인간관계를 맺으며 함께 사는 공동성 마을을 구축하는 게 필요하다. 아파트 주동은 입체가로 등의 다양한 공유공간 창출과 더불어 1층을 아파트 입주민이 함께 이용할 수 있는 공유적 공간으로 만드는 방안도 필요하다. 그래야 공동성을 구축해 즐겁게 생활할 수 있고, 아이 키우기 좋은 아파트가 된다. 특히 아이 키우는 문제는 개개의 주호 문제를 넘어 주동이나 주거단지의 문제라는 관점이 필요하다.

두 번째로 규격적이고 획일적인 주호를 적층으로 쌓아올린 아파트에서 벗어나 다양한 가족형태와 거주요구를 담을 수 있어야 한다. 주거요구가 변화되면 주호의 공간구성도 바꿀 수 있어야 한다는 말이다. 크기와 형태가 똑같은 구두에 각기 다른 크기와 모양의 발을 맞추는 것과 같은 지금까지의 준비형 공급은 주택확보를 위해 어쩔 수 없는 측면이 많았다.

앞으로는 다양한 거주요구를 수용하는 주문형으로의 변화가 필요한데 이는 구조의 변화를 동반해야 한다. 아울러 상자형의 획일적 모습에서 벗어나 다양한 표정을 갖도록 하는 것도 필요하다. 중저층의 경우에는 발코니의 효용성을 다시 생각해야한다.

세 번째는 아파트 유지관리 문제와 각종 자원낭비, 환경파괴 주범이 되고 있는 대규모 재개발·재건축 문제다. 우리는 아파트 짓는 데 주력하며 이런 문제에는 소홀히 해 왔다. 앞으로 아파트는 장수명의 주택 설계와 함께 건설 폐기물을 최소화하는 데 힘써야 한다.

마지막으로 외부공간에는 사람들이 주동 밖으로 나와 자연을 일상 속에서 즐길 수 있도록 녹지는 물론 질 높은 휴게시설 등을 마련해야한다. 아울러 탄소중립 실천을 위해 신재생 에너지 생산과 사용도 가능케 해야 한다.

필자는 최근 한 시민대학에서 '아파트, 이대로 좋은가'를 주제로 발표하고, 앞으로 아파트가 지향해야 할 점들을 논의하는 토론에 참여했었다. 아파트가 담장이나 방음벽 등으로 도시경관을 훼손하고 도시단절을 만든다며 물리적인 경계를 허물어 감성도시를 만들어야 한다는 주장 등 다양한 의견들이 나왔는데, 전문가들이나 시민들이 생각하는 아파트의 지향점은 대부분 비슷했다.

공동 주택의 과제를 해결한 오사카 넥스트21 실험주택

현대주택은 다양한 관점을 요구받고 있다. 개인적 요구와 사회적 요구는 물론 시대적 요구 등을 수용해 건전한 공동체와 함께 지속가능한 주택을 지어야 한다는 의견이 많다.

일본 오사카 가스회사가 건립한 오사카 넥스트21 실험주택은 많은 교훈을 준다. 넥스트 21은 국내 건축가, 교수, 건설회사 임직원, 대학원생들이 많이 견학한 주택이다. 1993년 6층 규모의 18세대로 조성된 이 실험주택은 1994년부터 5년간 거주자들을 대상으로 거주실험을 했다. 이어 1999년 대규모 리모델링과 설비시스템 교체 후 2차 공개했고 2000년부터 5년간 다시 실험 거주가 시작됐다.

이 주택의 첫 번째 특징은 건물의 골조 구조(스켈톤)와 주호(인필)를 분리하는 방식이다. 장기적 내구성을 갖고 있는 구조체를 손상하지 않고 주호를 자유롭게 바꿀 수 있도록 했다. 주호는 각기 규모와 공간구성이 다르고 설계하는 건축사도 다르다. 한명의 건축사가 대규모의 아파트 단지를 설계하는 우리나라 아파트와는 전혀 다른 방식이다.

두 번째는 시스템 주택 구축이다. 주호 외벽 등은 규격 제품화

공동주택의 과제를 해결한 실
험주택 오사카 넥스트21.(출처:
구글)

로 교체 및 이설이 쉽고, 외벽 이동을 가능케 했다. 리모델링에서
발생할 수밖에 없는 건설폐기물이 거의 발생하지 않도록 한 점도
특징이다.

　세 번째는 가변성의 배관시스템이다. 통로형 복도 아래 배관 등
설비를 둬 주호를 변경할 때 쉽게 대응할 수 있도록 하고 있다. 뿐
만 아니라 하수를 중수로 바꾸고 지상에서 옥상까지의 외관에는
세로형 녹지를 조성, 힐링 경관뿐만 아니라 새나 나비 등 곤충들
이 찾아오는 녹색 생태공간의 역할을 하도록 했다. 그 결과 1차 5
년 실험 거주 기간에 오사카 성 등에서 22종 새들이 날아왔고 21
종의 자연식물 생육이 확인됐다. 넥스트21은 구조체(주동)와 주호
분리, 융통성 있는 주호와 배관시스템, 자연과 공생, 폐기물의 재
자원화 시스템 방식을 통하여 거주자가 함께 사는 마을이 되고 있
다. 우리가 지향해야 할 아파트 상이다.

일본의 집합주택에 선도적 공헌을 한 건축가 후지모 마사이는 "주택은 도시를 구성하는 주요 요소로서 매력적 도시경관을 만드는 관점, 적정한 비용부담을 바탕으로 양질의 사회적 스톡크를 형성하는 건축물을 만드는 관점, 집단적 요구를 포함해 다양한 거주자요구를 수용하는 생활공간 만들기 관점에 충실해야 한다"고 말했다. 오사카 넥스트21 실험주택은 이런 관점을 잘 구현한 주택이라 할 수 있다.

지금까지 우리 아파트는 양적 부족 해소, 주거수준 향상에 큰 공헌을 해 왔다. 앞으로는 인구 감소와 저출산·고령화, 그리고 환경부하의 절감에 공헌하는 공동성의 도시주택으로 변화해야 한다. 이를 위해서는 설계·설비나 환경을 포함한 기술, 제도를 만드는 행정, 건설사, 시민 등 여러 분야의 협업이 절대적으로 필요하다. 그래야 우리나라만의 정체성 있는 주거 문화를 만들어갈 수 있다.

건강한 노년을 위한 건축환경

김경원(조선대학교 건축학과(5년제) 교수)

노인에 대한 정의는 시대에 따라 변화하고 있는데, 우리나라의 경우 기초연금 또는 교통우대제도 등의 기준이 되는 65세를 노인의 기준점으로 두고 있다. 고령화에 따른 한국 노인인구의 비율은 2020년 기준 전체 인구의 15.7%, 2020년 20%, 2030년에는 25%로 급속히 증가하고 있으며 그 비율은 2050년 까지 지속적으로 증가할 것으로 전망된다.

노인들의 수적 증가와 함께 시대적·사회적 변화에 따른 노인의 특성 또한 급격히 변화하고 있다. 과거와는 다르게 노인 세대 내에서 그 다양성이 증가하고 있으며 노년기 자녀 역할의 감소에 따라 노인들 스스로의 자립성이 증가 되었고 자녀와의 접촉은 감소하는 반면 친인척, 친구와의 접촉은 증가하고 있다.

세계적으로도 인구의 고령화와 노인인구의 증가에 따른 노인인구의 특성과 성격의 변화에 주목하고 있으며 건축과 주거환경에 있어서도 노인세대의 다양한 필요와 요구를 만족시킬 수 있는 주거의 형태들이 시도되고 있다. 유니버설디자인과 무장애 설계를

현대 주거건축의 대표적 형태인 아파트에서는 노인의 건강 증진을 위한 공간으로 발코니의 활성화를 제안해 볼 수 있다.(출처: bittedankeschön–stock.adobe.com)

기본으로, 친환경, 웰빙, 건강, 치유 등의 단어들이 건축과 설비 등에 적용되고 있음을 주변에서 쉽게 찾을 수 있다.

평생 주거로서의 건축

인간이 생활하는 세계 어느 곳이든, 집은 건축물 이상의 의미를 가지고 있다. 개인과 가족 모든 세대에 걸쳐 행복의 기반이 되고 가족뿐만 아니라 이웃과의 연대감과 소속감을 갖게 하는 기본적인 환경을 제공하기 때문이다. 2020년 보건복지부의 노인실태조사에 따르면 건강이 유지된다는 조건에서 노인 응답자의 83.8%가 '현재 집에서 계속 산다'는 의견을 보였으며, 건강이 악화돼 거동이 불편해질 때의 희망 거주형태를 묻는 질문에서는 응답자의 56.5%가 재가 서비스를 받으며 현재 살고 있는 집에서 계속 살기를 희망하였다.

이는 노인요양시설에 대한 인식이 과거보다 긍정적으로 변화되고 고급형 노인시설의 등장으로 선택의 폭이 넓어졌다 할지라도 아직까지는 노인요양시설보다 현재 살고 있는 집에서 생활하고자 하는 의지가 높다는 것을 보여준다.

이 같은 요구를 실현하기 위해서는 넓은 관점에서는 지역에서 계속 거주AIP: Aging In Place할 수 있도록 하는 고령친화 지역사회 조성이 필요하다는 것을 의미한다. 좁은 관점으로 보면 획일적인 4인 가구 중심의 아파트의 틀을 벗어나 사람의 일생 주기에 부합할 수 있는, 평생 주거공간의 주거 건축이 필요하다는 것을 의미한다.

건강한 노년 위한 정보 제공

그럼, 평생 주거로서의 건축은 어떻게 노년의 건강한 생활에 도움을 줄 수 있을까? 건강한 노화가 갖는 의미는 일반적으로 볼 때 개인 스스로가 독립적인 생활 능력을 가지고 사회적으로 의미 있는 활동과 참여가 가능한 긍정적 태도를 유지할 수 있는 것을 의미한다. 즉, 건강하다는 것은 자신과 타인이 만족하는 일상생활을 영위할 수 있는 능력을 가지고 있다는 것을 말한다.

이는 개인을 둘러싸고 있는 환경이 개인이 가지고 있는 신체적·정신적 능력에 맞추어 일상생활을 할 수 있도록 뒷받침되어야 한다는 것을 말하며, 집은 개인의 생활에 아주 기본적이고 직접적으로 연관이 있는 곳이기에 건강한 노년을 위한 주거환경의 역할은 분명해 보인다.

우리나라의 경우 대부분의 주택과 아파트는 4인가구를 기본으로 해 건강한 '평균가족'을 대상으로 디자인 되어 있으며 특별히 노인이나 장애인의 요구사항들은 충족하고 있지 않다. 물론, 우리 나라에서도 노인을 위한 주택개조 사업들은 수행되고 있다. 예를 들면, 집수리 사업은 일상생활 수행 능력이 불편한 재가노인 약 24만 세대를 대상으로 2025년까지 실시할 예정이고 주거환경 개선사업 등의 정책들도 진행되고 있지만 그 대상이 취약계층과 요양등급의 노인들에게 집중되어 있어 일반적인 주택개조에 대한 활성화로는 미흡하다고 볼 수 있다.

이렇게 현재의 정책이나 진행 중인 상황을 보면 급변하는 인구 구조에 즉각적으로 대응할 수 있는 노인주택공급은 어려워 보이는 것이 사실이다. 각자 살고 있는 현재의 집의 형태에 따라 재정적 무리 없이 수리나 리모델링을 하거나 공간 활용을 통해 건강한 노년을 대비한 주거환경을 조성할 수 있을지에 대한 고민이 필요해 보인다.

노인 건강의 관점에서 볼 때 안전하고, 쉬운 접근성과 사용이 편리한 거주 환경을 제공하는 집이 노년의 건강한 삶 영위에 큰 부분을 차지한다. 부상과 낙상으로부터 안전한 물리적 환경을 제공하며 심리적으로 안정감을 주고 육체적으로 덜 피로하게 하는 손쉬운 작동의 거주장치, 위생이 고려되어 거주자가 집안에서 독립적인 활동을 유지할 수 있는 쾌적한 환경을 제공하는 집이 건강한 집일 것이다.

그럼 부상 등으로부터 안전한 환경을 거주자의 신체 능력에 맞추기 위해서는 어디서부터 시작해야 할까, 무엇을 어떻게 수리하고 리모델링해야 할까, 새로운 집으로 이사를 할까, 아니면 노인요양시설로 들어가야 할까 등 여러 질문을 던져볼 수 있다. 그렇다면 이런 물음에 대한 답을 찾기 위한 정보들은 어디에서 찾을 수 있을까?

미국 은퇴노인협회에서는 노인뿐만 아니라 모든 연령대의 사람들을 대상으로 안전하고 편안한 환경의 집을 만드는 방법을 담은 홈핏 가이드AARP HomeFit Guide를 제공한다. 이 책자에서는 노인거주자들의 안전한 생활을 위한 집의 개조 방법에 초점을 맞춰 집의 기능과 구조 개선을 구현할 수 있는 방법을 각 주거공간별로 정리하여 담고 있다. 영국 또한, 노인들이 보다 편안한 생활과 집을 만들 수 있는 방법에 관한 정보들에 손쉽게 접근할 수 있다.

집수리나 리모델링의 경우 물리적 환경으로부터의 안전성과 사용 편리성에 초점이 맞춰져 있어 안전하고 편리한 설비와 거주장치 제공을 통해 거주자의 독립적 생활 영위에 큰 도움을 준다. 여기에 건강의 관점에서 거주자의 스트레스 감소와 면연력 증가에 도움을 줄 수 있도록 하는 건축적 접근은 무엇인가에 대한 고민을 더해 볼 수 있다. 사람들, 특히 노인의 심리적·정서적 안정에 어떻게 건축이 도움을 줄 수 있을까? 의료과학의 발전과 함께 건강한 주거환경에 대한 연구들이 진행되고 있다. 의학의 관점에서 살펴보면, 빛, 공기, 소리, 경관 등의 환경적 요소들이 사람의 심리적 안정과 밀접한 관계를 가지고 있다는 것들이 연구를 통해 증명되고 있다.

예를 들면, 자연의 녹색 경관을 바라보고 경험하는 사람이 그렇지 않은 사람보다 회복력이 높고 스트레스 지수가 감소되는 효과를 보여주며 햇볕에 대한 노출과 소음 노출 정도는 사람의 수면패턴, 우울증에 영향을 줄 수 있으며 비타민D는 근육형성에 영향을 주고 환기와 실내공기질은 가벼운 증상인 두통, 인후통에서 심각한 증상인 일산화탄소 중독, 천식 등 호흡기 질환과 관계가 있다는 연구 결과들을 들 수 있다. 이러한 연구들을 바탕으로 환경적 요소들을 건축공간에서 적절한 상태로 조성하게 되면 거주자에게 건강한 환경을 구현할 수 있을 것이다.

더 쉬운 집안 생활을 위한 조정

높낮이 조절 침대
with simple controls can make it easier to get in and out of bed.

모션센서 조명
that turn on when you get out of bed could prevent trips in the dark.

접근성 좋은 샤워실과 샤워의자
allow you to walk straight in and sit down, which can help prevent falls.

높낮이 조절 소파
can be much easier to get in and out of compared with regular armchairs.

좌변기 보조손잡이
can be helpful for those who struggle to get up and down.

침 실

거 실

욕 실

도어키나 인터콤
allow trusted family and carers to let themselves in securely.

홀

주 방

계단승강기와 보조 핸드레일
can make independently getting up and down stairs much easier.

경사로와 핸드레일
can replace stairs to your front door for easier access.

주방설비 접근성
could help if you struggle to reach or lift things in the kitchen.

넓은 실내 문
can improve accessibility when using a wheelchair or walking aid.

ageUK
Love later life

미국은퇴노인협회가 제공하는 AARP 홈핏 가이드 한국어 버전.(출처: https://aarp.org/livable-communities/housing/info-2020/homefit-korean.html)

아파트에서의 노인의 삶

현대 주거건축의 대표적 형태인 아파트에서 건강증진을 위한 공간으로 발코니의 활성화를 제안해 볼 수 있다. 발코니 공간은 여러 상황에 적절히 사용될 수 있는 공간으로 다양한 신체적 심리적 자극을 제공해 줄 수 있다. 다목적 공간으로써 발코니는 대부분의 거주자가 사용하는 것처럼 거실확장기능, 수납 및 유틸리티

공간, 에너지 효율 증가와 외부소음 차단기능, 정원공간 등의 다양한 기능을 가지고 있다. 발코니 공간을 실내정원이나 텃밭 용도로 사용하게 되면 녹색자연경관을 만들어내게 되고 이는 혈압, 심장활동, 근육과 뇌파장활동의 회복력에 영향을 미쳐 스트레스 레벨을 감소시킬 수 있다.

더불어 정원을 가꿈으로써 적당한 신체운동과 활동을 유발시키고 수확물 섭취로 이어지는 건강한 식생활까지 증진할 수 있으며 적절한 양의 자연광은 거주자의 기분, 주의 및 전반적 건강을 향상시키고 불면증, 생체리듬회복에 긍정적 영향을 준다. 또한 햇볕이 풍부하게 전달되는 남향의 발코니를 활용하여 근력운동 공간을 마련하면 근육생성과 관련 있는 비타민D 활성화와 함께 근력을 증진시키며 이는 근육의 피로도를 줄이게 되고 몸의 균형과 안정성에 도움이 되며 결국 부상과 낙상을 예방할 수 있다.

노화는 누구도 피할 수 없는 자연스러운 현상이라고 하지만, 그동안 아무런 불편 없이 살아왔던 집이라는 환경이 나를 점점 더 힘들게 만들고 나를 가두는 곳이 되어가는 것, 그리고 내 집에서 타인의 도움이 필요하게 되는 것 만큼 스스로에게 실망감을 갖게 되는 일도 없을 것이다.

초고령화 사회에 접어드는 시점인 지금, 정부와 지자체의 역할은 건강한 노년생활에 대한 전체적이며 세부적인 정보 제공과 현재 살고 있는 집과 이웃에 계속 거주AIP할 수 있도록 하는 전략을 마련하고 이를 위한 정보를 제공하는 것이다. 그래서 거주자가 큰 비용이나 어려움 없이 신체능력에 맞도록 주거공간을 맞춤형으로 변형 할 수 있고, 건강한 삶을 위해 기존의 공간을 활용할 수 있는 것이 평생 주거공간으로서의 '집'에 대한 방향성이라 생각된다.

제5장

이야기가 있는
개성 넘치는 매력도시

매력적인 도시 공간,
어떻게 만들 것인가

이정형(고양특례시 제2부시장 · 중앙대학교 건축학부 교수)

우리는 누구나 매력적인 도시 공간을 원한다. 또 전문가들은 모두 매력적인 도시 공간을 만들고 싶어 한다. 여기서 중요한 것은 매력적인 도시 공간을 어떻게 만들어갈 것인가다. 세상에는 다양한 문화권이 있으며 각 문화권마다 도시 공간은 나름대로의 특징과 매력을 가지고 있다. 여기서는 도시의 물리적 환경 형성에 중점을 둔 도시건축, 도시설계 전문가 시점에서 매력적인 도시 공간 만들기에 대해 살펴보려한다.

우리는 도시에서 생활하면서 매일 도시 공간을 체험하고 느낀다. 이 가운데에서도 우리가 체험하는 도시 공간의 대부분은 공공공간이다. 길을 걸으면서 거리의 풍경을 느낀다. 길모퉁이 광장(공지)이나 공원에서 휴식을 취하고 하천변 산책로를 걷는다. 도서관이나 커뮤니티 센터를 방문해 문화생활을 즐기기도 한다. 이처럼 도시의 생활공간은 다양한 공공공간에서 이루어진다. 도시의 정체성이나 매력도 이러한 공공공간을 통해 경험하게 되는 것이다.

특히 공공공간은 모든 시민이 함께 이용할 수 있다는 점에서 지

민간이 공원을 활용하고 그 수
익으로 공원 유지·관리를 담
당하도록 한 뉴욕의 브라이언
트 파크(출처: 이정형)

역커뮤니티의 형성과 공간복지가 실현되는 곳이기도 하다. 도시
의 공공공간은 누구에게나 열린 공간으로서 평등한 이용권이 보
장된다. 도시가 가지는 역사문화, 스토리, 일상의 삶의 활동 등 모
든 것이 도시의 공공공간에 묻어나게 되며 도시의 매력을 완성하
게 된다. 도시의 공공공간에서 자연스럽게 그 도시의 매력을 느끼
게 되는 것이다.

우리나라는 빠른 속도로 도시화가 진행됐다. 서구의 현대 도시
계획이나 도시건축 설계수법을 적극적으로 수용하면서 현대 도시
환경을 만들어가고 있다. 최근 들어 해외 선진도시에서는 도시의
공공공간이 다양한 형태로 도시매력을 발산하고 있다. 가로(길),
공원, 오픈 스페이스(공개공지), 공공시설 등이 지역의 정체성 발산
은 물론 지역문화 창출과 지역 활성화의 거점이 되고 있다.

한편으로는 '우리의 도시들은 왜 매력적이지 못할까?'라는 질

근린공원을 활용한 필라델피아 팝업가든.(출처: 이정형)

문을 하게 된다. 근린공원, 가로에 면한 공개공지, 오픈 스페이스, 도시 광장, 도서관 등 도시의 공공공간을 좀 더 매력적으로 만들고 활용할 수는 없는 것일까?

도시에서 공공공간들은 정해진 법제도적 틀 속에서 만들어지고 있으며 때로는 건축가의 창의적 능력으로 외부공간이 조성된다. 하지만 그렇게 만들어진 공공공간들은 충분하게 이용하고 활용하지 못해 방치되고 있는 경우가 대부분이다. 즉, 도시의 공공공간은 만드는 것도 중요하지만, 만들어진 공공공간을 어떻게 활용하며 운영할 것인가가 또한 매우 중요하다. 공공공간이 방치되는 이유는 '공공성' 확보에만 치중한 나머지 '활용'의 시점이 결여된 결과라 할 수 있다.

하지만 미국, 일본 등 선진도시에서는 공공성 확보라는 공공(행정)의 논리보다는 시민활용이라는 '활성화' 관점에서 공공공간을

도쿄 도시마구 미나미이케부
쿠로 공원에서 열리는 일요마
켓.(출처: 이정형)

보다 적극적으로 관리하고 운용하고 있다. 공공공간 활용에 '민간'을 적극적으로 참여시켜 공공공간의 활성화를 도모하고 있다. 따라서 이 글에서는 공공공간 민간 활용을 통한 도시 공간 매력 만들기를 위해 어떠한 제도적, 사회적 시스템을 만들어가고 있는지를 소개보고자 한다.

공공공간 민간 활용을 통한 매력 도시 만들기

첫 번째는 도시근린공원이다. 도시에서 공원은 휴식, 오락 등 활동공간으로서 뿐만 아니라 동식물들의 생태(식생)공간으로서도 매우 소중한 공간이다. 또한 도시근린공원은 지역 커뮤니티의 거점공간으로서 다양하게 활용될 수 있다. 하지만 현재 소공원이나 근린공원 등은 녹지생태 기능만을 강조하면서 생활공간으로서의 활성화가 부족한 상황이다. 특히 소규모 공원이나 근린공원에는 설치할 수 있는 시설의 종류나 크기가 매우 제한적으로 규정되어 있어 지역 활성화의 거점공간으로 활용하는 데에 많은 제약이 따른다.

미국, 일본 등 선진도시에서는 도시근린공원에 카페, 레스토랑 등을 유치해 민간이 공원을 활용하도록 하고, 그 수익으로 공원의 유지, 관리 및 운영을 담당하도록 하고 있다. 뉴욕의 브라이언트 파크, 필라델피아 팝업가든 등이 대표적인 사례다.

일본에서는 도시근린공원에 카페, 레스토랑 등 민간의 수익시설을 설치하도록 도시공원법을 2017년 개정했다. 일정 자격을 갖춘 법인(사회적 기업, NPO 등)이 공원시설을 수익시설로 운영하도록 하고, 그 수익으로 공원의 유지관리와 운영을 담당한다. 또 공원을 중심으로 근린커뮤니티 활성화 프로그램을 운영하고 있다. 도시 근린공원에 이러한 수익시설이 들어서게 되면, 민간 운영회사를 통한 일자리창출은 물론 공원의 환경개선, 각종 커뮤니티 활성화 프로그램(일요 마켓 등)을 통해 지역 활성화에도 크게 기여할 수 있다. 도쿄 도시마구 미나미이케부쿠로 공원은 일본에서도 선진적인 사례다.

도시 근린공원과 공개공지 활용

두 번째는 공개공지의 활용이다. 도심부에서 공개공지는 민간 소유의 대지에 설치된 공공(공개)공간으로, 도시 공간 활성화의 거점공간으로 이용될 수 있는 곳이다. 하지만 우리나라에서는 공개공지의 경직된 규제, 예를 들면 사유화 방지를 위해 민간활용을 최소화하고 있다. 공개공지 대부분은 방치돼 도시의 빈 공간으로 남아있는 경우가 많다. 서울시의 경우 도심부에 많은 재개발사업을 통해 공개공지들이 만들어졌다. 하지만 형식적인 공개공지의

공개공지를 활용한 시드니의
도심 공간.(출처: 이정형)

설치에 그치고 있어 활용되지 않는 오픈 스페이스로 남아있는 것
이다. 특히 겨울철에는 외부의 오픈 스페이스를 사용할 수 없는데
일 년의 반은 사용할 수 없는 공간으로 버려지고 있는 것이다. 겨
울철에도 활용 가능한 실내형 공개공지는 법제도 규정상 설치할
수 없도록 하고 있다. 공개공지와 관련한 많은 규정들도 공공공지
의 활용보다는 설치기준에 중점을 두고 있다.

반면, 미국이나 일본 등 선진도시들에서는 인접한 건축물, 가로
공간과 일체화돼 도시의 오픈 스페이스로서 다양하게 활용되고 있
으며 오픈카페 등 적극적인 민간 활용도 허용하고 있다. 실내형 공
개공지가 제도적으로 허용되고 있어 일 년 사계절 전천후로 공개
공지를 사용할 수 있도록 하고 있다. 실내 공개공지에는 카페, 레
스토랑 등을 설치, 시민들이 편리하게 공개공지를 이용하고 있으
며 그 결과 공개공지가 지역 활성화의 거점공간으로 자리잡았다.

세 번째는 지역 커뮤니티 시설로서 공공시설 활용이다. 공공시설은 지역민들의 여가생활에 기여하는 생활 SOC시설이다. 체육관, 도서관, 커뮤니티센터 등은 지역민들의 생활수준 향상에 따라 더욱 다양한 기능을 요구하고 있다. 이러한 생활 SOC시설의 공급에는 많은 공공재원이 소요된다. 또 유지관리하는 데에 많은 노력과 재원을 필요로 한다. 공공 SOC시설의 유지관리 업무는 대부분 기초지자체가 담당하고 있다. 공공시설 활성화가 제대로 이루어질 수 없는 구조적 문제점을 가지고 있다고 하겠다.

한편 미국, 일본 등 선진도시들에서는 이러한 유지관리의 어려움을 민간부문과의 협업을 통해 해결해 가고 있다. 즉, 공공시설의 운영을 민간에게 위탁해 민간이 일부 수익시설을 유치해 그 수익금으로 공공시설의 유지관리비용을 충당하도록 하고 있다.

예를 들면 일본 사가현의 다케오 시립도서관이 대표적인 사례다. 인구 5만의 소도시 다케오시가 시의 재정 위기로 더 이상 시립도서관의 운영이 어렵게 되자 다케오시 시장은 북카페로 유명한 민간회사 츠타야서점에 의뢰해 시립도서관 위탁운영을 하게 되었다. 츠타야 북센터는 시립도서관에 스타벅스, 서점 등을 유치해 성공적으로 지역거점시설로 운영하고 있다. 세련된 도서관 시설의 디자인이 더해지면서 다케오시의 관광명소가 되었고 연간 100만 명의 이용자와 방문객, 관광객이 찾고 있다. 시립도서관의 위탁운영 성공사례 이후 병원, 학교도 기업과 연계하면서 최근 7년간 시부채 약 100억 엔(약 1000억 원)을 절약할 수 있었다. 일본에서 공공시설 민간 활용의 대표적인 사례가 되었다. 유지관리의 어려움으로 지역거점시설로 활용되지 못하고 방치되어 있는 우리나라의 많은 공공시설물 활성화방안에 많은 시사점을 주고 있다.

이상의 사례들은 공공공간의 새로운 활용방안을 통해 도시 공간을 매력 향상의 가능성을 보여주는 대표적인 것들이다. 현재 우리나라는 고도성장기를 마감하고 저성장, 고령화 사회를 맞이하

연간 100만 명이 방문하는 일본 사가현의 다케오 시립도서관.(출처: 이정형)

고 있다. 도시개발이나 확장보다는 기존 도시 공간의 재생, 업그레이드가 중요해졌다. 도시의 매력 만들기 차원에서 공공공간의 활성화를 위해서는 다양한 시민적 요구를 반영해야 할 시대다.

미국과 일본 등 우리보다 앞서 도시 공간 매력 만들기를 시도한 나라들은 '민간' 부문을 적극적으로 참여시켜 이 문제를 해결하고 있다. 공공공간의 유지관리를 포함하는 운영에까지 민간부문을 참여시키고 있는 것이다. 공공공간 매력만들기의 새로운 패러다임이라 하겠다. 공공공간 활성화에 민간의 조직과 재원을 활용하고, 이를 통해 도시 활성화, 도시 공간 매력증진을 도모하고자 하는 것이다. 이를 '타운 매니지먼트Town Management' 수법이라고한다. 현재 공공공간의 민간참여, 민관협력 등 도시 공간 매력 만들기의 새로운 혁신방안으로 타운 매니지먼트의 중요성이 부각되고 있다.

일본의 공공공간 매력도시 만들기

—
송준환(일본 야마구치 국립대학 부교수)

일본은 공공공간을 통한 매력도시 만들기에 적극 나서고 있다. 공공공간은 크게 3가지 의미를 지닌다. 첫째, 누가 소유하고 관리하느냐의 관점에 따른 행정 관할의 개념이다. 공공공간은 행정이 주체가 되어 관리하는 공간으로, 그 안에서 개개인이 해서는 안 되는 행위에 대한 '규제'를 기본으로 하는 장소로서의 의미를 지니고 있다.

두 번째, 개인 소유가 아닌 누구나 이용할 수 있는 자유 공간으로서 개념이다. 영어로 직역하면 퍼블릭 스페이스Public Space로, 멤버십으로 운영되어 회원들만이 이용하는 시설이 아닌, 누구든지 원사는 사람이라면 자유롭게 이용 가능한 공간을 말한다. 지금까지는 행정 공간Government Place으로서 행정 관할의 개념이 강했고 쉽게 활용하거나 이용할 수 있는 공간으로서의 역할은 부족했다고 볼 수 있다.

마지막으로, 도시기능을 지지하는 도시기반Infrastructure으로서의 개념이다. 공공공간은 1960년대 이후 도시의 고도경제성장기를

직원 2~3명이 근무하는 지역의 작은 회사가 창고를 재생해 카페로 활용하며 주민들과 자치적으로 공원을 관리하는 와카야마시 혼마치 공원.(출처: 송준환)

거치면서 '양적' 팽창을 해 왔고, 앞으로는 어떻게 '질적' 향상을 통해 매력 있는 도시를 만들 것인가가 화두로 떠오르고 있다. 또한 각종 도시개발 사업을 통해 만들어지는 공개공지를 비롯해 사적공간의 공적공간으로서의 역할 또한 대두되고 있다.

민관 협력으로 탄생한 시부야구 도시공원

일본에서는 행정의 재정난 속에서 어떻게 민간의 협력을 얻어 행정의 관리공간인 공공공간을 잘 관리하고 활성화해 나갈 것인가에 대해 깊이 고민 중이다. 이번 글은 관민이 협력해 어떻게 매력적인 공공공간을 창출해내는지에 대해 도시공원 사례를 중심으로 소개한다.

최근 일본 사례 중 눈에 띄는 건 대규모 물리적 정비를 진행한

도쿄 시부야구 미야시타 공원이다. 하라주쿠 역에서 시부야 역으로 가는 JR야마노테선 철도선로에 면한 폭 35m 최장 길이 330m의 미야시타 공원은 코로나가 한창인 2020년 7월에 리뉴얼 오픈했다. 1966년에 개원한 미야시타 공원은 2006년 재정비 작업을 통해 노후화된 주차장 복합시설 상부에 2개의 풋살 코트를 만든 적이 있다. 이번에는 일본의 입체도시공원제도를 활용, 대대적으로 재건축·리뉴얼을 실시했다. 2004년 제정된 입체도시공원제도는 도시공원 구역을 입체적으로 지정해 도시공원과 다른 시설을 일체적으로 정비 가능하도록 하는 장치다.

시부야구는 2014년 관민연계PPP 사업자 공모를 통해 사업자로 미츠이 부동산을 선정했고 닛켄 설계와 다케나카 공무점이 기본설계 및 실시설계에 참여해 사업을 진행했다. 입체공원으로서 최상부에 공원과 함께 상업 몰의 복합화를 시도했는데, 외부 오픈형 몰을 형성하고 사람이 걷기 쉬운 길이인 50m 간격으로 수직 동선을 만들어 최고층에 위치한 공원과의 접근성을 높이기 위한 디자인이 적용됐다. 공원에는 잔디광장뿐만 아니라 스케이트 보드장, 비치발리볼, 볼더링 등을 조성해 도심 공간 속에서 각종 어반 스포츠를 즐길 수 있도록 했다.

시부야구의 도시공원은 어떻게 대규모 상업 몰과 함께 다양한 공간구성이 가능했을까. 시부야구는 30년간의 사업용 정기임차권을 설정하여 미츠이 부동산에게 토지를 빌려주고, 미츠이 부동산은 공사기간을 포함하여 34년 10개월간의 토지대가로 총 235억 2100만 엔을 시부야구에 지불하는 형태로 사업이 성사되었다. 즉, 시부야구의 입장에서는 세금 한푼 안 들이고 시민들이 이용할 도시 공원을 조성하는 것이 가능해졌고, 민간의 입장에서는 지역의 유동인구를 활용한 새로운 사업모델을 실현시킨 사례라고 볼 수 있다.

이렇듯 일본의 대도심부에서는 도시공원 등의 도시계획시설에

미야시타 파크 내 어반 스포츠
체험공간 (출처: 송준환)

있어서도 민간 참여와 관리운영 위탁 등이 유연하게 이루어지고
있다. 민간의 기부채납 형식 또한 단순히 공개공지, 시설 등 면적
으로 채납하는 것이 아닌, 30여 년간의 정기임차방식 등 그 방식이
다양해지고 있다. 중요한 것은 이러한 민간 참여가 단순히 민간개
발이익만을 위한 것이 아닌, 지역의 과제를 얼마나 배려해 도시 공
간을 창출했는가에 대한 검토에 기반한 관민연계 사업이라는 점
이다. 예를 들어 미야시타 공원의 지역 과제는 이용자들이 비용을
지불하지 않고 쉴 수 있는 질 높은 공공 공간의 마련, 어반 스포츠
등 도심 속 다양한 스포츠 체험이 가능한 공간의 제공, 지역 전체
의 보행 동선의 확보 등을 들 수 있다.

일본 공원재생의 힘, 공모설치관리제도

일본은 2017년 도시공원법을 개정, 민간 활력을 활용한 도시공
원의 재생수법으로서 'Park-PFI제도(공모설치관리제도)'를 만들었
다. 1960년대부터 도시공원 정비가 시작된 일본의 경우 약 50년이

지난 현재 사람들은 노후화된 공공공간을 찾지 않고, 행정의 정비 및 유지관리비용은 한계에 도달했다. 이런 난관을 타개하기 위해 민간의 참신한 아이디어를 시설정비와 관리에 적극적으로 도입하겠다는 것이 'Park-PFI제도'의 취지다. 공원 내 민간시설의 설치 규모를 대폭 확대하고 계약기간도 장기화해 민간의 투자 리스크에 대한 부담을 덜어주는 대신 개발하고 바로 지역에서 떠나는 '먹튀'가 아닌, 민간이 장기적으로 그 공원의 관리운영 즉, 매니지먼트에 관여하면서 지역재생을 주체적으로 실시하고, 이에 따른 이익금은 환수할 수 있도록 장려하고 있는 것이다. 제도가 시행된 지 약 5년이 지난 현재, 전국적으로 50여 곳의 공원이 이 제도를 활용한 재정비를 실시하고 있으며 작년까지 약 30여 곳의 공원이 문을 열었다.

운영주체 또한 지역 특성에 따라 다양하다. 작은 규모의 시부야구 기타야 공원은 일본 최대 종합설계사무소인 닛켄 설계가 리뉴얼 설계뿐만 아니라, 직접 공원 관리운영에 주체로 참여해 파크 매니지먼트를 실시해 나가고 있다. 즉, 건축 및 도시 설계사무소가 단순히 설계만으로 끝내는 것이 아니라, 이를 관리하고 운영하는 주체자로서의 역할도 중시되고 있는 현재 일본의 흐름에 따라 새로운 역할 주체로서 변화를 시도하고 있는 것을 알 수 있다.

이외에도 직원 2~3명이 근무하는 지역의 작은 마을만들기 회사가 소규모 공원을 맡아 창고로 쓰였던 공간을 리뉴얼해 카페로 재생하고 지역민들과 공원을 관리하는 조직을 만들어 자치적으로 공원 관리와 함께 이벤트를 실시하는 등 지역 전체의 재생을 위해 힘쓰고 있는 와카야마시 혼마치 공원 사례도 있다.

또 부동산 개발회사가 대규모 주거단지 내의 공원에 자리한 기존 건물의 리뉴얼(카페 및 소규모 도서관의 정비)과 관리운영을 맡는 경우다. 실질적으로 공원관리 및 경영을 통한 이익은 기대하기 어렵지만 향후 주거단지의 리모델링 및 재건축 사업주체로서 참여

부동산 디벨로퍼 난카이 부동
산이 대규모 주거단지 내 사
카이 오하수 공원에 있는 기
존 건물의 리뉴얼(카페 및 소
규모 도서관의 정비)과 관리운
영을 맡고 있다.(출처: 송준환)

하기 위한 하나의 프로세스로 인식하고, 행정과 협업을 실시하고 있는 사카이시 오하수공원이 대표적이다.

그밖에 기업의 네임 벨류Social Reputation를 높이기 위한 퍼블릭 마인드에 근거해 대기업이 공원 운영주체로 참여해 공원을 관리 · 운영하는 도야마시 구라가이케 공원 등 그 지역의 특성과 과제에 따라 다양한 민간주체들의 참여방식이 존재하는 것을 알 수 있다.

최근의 코로나19를 경험하면서 일본뿐만 아니라 전 세계적으로도 공공공간의 중요성이 높아지고 있다. 멀리 여행을 떠나기보다는 집에서 가까운 작은 공원을 찾아 휴식을 취하거나, 밀폐된 공간보다는 외부공간을 찾는 수요가 늘고 있다. 배달이나 테이크아웃이 일상화됐고, 재택근무 등 거주공간과 일하는 공간은 일체화되고 있다. 이런 사회적 변화에 대응해 공공공간 또한 때로는 식사가 가능한 리빙룸과 같은 공간, 때로는 다양한 사람들이 교류하

기업의 네임 밸류를 높이기 위해 퍼블릭 마인드에 근거해 대기업(다이와 리스)이 공원 매니지먼트를 실시하는 도요타시 구라가이케 공원(좌)과 시부야구 기타야 공원.(우)(출처: 송준환)

고 새로운 비즈니스와 이노베이션을 창출하는 커뮤니케이션의 장으로서 역할이 요구되고 있다.

앞으로는 공공공간의 다양한 요구에 대응해 유연하게 변화·활용 가능하도록 도시정책이 마련되고 제도적으로 뒷받침되어야 할 것이다. '일률적인 규제방식'에 의한 공공공간의 관리가 아닌 지역의 특성에 따라 변화되는 '동적인 제어방식'으로의 인식전환이 요구되는 한편, 사람들과 어울리고 교류를 즐기는 인간의 보편적 가치를 중시하는 방향으로 매력 있는 공공공간 만들기에 대한 시도가 더욱 확대되기를 기대한다.

22

건축 공개공지,
도심의 오아시스다

조용준(조선대학교 명예교수)

건축의 공공성이 좋은 도시를 만든다

좋은 건축은 도시가 만들고, 좋은 도시는 건축이 만든다. 건축은 대상 부지에 주어진 용도와 용적의 적극적 활용을 통한 부지의 경제적 가치를 높이고 도시공간에 열려 있는 공간적·경관적 공공성을 통해 도시에 공헌하는 책무를 갖는다. 도시 역시, 도시의 건축의 존재 방식을 결정하는 좋은 도시디자인 구조를 만들어서 좋은 건축이 자리 잡도록 해야 하는 책무가 있다. 뉴욕시 교통국장이었던 자넷 사다칸은 자동차의 빠른 이동에 초점을 맞춰 도로 운영 방식을 택했던 전임 교통국장들의 정책이 결코 최선이 아니라고 판단, 타임스퀘어에 차량진입을 막는 장애물을 설치했고 이후 많은 사람들이 도시공간으로 나와 도심활력이 자연스레 만들어졌다. 도시공간의 활용방식이 얼마나 중요한가를 보여주는 사례다.

건축의 외부공간도 크게 다르지 않다. 건축의 외부공간이 잘 디자인되면 사람들의 장소가 되고, 도시 활력으로 이어진다. 도시

두 개의 부지가 협동으로 하나의 공개공지를 만든 일본 도쿄 에비스 가든 플레이스이다.(출처: 조용준)

공간 역시 사람들이 밖으로 나와 다양한 인간관계를 만드는 일상적 · 비일상적인 이벤트가 일어날 수 있는 크고 작은 장소가 필요하다. 하지만 토지가격이 비싼 도심에서는 도시공공공간의 확보가 쉽지 않기 때문에 도심의 대부분을 차지하고 있는 건축의 도시적 공헌이 더 중요하다.

건축은 부지 안에서 매스와 스페이스의 관계로 만들어진다. 매스와 스페이스의 수직적 경계가 건축형태가 되고 수평적 경계가 외부공지가 된다. 건축이 공간적 공헌을 하기 위해서는 매스 배치에 의해 결정되는 외부공지가 중요한데, 건축물 스스로 셋백을 하거나 1층의 상당 면적을 공유공간으로 제공하여 도시에 공헌하는 방법이 있다. 또 가각 부분의 부지를 사람들에게 돌려주는 방법도 있다. 분리와 개별성의 건축이 만든 단음적 흐름에서 벗어나기 위해 인접한 공공공간은 물론, 건축물과 연결하는 입체 보행로를 통

해 사람들의 활동이 신호등에 의혜 단절되는 것을 막는 것도 하나
의 방법이다. 무엇보다 이들 중에서 가장 중요한 것이 법적 근거
를 갖고 있는 건축의 공개공지다 .

건축의 대표적 공공성이 공개공지다

건축의 외부공지는 사회적 활동이나 임의적 활동을 유발하는
장소인데, 이를 법적으로 공공성을 갖도록 하는 공지가 공개공지
다. 공개공지는 사람들이 건축의 외부공지를 도시의 공공공간처
럼 자유롭게 이용할 수 있도록 함을 목적으로 한다. 고밀도의 도
심 공간을 걷다가 쉬고 싶을 때 당당하게 쉴 수 있는 오아시스다.
또 건축물 안에 있는 사람들이 밖으로 나와서 동료 등과 한 잔의
커피를 마시면서 도시풍경을 음미하는 등 잠깐의 여유를 즐기며
인간관계를 만드는 장이다. 허가권자의 허락을 받으면, 문화행사
를 열거나 판촉 활동을 할 수 있는 도시의 이벤트 장이다. 공개공
지가 건축물은 물론, 도시공간에 생명력을 불어 넣는 공간이라는
의미다.

도시는 산업을 통하여 경제적 활력을 만드는 틀을 구축하는 일
과 함께 인간관계를 통하여 공동성을 만드는 틀을 구축하는 두 개
의 목적을 갖고 있는데, 지금처럼 축소지향형 도시구조의 구축과
그 거점으로써 도심기능 강화가 필요한 상황에서는 인간관계를
만드는 공개공지가 매우 중요하다. 그래야 도시를 도시답게 하는
건축이 된다.

대부분의 나라는 공개공지를 갖는 정책을 시행중이고 우리나라
도 예외는 아니다. 우리나라는 특정의 용도와 상당 규모 이상의
건축물을 신축할 경우에만 이에 비례하는 공개공지를 두도록 규
정해 해당 건축물이 많지 않다. 해당 건축물이 많지 않다는 것은
도심 공간에 열려있는 건축물이 많지 않다는 의미일 뿐만 아니라,

외부 공간의 대부분이 공개공지 성격을 갖고 있는 국립아시아문화전당.(출처: 조용준)

이의 중요성에 대한 인식이 낮다는 말이기도 하다. 우리나라는 공개공지의 위치나 형태가 가로환경과 조화를 이루고 일반인의 접근 및 이용이 편리한 장소에 소공원 쌈지 형태로 설치하도록 하고 있지만 이 책무를 다하는 건축은 많지 않다. 심지어 2개소 이내(1개소 면적 최소 45㎡ 이상 최소폭 5m 이상)로 나누어서 설치하도록 하는 도시도 있다. 건축물을 배치하고 남은 외부공지에 공개공지를 지정할 수 있다는 의미다. 설치된 공개공지도 건축물 옆의 좁은 통로 끝에 두거나 건축물 배치를 우선시하면서 전면에 길게 위치해 출입구 역할을 하고 있기도 하다. 또 주정차 된 자동차들이 둘러싸고 있어 접근이 쉽지 않는 경우도 있고, 물품이 점유하고 있기는 사례도 많다. 이용이 어려울 정도의 관리 부실은 물론, 공개공지 위치도조차 없어 설계도면을 보지 않으면 공개공지 위치를 알 수 없는 경우도 많다. 이용의 쾌적성보다는 설치 자체의 기준 충족에 치중한 결과다.

골목길을 없애고 단독주택지의 용적률을 아파트 용적률로 바꾸는 등의 도시적 특혜로 만들어진 재개발구역은 물론, 대부분의 대규모 단지는 외부사람들이 멀리 돌아다니도록 하는 폐쇄적 자세를 당연시하고 있다. 이런 일은 공공성을 소홀히 하고 있는 제도적 장치와 경제적 가치를 최대로 높이려는 법규 디자인에서 기인한다. 또 담장 안쪽은 사적 영역이고, 담장 밖은 도시영역이라는 오래된 담장문화의 관습도 무시할 수 없다.

일본은 1971년 창설된 종합 설계 제도에 근거해 일반 사람들이 자유롭게 출입힐 수 있도록 빌딩이나 맨션 부지에 마련된 공긴을 공개공지라고 부르고 있다. 부지 내에 넓은 공지를 갖는 건축물의 용적률 등의 특례로써 모든 용도와 규모의 건축물이 부지 내에 일정 이상의 공개공지를 갖는 등의 조건을 만족시키는 경우에는 특정 행정청이 용적률이나 각종 제한을 완화하는 제도로 활용중이다. 물론 우리처럼 대규모의 주거단지는 없지만 몇 동으로 구성된 맨션 등도 일반인이 자유롭게 통행 또는 이용(점용이용은 제외)할 수 있게 하루 종일 개방하도록 하고 유지관리도 중요시한다. 심지어는 통행하는 길과 쉴 수 있는 공지까지 세밀하게 표시하기도 한다. 주거단지 안은 그 안에 살고 있는 사람들의 영역이라 생각하는 우리와는 다른 점이다. 또 소유자가 다른 인접한 2개 부지 혹은 3개 부지를 합해 하나의 넓은 공개공지를 만들도록 하고 있으며 공개공지의 범위를 표시한 안내판을 벽에 부착해 사람들이 당당하게 이용하는 '도심 속의 오아시스'의 역할을 하도록 했다.

건축의 공개공지가 도시의 오아시스다

건축의 공개공지는 사람들이 다양한 인간관계를 형성하면서 활력을 만들도록 하는 공공적 성격의 장소다. 공개공지가 사람들이 즐겨 찾는 매력을 갖게 되면 사람들은 도시공간으로 나와 활동하며 사회적 고립에서 벗어 날 수 있다. 건축도시공간 연구원 염철호 박사는 공공성을 생활적 공공성, 사회적 공공성, 문화적 공공성으로 규정했다. 생활공간에서 시작된 공공성은 사회적 공공성

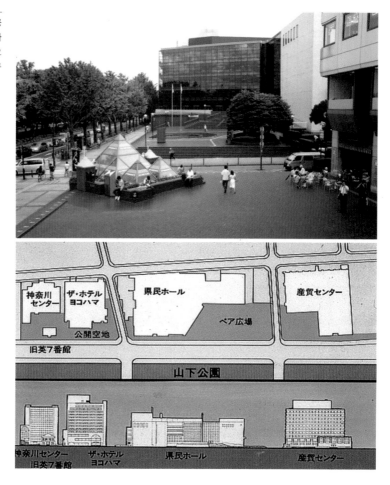

3개 부지가 연동해 하나의 공개공지로 만들어진 요코하마의 야마시다 공원 앞(출처: 요코하마 전 도시디자인실장 구니요시 나오유키 교수)

으로 확대되고, 문화로 발전·교류되고 진전될 수 있다는 것이다. 공개공지도 그러해야 한다.

　이를 위해서는 공개공지가 지금처럼 심의를 통과하는 데 필요한 경과점 정도로 여겨지는 인식에서 벗어나 형태나 위치나 규모는 물론, 바닥이나 퍼니처 등까지도 잘 설치해 사람들에게 가고 싶다는 마음이 들도록 해야 한다. 또 적절한 영역성을 가지면서도 도심공간에 열려 있도록 해야 한다. 인접한 부지들과 공동으로 공개공지를 만들 수 있도록 하고 이를 보행로 등과 연결하여 건축물이 분리와 개별성에서 벗어나 '전체의 부분'이 되도록 해야 한다.

그래야 도심의 오아시스가 된다. 공개공지가 자리 잡지 못하던 시절인 1961년 뉴욕시는 사유지를 개발하는 개발업자가 공개공지를 설치하면 더 높은 건축물을 지을 수 있도록 했지만, 개발업자들이 자율적으로 조성한 대부분의 공개공지는 시민들의 공간이 되지 못했다. 이는 행정의 적극적 관리가 필요할 뿐만 아니라, 건축가의 공공적 시야도 필요함을 보여준다. 랜드마크 논쟁, 지하공간화 논쟁이 있었던 광주의 국립아시아문화전당이 지금 사람들이 자유롭게 쉴 수 있고, 당당하게 통행할 수 있는 도심공원이 되고 있음은 건축가의 공공적 시야가 얼마나 중요한가를 보여준다. 일본의 공개공지는 연속 벽면후퇴(건물 전체의 벽면후퇴, 건축 상층부의 벽면후퇴, 건물 저층부의 벽면후퇴)와 길모퉁이 광장, 둘러싸인 광장, 통과형 등은 물론 위를 덮는 아케이드형 등 다양한 형태로 조성돼 사람들이 일상적으로 찾는 장소가 됐다.

공개공지를 잘 이용하면 도시가 훨씬 더 활력적이면서도 다양성을 가질 수 있다. 중앙대 이정형 교수는 "기후 특성상, 겨울철에는 외부의 오픈 스페이스를 사용할 수 없기 때문에 외국에서처럼 실내형 공개공지를 제도적으로 허용하고 실내공개공지에는 카

도시사람들이 편안하고 쾌적하게 쉴 수 있고, 인간관계를 강화할 수 있는 공개공지인 도쿄의 미드타운 도쿄.(출처: 조용준)

페, 레스토랑 등을 설치할 수 있도록 해 지역 활성화의 거점공간이 되도록 하는 게 필요하다"고 말했다. 또 타운 매니지먼트의 역할도 강조한다. 타운 매니지먼트란 이용되고 있지 않은 역사적 건축물, 공원, 녹지, 하천, 가로공간 등의 공공공간을 시민주도의 관리나 운영을 통해 활성화되도록 하는 제도다. 카페 등의 설치는 공개공지를 지속적으로 관리할 수 있고, 일자리 창출과도 연결된다. 미국에서는 실내 공개공지를 허용하기 전 사유화될 가능성에 대한 논쟁이 있었는데, 이는 행정의 관리 책무라며 과감히 시행했다. 행정의 공개공지정책은 물론 관리가 얼마나 중요한가를 보여주는 사례다.

지금의 도시가 20세기 도시와 다른 점 중의 하나는 건축의 공개공지가 도시를 도시답게 하는 요소로 중요시되고 있다는 점이다. 특히 도심에서는 더욱 그러하다. 공개공지가 분리와 개별성 건축의 공개공지가 되지 않고, 도시공간이나 인접 공개공지와 연동하기 위해서는 행정의 도시디자인 정책이 있어야 한다. 그래야 사람들이 즐겨 찾는 도심의 오아시스가 된다.

도심 활력의 동력, 광장문화

류영국(지오시티(주) 대표)

수도권을 제외한 대부분의 도시들은 인구는 줄고, 빈집은 늘어나고 도심은 쇠퇴하고 있다. 지구온난화를 완화하기 위한 탄소배출 저감 도시정책은 저에너지 토지이용을 바탕으로 한 도시개발로의 방향 전환을 요구하고 있다. 직주근접職住近接, 콤팩트 시티와 보행친화도시 구축, 도시 숲 조성, 쓰레기 줄이기 등이 화두다.

하지만 도시는 욕망과 도전정신이라는 활력을 자원으로 하고, 익명성을 바탕으로 성장하고 발전한다. 바벨탑과 같은 높은 마천루를 건설하기 위해 신기루로 끝날 줄 모르는 고층건물 짓기에 도전하는 자본과 기술이 그것이다.

광주시가지의 중심에 서서 남들이 맛 볼 수 없는 공기를 마시며 다른 건물을 내려다보는 당대의 최고층 건물들이 이를 입증한다. 60~70년대 최초의 철근콘크리트 건물인 지하1층, 지상4층의 충장로 3가 용아빌딩(현 인성빌딩), 90년대 30층의 양동의 금호생명 빌딩(현 KDB생명빌딩), 2000년대 48층의 광천동 호반 써밋 빌딩은 광주도시의 상징이자 자존심이다.

도심 속 공원으로 위상을 확보한 국립아시아문화전당의 '하늘마당'과 '상상마당'은 앞으로 도심활력을 불어넣는 다양한 역할을 모색하는 게 필요하다.(출처: 국립아시아문화전당)

양동에 금호생명 빌딩이 들어설 때나 광천동에 호반 써밋 빌딩이 들어설 때 많은 시민들은 고층건물이 미치는 도시경관 문제점을 지적하였다. 고층건물이 무등산을 가리고 영산강을 가리고 하늘도 가려 시민들의 조망권을 침해한다는 것이다. 하지만 나홀로 stand alone 빌딩은 다른 한편으로 도시의 랜드마크라고 주장되기도 한다.

케빈 린취는 그의 저서 《도시의 상Image of City》에서 도시 이미지에 영향을 미치는 다섯 가지 요소로 랜드마크landmark, 결절점node, 통로path, 지역district, 경계edge를 꼽았다. 즉, 랜드마크와 광장이나 사거리와 같은 점적인 요소와 가로와 모서리, 경계부와 같은 선적인 요소, 특정용도와 시설들이 형성한 면적인 요소로 도시가 분석되고 이들의 조합된 결과가 도시의 이미지를 형성한다는 이야기다.

도시공간 구조와 건축 질서의 연계

150만 명이 사는 광주시의 모듬살이를 위해서 도시계획으로 도시 공간구조를 설정하고 있다. 그리고 공간구조 계획에 맞게 도로와 상·하수도 등 간선시설을 적정하게 공급해 공급체계가 왜곡되지 않도록 계획하고 이에 맞게 도시는 개발된다. 도시계획의 용도지역상 '중심상업지역'과 '일반상업지역'을 중심으로 '도심'과 '부도심'을 정하는데, 광주는 '2도심'(충장로와 금남로와 상무지구), '3부도심'(송정, 첨단, 백운)의 공간구조를 갖고 있다. 이상적으로는 도심이 하나인 단핵도시單核都市를 가정한다면 제일 비싼 지가를 형성하는 원의 중심에 시민들이 가장 많이 모이는 광장과 함께 비싼 땅값을 지불한 고층고밀의 상가나 업무시설들이 들어서야 맞다.

당연히 두 개의 도심중 하나인 충장로, 금남로의 중심상업지역과 상무지구 시청 주변의 중심상업지역에 이러한 고층의 상업·업무시설이 즐비하게 늘어서야 한다. 도시의 중심성을 확보하면

광주 광장문화를 견인하는 옛
전남도청 본관의 '미디어 파사
드'.(출처: 광주일보)

서 집객기능과 도시질서가 자연스럽게 형성되고 번화가가 형성된
다. 광주시도 1990년대까지는 이러한 도시 공간의 큰 틀이 유지되
었다.

충장로와 금남로에 형성된 상권과 업무시설은 광주와 전남, 나
아가 전북까지를 커버하는 호남권의 대표상권으로 대호황을 누렸
다. 하지만 1995년 상무대가 30㎞ 이상 떨어진 장성군 삼계면으로
옮겨가고, 2005년 전남도청이 60㎞ 이상 떨어진 무안군 남악신도
시로 이전하면서 광주는 호남의 중추도시로서의 중심성과 상징성
이 약화되기 시작했다.

도시 내부적으로는 문흥, 일곡, 풍암, 수완 등 대규모 택지개발
사업으로 외연적 확산과 도심 상업기능의 분산으로 지속적인 도
심쇠퇴를 겪을 수밖에 없었다. 220만까지 목표연도 계획인구를 설
정하면서 지하철 건설을 포함한 대도시로의 웅비를 꿈꾸기도 했

었다. 하지만 광주광역시의 인구규모는 150만대를 정점으로 감소될 것이라는 통계청의 장래인구추계가 발표된 지 오래 되었다. 도시계획의 과잉지표 설정과 수도권에서 섬화된 부동산 불패신화는 도시 확산의 지렛대가 되어 우후죽순처럼 아파트 개발에 열을 올리고 있다.

역설적으로 광주시청과 한국은행 등 중추업무시설이 밀집하여 집객기능을 토대로 상업과 업무기능이 활발해야 할 상무지구는 공원과 도로 등도 잘 갖추어져 고층고밀의 대규모 개발이 가능하나 공항인접지역으로 비행안전구역과 지구단위계획으로 묶여 개발이 시작된 지 30여년이 지났으나 아직도 나대지로 방치된 획지들이 있다. 전남도청이 이전된 자리에 들어선 국립아시아문화전당ACC은 5·18사적지인 전라남도 도청 본관을 보존하기 위해 대부분의 건축물을 지하층으로 계획한 우규승 건축가의 설계취지를 내세워 주변을 지구단위계획으로 묶어 고층고밀의 건축물의 입지를 막고 있다.

이러한 상황에서 도시성장에 대한 막연한 기대는 80m대로의 장점을 살린 가장 넓은 건축 연면적의 광주시외버스 터미널과 광주에서 가장 높은 빌딩이 광천동의 공업단지에 들어서게 하는 아이러니를 만들어내게 된 것은 아닐까?

도시 공간구조와 입체적 건축물의 높이규제가 어느 정도 조화를 이루는 도시설계가 이루어져야 한다. 도시 공간구조와 토지이용계획 체계, 그리고 도시개발이 일치를 이루도록 지혜를 모아야 한다. 이렇게 도시 공간구조와 건축 질서가 서로 연계되고 통합되어야 도시의 가독성이 높아질 것이다.

이벤트가 열리는 도시의 사랑방 '광장'

인구가 감소하고, 도심 공동화와 도심기능의 쇠퇴가 심화되고

있는 당면한 문제를 어떻게 극복하면서 해결해 나갈 것인가? 도심
에 방치된 공·폐가들은 개발수요는 없으나, 지가상승에 편승한
막연한 기대심리로 도심쇠퇴를 강 건너 불 보듯 하는 토지소유주
들 자세가 지속되는 한 실마리를 찾아가기가 쉽지 않다. 도시 활력
의 앵커시설 유치 등 하드웨어적 접근은 시간과 비용, 그리고 효과
발현의 장기간 등이 문제다. 디지털 콘텐츠나 미디어 아트 인프라
를 바탕으로 한 다양한 이벤트를 통하여 도시 활력을 불어넣는 것
이 하나의 대안이 될 수 있다.

이를 위해 도시 공간 중 도로의 교차점, 중요 건물의 앞, 사람들
의 집·분산을 용이하게 하기 위한 역이나 운동시설로의 접근공
간이자 매개공간인 광장을 이용할 필요가 있다. 도시의 상징적 공
간이자 다양한 이벤트와 사람들을 만날 수 있는 광장은 '사랑방'
이자 '거실'이다.

광주를 상징하는 5·18민주광장(구 전남도청 앞 광장), 1순환도로
와 국도1호선(목포~신의주)이 만나는 교차점에 형성된 백운광장,
한때는 광주시청 앞에 서울의 청와대 앞 광화문 광장을 본떠서 계
획된 평화광장(현재는 녹지로 조성되어 광장은 사라짐), 광주역과 광

주송정역 앞의 역전광장 등이 새롭게 부상되어야 광주가 생명력을 가질 수 있게 될 것이다.

도시가 자동차화되면서 대부분의 교차점 광장들은 교통광장으로 바뀌어 광장문화는 자동차 퍼레이드로 바뀐 지 오래되었다. 그래도 '추억의 7080 충장축제'와 '프린지 페스티벌'이 있어 광장문화는 명맥을 유지하고 있다. 광주의 관광1번지, 문화발전소인 ACC는 관광객들을 끌어들이고, 시민들과 어울리고, 젊은 작가들이 다양한 작품을 전시·판매하고, 소공연이 일어나는 난장으로 만들어져야 한다.

광장문화를 위해서는 예술의 거리, 동명동 카페의 거리, 푸른길, 남문로, 폴리둘레길, 아시아음식문화 테마거리, 충장로 등의 보행로와 좀 더 쉽고 확실하게 연계되고 하나 되어 광장에서 만나고 헤어지고, 그냥 빈둥거리고, 함께 응원하는 80년대 충장로의 '우다방'이 곳곳에 만들어져야 한다. 광장문화는 옥외활동을 활성화시키고 보행을 촉진하는 중요한 요소가 될 것이다. 민주도시 광주는 아시아 광장문화의 모델을 제시하는 '빛의 도시'가 되어야 한다.

최근 들어 동구가 ACC 앞 5·18민주광장에 분수대를 활용한 '빛의 분수대' 등 다양한 미디어 아트작업을 통해 도심에 활력을 불어 넣는 데 안간힘을 쓰고 있다. 사실상 ACC의 지하화는 심한 논쟁을 불러 일으켰다. 5·18 최후항쟁지라는 상징성과 장소성으로 건축물의 지하화와 도심에 부족한 녹지공간의 배려는 탁월했으나, 전남도청이전에 상응하는 인구유입과 주변지역 상권 활성화라는 시민들의 기대에는 크게 미치지 못하고 있다. 우규승 건축사의 '빛의 숲'이 광주도심의 부활을 이끄는 횃불이 되지 못하고 있는 점도 아쉽다. '하늘마당'과 '상상마당'은 도심 속 공원으로 위상은 확보하였으나 시들어가는 도심활력을 불어넣는 데는 역부족인 것이 사실이다.

‘5·18민주광장’의 ‘빛의 분수’를 중심으로 ‘구 전남도청 본관의 미디어 파사드’, 전일빌딩 245, 상무관 등 광장을 둘러싼 중요 공공건축물이 ‘빛의 분수’에 화답하는 ‘빛의 축제’ 계획을 마련해 대응해 나가야 할 것이다. 광장에 빛의 생명력을 불어 넣어, 도심의 불 꺼진 건물과 어두운 골목길에 생명의 빛이 밝아오도록 유도하고 촉진시켜 나가야 한다는 말이다. 광주도심은 천년도시 광주의 역사와 문화의 중심이자 광주정신의 보루이다. ‘빛의 분수쇼’가 빛고을 광주의 새로운 미래자원으로 도심의 희망을 밝히는 횃불이 되기를 간절히 기대해 본다.

　백운광장은 1차 순환도로와 철도, 광주의 간선도로인 국도1호선인 서문대로가 만나는 주요 결절점結節點이었다. 하지만 교통처리 효율을 위해 설치된 백운고가는 백운광장을 이분하고, 남구청 청사이전이라는 파격적인 조치에도 불구하고 사분오열로 나뉘어진 광장 연접상가는 좀처럼 살아나지 못하였다. 백운광장은 도시재생뉴딜사업으로 새로운 전기를 맞고 있다.

　단절된 광주의 유일무이한 푸른길 보행간선축을 연결하는 ‘푸른길 브릿지 조성사업’과 푸른길에 연접한 공지를 활용한 ‘스트리트 푸드존’, ‘로컬푸드 직매장’ 조성사업은 백운광장을 활성화시키는 크게 기여할 것으로 보인다. 더욱이 남구청사 북측 벽면을 활용한 ‘미디어 파사드’와 남구청사 정문에 설치된 ‘미디어 월’사업은 ‘미디어아트 창의도시’ 광주의 새명소로 자리 잡을 것으로 보인다. 백운광장의 무등산 호랑이가 뛰어드는 입체 3D 영상은 광주 주말의 밤을 밝히는 새로운 포토존으로 부상할 것이다.

　‘빛의 도시’ 광주가 광장에서 불러일으키는 새로운 ‘빛의 향연’으로 광주의 밤하늘을 밝히고, 도심활력으로 이어지는 동력이 되도록 힘과 지혜를 모아야 할 것이다.

24

철도, 오래된 도심으로 돌아오라!

___
한광야(동국대학교 건축공학부 도시설계전공 교수)

도시의 변화, 즉 새로운 중심부의 등장과 도시의 확장은 새로운 세계를 열어온 기술의 혁신이 이끌어왔다. 특히 인간과 물자를 옮기는 철도는 지난 200여 년 동안 이러한 변화를 지배했다.

영국의 올란도 파이지스 교수는 철도가 19세기부터 20세기 초까지 해안과 내륙 간에 물산의 이동을 통한 시장의 성장 그리고 엘리트 집단의 이동을 통한 도시의 문화·예술거점을 확산시켰다고 주장한다. 하지만 그는 철도가 유럽 대륙을 연결하며 무엇보다 '유럽인'과 '유럽문화'라는 정체성의 형성에 기여했음을 강조한다. 결국 철도는 철도역을 중심으로 도시 성장의 DNA인 문화적 다양성을 확보해주고, 그 주변 지역을 하나의 문화권으로 모아주었다는 것이다.

한국의 도시는 철도를 통해 어떠한 변화를 겪어 왔을까. 읍성 중심의 우리 도시가 모던 도시로 변화하기 시작한 시점은 철도가 개통된 20세기 초다. 읍성 밖 습지의 중앙역에서 시작된 중앙로는 중앙시장을 지나 그 중심에 은행과 우체국을 두었으며 행정

에든버러의 인공호수에 조성
된 중앙역(멀리 숲 뒤에 다리와
함께 철도역 지붕)과 인접한 프
린스 가든.(출처: Elshad, 2018)

시설과 함께 백화점, 극장, 호텔이 상업중심부를 완성했다. 읍성
이 해체된 자리에는 신작로가 놓였고, 그 주변으로 학교, 교회·
성당, 병원이 현재 원·구도심을 완성했다. 중앙역의 배후에는 창
고와 공장이 지역의 원자재를 모아 상품을 생산하며 일자리를 쏟
아내었다.

한국의 철도는 한국전쟁 이후 최근까지도 국토의 중심 교통·
운송체계로서 고속도로보다 상대적으로 중요성이 저평가되어왔
다. 1970년대부터 2000년대 중반까지 고속도로 중심의 국토체계
와 자동차 중심의 도시개발을 추구해 온 정부의 산업거점과 도시
주택 정책의 결과다.

철도가 이 시대의 최적의 교통수단으로 넓게 평가되는 이유는
탁월한 친환경 성능 덕이다. 최근 발표된 유럽공동체 산하 유럽환
경청의 교통환경 보고서 2020에 따르면, 유럽 대륙에서 철도는 보

행과 자전거를 제외하면 압도적으로 친환경적이며 1인 운전차는 최악으로 비교되었다. 유럽공동체에서 2018년 기준 지구온난화와 대기오염의 주범인 온실가스의 1/4은 교통운송에서 배출되며, 도로(72%), 해상(14%), 항공(13%), 철도(0.4%)에 기인한다.

도시개발의 관점에서 고속도로는 개발을 도로를 따라 선형으로 확장시키지만, 철도는 자연 경사지의 개발을 세한하고 철도역을 중심으로 개발의 입지와 밀도를 집중시킬 수 있다. 이에 도시권에서 철도는 철도역 보행권을 조성하고 압축된 도심생활권을 유도해왔다. 또한 철도는 내륙의 발원지에서 해안까지 거리가 상대적으로 짧고 범람이 잦은 우리 수계에서 도로보다 상대적으로 적합하다. 특히 내륙에서 쇠퇴한 중·소 도시에 유입되는 공장들은 도로를 따라 수원의 오염을 우선 초래할 수 있기 때문이다.

철도역 이전과 원·구도심의 쇠퇴

이러한 철도는 다음 세 가지의 관점으로 현재 원·구도심의 쇠퇴 문제를 이해하고 그 해결방안을 찾는 데 효과적일 수 있다.

첫째, 철도는 지역문화권의 성장에 기여했으나, 평지를 선호하는 특성으로 자연지형을 해체하며 물리적인 정체성을 변화시켜왔다. 철로는 공사의 난이도와 운행의 위험을 줄이기 위해 평지와 습지를 메우고 하천의 형태를 변화시키며 수계와 평행하게 조성되어 왔다. 이에 철도는 하천의 범람을 막는 둑의 역할을 해왔으며, 인접한 구릉의 토사로 철도를 따라 대규모의 간척지가 조성되었다. 결국 철도의 큰 경로는 해안과 내륙을 연결하며 수계 기반의 지역문화권을 만들어주지만, 철도역 주변에는 필수적인 수계와 구릉의 변화를 유발하며 물리적인 정체성의 과제를 남겨왔다.

해리포터의 도시인 에든버러의 중앙역(1842)은 도성의 해자로서 15세기에 건설된 호수를 메꾸고 그 위에 건설되었다. 이러한 특성

으로 중앙역은 가파른 언덕의 도성을 중심으로 급격한 고저차의 도시 지형을 한눈에 확인하는 진입부이며, 인접한 경사지의 도시공원을 따라 왕립미술원과 국립미술관으로 이어져 도시 관문을 완성한다. 이러한 드라마틱한 철도역 앞의 도시경관은 '해리포터' 이야기의 시작점이 왜 철도역인가의 대답을 준다. 철도역은 평지 위에 스파게티 다발처럼 생긴 철도선을 묶어 한곳으로 집중시킨 그 도시의 최대 시설로서, 주변의 습지와 수변공간을 이용한 도시공원과 문화·예술시설과 함께 도시의 중심 관문이 된다.

둘째, 철도역의 전면 구역과 배후 구역은 서로 다른 도심으로서 분리되어 성장해왔다. 철도는 도시와 도시를 연결해주지만, 정작 도시를 관통하며 양분하는 특성을 갖고 있다. 전면 구역에는 지역민과 방문인의 진입부이며 대중교통 연결시설과 함께 상업구역이, 배후에는 창고와 공장이 성장해왔다. 철도가 놓이기 이전 시대의 전통 도시의 얼굴이 신전과 성당이었다면, 모던 도시의 얼굴은 시민의 가치를 상징화한 건축양식을 가진 철도역으로 결정되었다.

도시의 관문이며 도시경관의 중심부로서 철도역이 갖고 있는 상징성은 뉴욕 시의 펜실베이니아 역의 새로운 얼굴로 최근 개장된 모이니한 철도관에서 확인된다. 고전적인 건축양식의 펜실베이니아 역은 1960년대에 철도사업의 쇠퇴와 함께 철거되었고, 철도역 기능은 실내경기장과 공연시설의 매디슨 스퀘어가든의 지하로 이전 되어 일종의 지하철역이 되었다. 시민들은 철도역의 해체 직후부터 재건축을 논의했고, 이듬해 뉴욕 시의 의미 있는 건물과 장소를 보호하는 건축역사보전법의 입법과 랜드마크 보전위원회가 발족되었다. 그리고 놀랍게도 작년 초 메디슨 스퀘어가든에 인접한 미국우정국 뉴욕관이 펜실베이니아 역의 입구로 개관했다.

우리의 중앙역은 예측 가능한 유동인구를 규칙적으로 집중시키며 인접한 중앙시장과 백화점을 중심으로 '중앙역 상권'을 형성하고 중앙로를 따라 현재 원·구도심의 거대한 보행체계를 통해 공공기능과 금융구역, 극장, 음악당, 미수관 등의 문화·예술시설을 묶어주며 모던 도시의 경관을 완성해왔다. 철도역 후면부에는 철도시설과 창고, 제분소, 제사방직공장이 전기발전소 주변에 입지했다. 이러한 공장과 창고는 분기선을 갖춘 대전역, 대구역, 광주역에서 빠르게 성장했으며, 최근 대단지 아파트로 재개발되어 왔다. 하지만 후면부의 주거재개발은 전면부의 공공시설과 상업·문화거점과는 분리되어 있으며, 그 개발사업의 수익과 영향력이 전면부의 오래된 건축물 보전과 상업 활성화에 직접 기여되는 도시정책들이 시급하다.

펜실베이니아 역의 새로운 얼굴로 최근 개장된 뉴욕 시의 모히니한 철도관(Moynihan Train Hall).(출처: Garrett Giegler, 2021)

슈투트가르트, 도쿄 등 철도역 활용

셋째, 도시의 성장과 함께 진행되어 온 철도 기능의 확장과 여객·화물역의 교외지 이전이다. 이 과정에서 여객운송 기능은 외곽의 화물역으로 확장했으며, 이에 따라 화물역은 다시 외곽으로 이전해 왔다. 또한 도시들 간의 경쟁적인 고속철도 건설과 곡선철도구간의 직선화가 진행되면서, 고속철도역이 기존 원·구도심의 철도역 기능을 대신하며 교외 신도심 개발을 유도해왔다. 그 결과는 고속철도역의 신도심과 옛 철도역의 원·구도심 간의 의도치 않은 경쟁이다.

경주역은 지난 100여 년 동안 세 번 이전하며 신축했고, 고속철도역인 신경주역이 약 10여 년간의 노선 결정과정을 통해서 경주 IC 주변에 개통했다. 이러한 결과로 경주는 경주역이 없는 도시가

슈투트가르트 쾨니그스트라세에서 바라본 중앙역(도로끝 중앙부).(출처: 한광야, 2013)

되었고, 작년 폐역된 경주역 앞의 시장과 중앙로의 상권은 쇠퇴를 가속해왔다. 경주의 불편한 상대인 교토는 현재까지 네 번의 교토역을 건축했으나 첫 자리에서 고속철도를 흡수하며 남문을 대신한 관문의 장소성을 지키고 있다.

우리는 '왜 철도역을 자주 옮기는가.' 나는 한국 도시의 최근 백년 역사를 공공이 주도해온 도시사업인 '이전'이라는 단어로 요약해 왔다. 여기서 철도역은 학교와 함께 도시개발자와 정책결정자에게 유혹의 우선 대상이었다. 1990년대 중반부터 고속철도의 개통이라는 명분하에 '옛 철도역과 주변 재개발' 그리고 '외곽에 새철도역과 주변 대규모 개발'이라는 두 기회를 제공해주기 때문이다. 이즈음 도시와 주변 시골의 통합을 장려하기 위한 도농통합법은 원·구도심의 주요 시설들의 외곽 이전을 부추겼다. 지난 한세대 동안 이러한 상황은 '철도역을 이전하면 도시는 쇠퇴하고,

학교를 이전하면 동네는 해체된다'는 교훈을 남겼다. 특히 철도역의 이전은 도시의 시작점인 원·구도심의 중심상권을 해체하는 사업이다.

자동차의 도시 독일 슈투트가르트는 1953년 도시중심부를 관통하는 중심도로를 독일의 첫 번째 보행도로로 전환시키고 동쪽의 중앙역(1922)과 서쪽의 교통환승센터를 직접 연결하는 보행체계를 조성했다. 이 도로를 따라 마켓홀과 시청이 같은 장소에서 도시의 정체성을 지킨다. 무엇보다 이 도시는 최근 슈투트가르트21 프로젝트를 통해 중앙역을 이전하지 않고 지하에 철로를 90도 틀어 고속철도역을 건설하고 배후 공장지를 글로벌 오피스 구역으로 재개발중이다.

철도는 신도심을 형성하며 도시의 성장을 유도하며 가장 영향력 있는 도시개발의 기회를 제공해왔다. 하지만 우리는 국토를 관통하는 고속철도를 건설하며 다수의 중·소 도시들의 쇠퇴를 보았고, 철도역의 이전을 통해 원·구도심의 쇠퇴를 가속화했고, 민자 철도역사사업으로 백화점 뒤에 숨어 도시경관에서 사라진 중앙역을 얻었다. 여기에 철도는 도시를 분단시키고, 나뉜 구역들은 경제적 수준과 사회적 배경에 따라 그 격차를 더욱 벌릴 수 있다. 이는 대중교통의 공공투자가 상대적으로 낮은 중·소 도시에서 가중될 것이다.

이상의 문제점들을 해결하기 위해 '철도 기반의 지역문화권'과 '철도역과 맞물려 있는 원·구도심 보행체계의 구축'을 제안한다. 특히 철도역과 원·구도심을 나누고 있는 8~10차선의 차로는 좁혀지고 육교와 지하계단은 넓은 횡단보도로 대체되어야 한다.

도시경관의 지향점은
아름다움이 아닌 정체성이다

—
조용준(조선대학교 명예교수)

도시경관은 사회적 자본

중세시대까지 사람들은 자기가 살고 있는 지역(도시)에서 생산되는 재료를 이용하여 지형과 기후에 적합한 도시를 만들어 살아왔고, 이는 그 도시만의 정체성이 되었다. 그러나 산업사회가 되면서 분리와 개별성을 바탕으로 도시구성 요소인 건축 등에 자유가 부여되고, 고도화된 기계기술을 바탕으로 산업적 기능적 합리성에 적합한 재료 등이 사용되면서 대부분의 도시는 혼돈화되었다. 자유를 얻은 건축은 부지를 최대로 활용하는 법규디자인에 주력하여 경제적 가치를 높여왔지만, 사회적 규범을 없애고 자유를 준 도시는 몰정체성 된 경관을 갖게 되었다.

지구단위계획이나 도시계획법, 경관법, 경관 심의 제도, 총괄건축가 제도 등 도시경관을 위한 여러 제도적 장치가 만들어지고 많은 용역들도 있어왔지만, 도시에 대한 경관의 공헌은 가시적이지 않은 상태다. 공헌이 가시적이지 않다는 것은 도시경관이 도시

요즘엔 정체성 있는 곳이라면
오지라도 찾아간다. 경사지주
택경관을 보존하고 있는 오스
트리아 할슈타트.(출처: 조용준)

얼굴로써 도시에 흐르는 집단적 정신과 지향성을 담지 못하고 있
다는 의미다.

　이런 결과는 경관계획이 건축 · 토목 등의 존재방식을 결정하는
지침서 역할의 부족은 물론, 심지어는 캐비닛 계획이 되어서 예측
가능한 설계, 예측 가능한 심의의 지침서가 되지 못함이 있다. 특
히 같은 답을 구하는 수학문제처럼 규제적 방식을 통한 획일화에
있다. 도시경관이 규제로만 인식되면 시민들의 적극적 동의나 참
여를 이끌어낼 수 없다.

　이제 도시경관이 사회적 자본이라는 관점에서 접근이 필요하
다. 사회적 자본이란 미국 사회학자 로버트 버트남이 주장한 이론
으로 사회구성원 간의 공동이익을 위한 협력과 참여를 창출하는
무형자산을 의미하며 사회의 협력과 거래를 촉진시키는 신뢰, 규
범, 네트워크(연결망)를 말한다. 《행복도시》의 찰스 몽고메리에 의

하면 이탈리아 학자들은 조사를 통해 국민 행복을 저해하는 최대 요인으로 사회자본 감소를 꼽았다. 사회적 자본은 사회적 신뢰로 이어진다. 사회적 신뢰는 사람이 소외되지 않고 평등하다는 생각을 갖게 함은 물론, 적극적 참여와 공유 인식도 이끌어낸다. 요코하마가 세계적 도시가 된 것은 '협의형 도시디자인'이라는 그들만의 참여시스템이 잘 작동한 결과였다.

아울러 도시경관은 도시의 공동재산으로서의 사회적 자본이라는 관점이 필요하다. 그래야 도시에 대한 만족감과 함께 자부심과 애착심을 갖게 되며 지구촌 반대편 사람들도 찾아와 경제적 활력을 증가시킨다. 특히 인터넷을 통해 여행지를 검색하고 마음에 들면 오지라도 찾아가는 요즘의 여행 패턴에서, 도시경관은 도시의 경쟁력이 된다. 오래 전에 일본 교토의 시라가와라는 전통 마을에서 전통 가옥 소유주가 이를 헐고 맨션을 지으려 하자 주민들이 지역 경관은 지역의 공유재산이라며 반대했었다. 비록 개인 소유의 집이어도 전혀 다른 형태의 건축이 출현하면, 맥락적 마을 경관이 파괴되면서 공유재산으로써 가치를 잃는다는 이유에서였다. 지역 경관은 결코 개인문제가 아닌 지역전체의 문제임을 주창하는 '시

어부들이 안개가 짙은 마을에서 집을 쉽게 찾기 위해 원색을 사용했다는 베네치아 부루노의 어부마을.(출처: 조용준)

라가와 선언'은 반향을 일으켰다. 경관의 지향점이 주민들에게 잘 전파되어야 할 필요가 있다.

걷고 싶은 도시를 만드는 촉매로서 도시경관

1988년 일본 도쿄 대학 토목공학과에서 일본 최초로 경관설계를 강의한 나카무로 요시오는 경관이란 지면에 발을 딛고 서 있는 인간의 시점에서 바라보는 토지의 모습이라고 했다. 인간과 토지의 관계가 중요하다는 뜻이다. 경관은 보여지는 사물 형태는 물론, 사람 등의 활동까지 포함해 그 대상이 넓지만, 도시 구성의 대부분이면서 경관에 가장 큰 영향을 미치는 것은 건축의 존재방식이다.

건축은 형태를 만들고, 이들이 모인 도시는 경관을 만든다. 경관은 기본적으로 아름다움을 만드는 것이 아니라, 정체성을 만드는 것이며, 이는 건축의 존재방식이 결정한다. 만약 이에 대한 규정이 없거나 활용성을 갖지 못하면 개개 건축이 아무리 매력적이라고 하더라도 건축이 모인 도시경관은 혼란스럽게 된다. 도시설계가 에드먼드 베이컨이 "건축형태는 도시디자인 구조에서 나와

야지 다스려서는 안 되며, 특히 형태가 창의적 흐름을 방해하거나 중단해서는 안 된다"고 강조한 것도 이런 이유에서다.

　도시경관은 기본적으로 지키는 경관이냐, 만드는 경관이냐의 관점에서 시작된다. 전자는 전통이라는 이름의 사회적 규범을 통해 도시경관을 관리하고 있는 역사 도시들이다. 후자는 근대기를 겪으며 형성된 혼란스러운 도시경관을 갖고 있는 도시들이다. 지키는 도시경관은 그간 지지해온 사회적 규범이나 룰을 준수하면 된다. 반면 만드는 경관은 새로운 룰을 만들고 이를 사회적 규범으로 정착시키는 것이 쉽지 않다. 사회적 규범이 한 번 무너지면 새롭게 만드는 것도 어렵지만, 이를 정착시키는 것도 쉽지 않다.

　지키는 경관이건, 만드는 경관이건 간에 경관디자인에서는 환경형과 조망형으로 나눌 수 있다. 환경형 경관은 걷고 싶은 도시의 핵심이며, 이의 기본은 맥락과 대조이다. 맥락은 건축형태가 모인 군집형태가 형태적으로 동질성을 갖는 것을 말한다. 하지만 경관이 맥락만을 추구하게 되면 단순하게 느껴지면서 감흥을 잃게 된다. 그래서 극적인 감흥을 주는 대조적 요소인 랜드마크나 아이스톱의 배치가 필요하다. 사람들이 가장 많이 접하는 가로공간의 경우 기본은 맥락이지만 굴곡부 등 시선이 모아지는 부지는 대조가 느껴지도록 함이 필요하다. 맥락 자체를 어느 정도로 할 것인가 하는 문제도 살펴야 한다. 맥락의 한쪽 끝에는 통일성이 있고, 다른 쪽 끝에는 다양성(독자성)이 있다. 건축 표층을 구성하는 건축선, 벽이나 지붕, 건축물의 실루엣, 규모 등 건축디자인 요소들의 대부분을 맥락의 대상으로 삼으면 통일성 경관이 되고, 많은 자유를 주면 다양성 경관이 된다. 따라서 도시 경관계획은 사회적 규범(룰)이 지배하는 부분과 개인이 자유롭게 정할 수 있는 부분을 나누는 게 필요하다. 특히 보행도시가 과제가 되고 있는 현대도시에서는 걷고 싶은 도시가 되도록 아기자기한 풍경을 만드는 것이 필요하다. 특히 시각이 닿는 저층부는 더욱 그러하다.

조망형 경관은 조망 대상이 되는 경관과 조망하는 지점 설정이 중요하다. 조망 대상은 시가지 주변의 산자락이 되기도 하고, 시가지 가운데 있는 역사적 건축물이 되기도 한다. 조망하는 지점은 광장이나 기차역 등 사람이 많이 모이는 곳이 된다. 조망형 경관은 높이에 관한 것이다. 높이는 상징적 의미를 갖는다. 만약 조망 대상과 조망 지점이 분명하지 못하면 늘 분쟁과 갈등의 대상이 된다. 여기서 중요한 것은 시민들의 합의형성과 준수가 문화로 자리잡는 것이다. 조망의 지점이나 대상에 따라서 원경, 중경, 근경으로도 분류할 수 있다. 도심의 고층 건축물의 경우 벽면 등은 근경이나 중경이고 지붕은 원경의 대상이 되기도 한다. 원경대상이 되어야 할 건축물이 중경이나 근경이 되어서는 안 된다.

도시공간과 도시경관의 통합, 도시디자인

중세도시에서 경관은 공간에 따르는 공통점이 있었다. 도시공간을 계획하고, 이 공간에 적합한 분위기가 연출되는 건축형태와 배치를 통하여 도시경관을 완성했다. 미켈란젤로는 로마의 캐피톨리아 언덕에 광장을 만들면서 광장 앞쪽은 넓게 하고, 뒤쪽은 좁게 하는 사다리 형태로 만들었다. 이는 앞쪽에서는 많은 사람들이 모여 있는 것처럼 느껴지도록 하고 뒷쪽에서는 더 가깝게 느끼도록 하는 의도적 공간 구성이었다. 건축형태 역시 전면에는 양식적 건축물을 배치하고 광장 양쪽 측면에는 맥락적 건축물을 배치해 시각이 자연스럽게 정면을 향하도록 하는 방식으로 경관과 공간을 결합시켰다. 베니스의 산마르코 광장도 마찬가지다. 순례자들이 아고라를 거쳐 아크로폴리스에 이르는 과정도 이를 고려해 건축물의 형태와 배치를 결정했다.

14세기 유럽 각지에서는 그리스, 로마의 고전적인 문화부흥 운동인 르네상스가 일어났고 이는 바로크식 디자인으로 이어졌다. 바로크식 디자인은 원근법 등의 시각적 효과를 통한 건물형태와

공유인식을 만드는 조망 대상으로써 중요시되고 있는 두오모 성당이 있는 피렌체 야경. (출처: 조용준)

배치, 가로공간, 광장 등의 디자인 질서를 정착시켰다. 16세기 초 식스터스 5세가 시각적 효과를 바탕으로 기획한 로마 재건과 프랑스 루이4세 때 파리 시장 오스만이 피규어와 그라운드라는 구조와 도로의 퍼스펙티브를 활용해 조성한 파리 개조 역시 경관과 공간이 결합된 사례다.

경관 못지않게 건축의 외부공간이나 공공공간이 중시되면서 시각적 연속성과 공개공지의 통합적 관점이 필요하다. 또 지구촌 생존을 위협하는 환경부하를 경감하기 위해서는 건축형태의 공헌도 요구되고 있다.

건축의 존재방식은 주민들의 이해와 대립하는 부분에 대한 다양한 의견을 수렴·조정하는 합의 형성의 프로세스도 중요하다. 기성 시가지는 이미 형성된 공간 구조가 있기 때문에 도달지점이 다음 세대라는 장기적 관점이 필요하다. 공간과 경관의 일체적 관점이 필요하다. 그래서 선진 도시들이 도시디자인실을 만들어 경관과 공간을 종합적으로 다루는 경우가 많다. 우리 도시 경관도 그러한 괌점이 필요하다.

제6장

새로운 거버넌스와
도시건축의 공공성과 건강성

26

성숙한 시민의식이 선진도시를 만든다

—
강양석(전 홍익대학교 공과대학 교수)

유엔무역개발회의UNCTAD는 한국의 지위를 선진국 그룹으로 분류하였는데, 개발도상국이 선진국으로 격상된 것은 57년 역사상 처음이라고 한다. 최근 우리나라 도시를 보면 "과연 선진국 도시"라는 말이 나온다. 그러나 짧은 역사 속에서 급속도로 진행된 도시화이기에 개선되어야 할 환경도 있다.

우리나라의 도시화

1960년대 후반부터 본격 진행된 산업화의 시작은 대도시를 중심으로 하는 노동집약형 산업이 위주였는데, 이 결과 대도시의 인구는 폭발적으로 증가하였다. 특정 지역에 인구가 집중하면 주택과 도로 그리고 상하수도 등과 같은 기반시설을 확충하기 위해 많은 재원이 필요하지만, 전쟁이 끝난 지 얼마 지나지 않았고, 부존자원이란 거의 없는 극도로 가난한 나라였기에, 민간은 물론이고 국가도 국민의 주거 문제를 해결할 능력이 전혀 없었다. 이 시기에

전국에 산재한 다세대 주택가의 주차문제는 심각하다.(출처: 강양석)

농촌이나 소도시에서 대도시로 옮겨 온 사람들이나 신혼부부는 단독주택에 방 한 칸을 세 들어 사는 것이 일반적이었다.

1970년대 초반부터 시작된 중동 건설 수출과 산업 발달은 소득이 증가한 근로자층을 형성하였고, 이들은 극도로 열악한 주거환경에서 벗어나려는 욕망을 강하게 드러냈다. 그러나 1980년대 중반 대도시 특히 서울시의 주택 보급률은 50%를 조금 웃돌 정도로 주택 부족 문제가 심각했다. 이 문제를 해결할 방안으로, 정부는 재개발을 보다 적극적으로 추진함과 동시에 1980년대 후반에는 아파트를 주로 하는 대규모 택지를 개발하거나 수십만 명을 수용할 수 있는 신도시를 건설하기 시작했다. 그리고 1990년대 초반에는 다세대 · 다가구주택을 새로운 주거형식으로 도입했다.

지진·홍수 등 재해 대비한 건설 행위 중요

자연 환경에서 일상적으로 존재하지 않는 힘이 갑자기 발생해서 인간이 신체적 · 물질적으로 피해를 입는 것을 자연재해라고 하는데, 지진이나 화산, 강한 태풍, 호우 등에 의하여 발생하는 재해가 이에 속한다. 우리나라는 거의 매년 태풍과 예기치 못한 국지성 호우로 풍수해를 입는다. 그리고 일부 지역에는 눈이 많이 와서 피해를 입기도 한다. 태풍이나 지진이 발생하면 피해 규모는 사람들이 얼마나 대비하였는가에 따라 크게 달라진다. 지진의 예를 보면, 같은 규모의 지진이 발생하여도 어떤 나라에서는 피해가 아주 미미하지만, 어떤 나라에서는 대규모 인명과 재산 피해가 발생한다.

그런데 최근에 와서 우리나라에서 홍수 피해가 증가하고 지진 발생 빈도가 증가하고 있다. 홍수의 직접적인 원인은 강우량이지만, 기존 도시에서는 근교의 자연녹지를 신도시와 대규모 택지로 개발한 것도 중요한 원인이 된다. 녹지가 시가지로 변하면 지표면은 콘크리트, 아스팔트 그리고 주택 등으로 덮여서 빗물이 땅 속으로 침투할 수 없게 되고, 일시적으로 빗물을 저류하던 논도 없어져서 우수관이나 소하천은 한 번에 물이 불어나게 되어 기존 시가지에 곧바로 영향을 미치게 된다. 이러한 문제점을 해결하기 위해서 일부 도시는 지하에 빗물 저류시설을 건설하거나, 우수관을 넓히는 사업을 시행하는데 이는 비용이 많이 들고 홍수 방지에 한계가 있다. 그러므로 개발 사업을 실시할 때에 콘크리트나 아스팔트 포장을 최소화하고, 빗물이 지하로 침투할 수 있는 것을 최대한 많이 사용하고, 운동장이나 대형 광장은 큰 비가 내릴 때에 임시 저류시설이 될 수 있도록 하는 등과 같은 대책도 함께 모색하여야

한다. 일반적으로 홍수 발생 방지는 개인의 능력을 벗어나는 것으로, 국가 또는 지방자치단체가 광역적으로 시행하지 않으면 효과를 기대할 수 없다. 중앙정부가 주요 하천이나 댐 등을 계획·건설·관리하는 것으로 홍수 방지 사업을 수행한다고 하면, 지방자치단체는 관할구역 내에서 행해지는 모든 건설 행위를 계획 단계부터 관리하여 재해에 대비해야 한다. 건설 행위는 지표면 변형부터 시작하는데 홍수 발생 위험도 이때부터 시작된다. 따라서 모든 건설 행위를 계획 단계부터 재해 발생 관점에서도 살펴서 진행하는 것이 가장 효율적인 방재 계획이 된다.

최근에 자주 발생하는 지진에도 대비하여야 한다. 지진에 대비하는 것은 개개 건물과도 관련되므로 홍수를 대비하는 것보다 많은 기간이 소요된다. 따라서 2017년 포항에서 일어난 지진을 제외하면 이전에는 큰 피해를 준 것은 없다고 하여도 지진 발생에 대비한 환경정비는 꾸준히 진행되어야 한다. 1990년대 초에 도입된 다세대·다가구주택은 소규모 건설업자가 단독주택을 개축하는 것이 대부분으로 단기간에 비교적 값싼 주택을 공급한다는 장점이 있다.

이것은 소규모 필지별로 시행되는 개발이므로 도로나 하수도 같은 기반시설을 확충하지 않고 주택과 인구 밀도를 높이기 때문

에, 지역에 따라서는 호우 시 하수도가 역류하여 주택이 침수되기도 한다. 그리고 단기간에 값싼 주택을 건설하고자 지진에는 아주 취약한 조적조로 지은 것이 대부분이다. 또한 승용차 증가 가능성은 외면하고 아주 낮은 주차장 설치 기준을 적용하였으므로, 1990년대 중반부터 급작스럽게 증가한 승용차는 좁은 이면도로를 주차장으로 사용하게 만들었다. 이것은 보행자 안전을 위협함은 물론, 화재나 구급 상황이 닥쳤을 때 구급과 구난활동을 방해하는 결과를 가져왔다.

소규모 공동주택이 밀집한 장소에 대해 한 번에 건물 구조를 개선하고 기반시설을 확충한다는 것은 현실적으로 불가능하기 때문에, 장기간에 걸쳐 점진적으로 개선이 이루어지도록 하여야 한다. 개선 사업의 첫 걸음은 대상지를 도시계획상 지구단위계획구역으로 지정하고 계획을 수립하는 것이다. 1990년대 초에 건설된 다세대·다가구 주택 중에는 개축하여야 할 시기가 돌아오고 있는 장소가 많은 것을 감안하면 이에 대한 도시계획을 수립하는 것은 시급하다.

장애인, 노약자, 임산부의 일상생활

사람들은 자기가 사는 장소에 대해 평소에는 불평을 해도 다른 동네 사람들과 얘기할 때는 "제일 살기 좋은 동네"라고들 말한다. 제3자가 꽤 불편할 것으로 보이는 동네라도 "교통 좋고…"로 이어지는 자기 동네에 대한 자부심은 대단하다. 이런 마음을 갖게 되는 이유는, 도시란 것이 오랜 시간에 걸쳐서 사람들이 필요로 하는 것을 갖추기 위해 물질적으로 투자되었고, 주민들은 이렇게 조성된 환경을 바탕으로 각자의 일상적인 활동을 만들기 때문이다.

그런데 이렇게 자부심을 느끼는 장소라고 해도 주민들이 "우리 고장은 장애인, 노약자, 임산부가 편안하게 생활할 수 있다"고 말할 수 있는 곳은 얼마나 될까? 지금 밖으로 나가 도로를 보자. 도로는 보도와 차도가 구분되어 있는가? 보도는 휠체어나 유모차가 다니기에 무리가 없는 경사인가? 보도가 차도 쪽으로 많이 기울어져 있어 휠체어나 유모차가 차도로 쏠리게 되어 있지는 않은가?

보도에는 휠체어를 탄 사람, 아기를 유모차에 태우고 가는 사람, 무거운 짐을 수레에 싣고 가는 사람 등 바퀴 달린 것을 이용하는 사람이 있다. 보도가 차도 쪽으로 기울어져 있으면, 바퀴가 차도로 향하게 되어 무게를 지탱하지 못하면 아주 위험해진다. 보도폭은 두세 명이 함께 걷기에 충분하고, 가로수 · 가로등 · 전신주 · 전봇대가 보행을 방해하지는 않은가? 보도 포장 상태는 휠체어나 유모차가 잘 굴러갈 수 있는 재료인가? 횡단보도는 보행로와 평탄하거나 완만한 경사로 연결되는가?

보도와 차도의 경계석을 낮춰서 만든 횡단보도 중에는 턱을 낮춘 부분과 차로가 만나는 점에서 휠체어 앞부분이 바닥에 닿아 앞으로 넘어질 수도 있다. 보도 옆에 있는 건물에 들어가려면 계단을 올라가야 하는가? 계단은 아니지만 한 단 높은 곳에 출입문이 있지는 않은가? 이렇게 열거한 것은 도로에서 장애인과 노약자가

겪을 수 있는 어려움을 생각나는 대로 적어 본 것이다.

장애인과 노약자가 겪는 어려운 문제점 중에는 문화·복지시설이 입지한 위치에서 오는 것이 있다. 우리나라 도시 중에는 도시 안에 있는 산을 공원으로 지정한 곳이 많은데 문제는 건설비용 절감을 이유로 각종 문화·복지시설을 경사가 급한 공원에 건설하여 장애인과 노약자는 접근하기 힘들다는 점이다. 이러한 것은 공원이 아니어도 비교적 땅값이 싼 가파른 경사지에 건설된 공공시설도 똑같다. 교육과 소득 수준이 높아지면 문화·복지시설에 대한 수요도 높아지게 되는데, 접근성이 나빠서 이용할 수 없는 곳에 건설된 시설은 결과적으로 제 몫을 다하지 못한다는 점이다. 최근 몇몇 도시에서는 주거지 내에 규모가 작은 공공시설을 짓는 등으로 문제 해결을 위한 노력을 하지만 이는 한계가 있다. 이런 문제를 근본적으로 해결하려면 기반시설들을 도시계획을 수립할 때에 다양한 이용자를 고려하여 입지를 결정해야 한다.

요즘 사회적으로 많이 이야기하는 것은 '장수'인데 나이가 들면 대부분의 사람들이 신체적인 장애를 가지게 된다. 따라서 장애인이 생활하기 편한 환경을 만드는 것은 바로 장수 시대의 생활환경을 만드는 것도 된다. 사람들이 모여 사는 도시는 그 나라의 얼굴이다. 따라서 강하지 않은 태풍이나 지진에 큰 피해를 입거나, 신체적 장애로 일상생활에 차별을 받게 되는 도시환경이라면 나라의 위상이 손상을 받는다.

우리나라도 장애인이나 노약자가 차별받지 않고 편리하게 일상생활을 할 수 있도록 여러 법령을 제정하여 시행 중에 있는데 이 제도 중 하나가 공공시설은 새로 지을 때에는 '장애물 없는 생활환경 인증'을 받도록 하고 있다. 이런 제도가 우리나라의 물리적 환경을 개선하고 있는 것은 사실이지만, 일상생활 측면에서 보면 극히 일부 문제를 해결하는 것에 불과하다. 편리한 도시환경을 만들기 위해서 가장 중요한 것은 도시의 물리적 환경을 건설하고 관리하는 사람들의 의식이 노약자와 장애인을 고려하여 시민 모두가 차별 없이 안전하고 살기 편한 도시를 만들고자 노력하는 것이다.

도로는 턱이 연속하여 있고, 보도 포장재는 바꾸면서 울퉁불퉁한 것은 전혀 개선하지 않으며, 건물은 계단을 올라가고 문턱을 넘어야 들어갈 수 있다. 그런데 이것을 고치고 관리해 할 사람들은 이런 환경에 젖어 있어 "난 몰라. 나는 불편하지 않아"하고 있고, 비록 문제점을 안다고 하여도 개선의 의지가 없다면, 차별 속에서 매일을 살아가는 많은 이웃이 있는 우리를 선진국 국민이라고 할 수 있을 것인가?

일상생활에서 화려하게 단장하지 않아도 행동과 몸가짐이 바르면, 깨끗하게 씻고 단정한 옷을 입기만 하여도 그 사람에게서는 멋과 품위를 느낄 수 있다. 도시도 마찬가지다. 보도블록 한 장까지 바르게 정성 들여 깔고, 누구나 차별 없이 생활시설을 이용할 수 있는 환경을 만들어간다면, 도시에 크고 웅장한 건물이 없어도 시민들은 도시를 유지 · 관리하는 사람을 신뢰하고 각자가 사는 장소에 애착을 느낄 것이며, 우리의 경제적 · 문화적 위상에 어울리는 도시라고 할 것이다.

도시를 풍요롭게 하는 건축의 공공성

—

신영은(건축사사무소 사람 대표)

건축의 공공성은 무엇인가? 건축물은 그 속성 자체가 공공성
을 띤다. 공공건축은 출발부터가 공공을 위한 건축물이므로 당연
한 일이고, 사유건축 또한 공공의 질서 속에서 만들어지며 다수
가 이용하고 도시의 풍경이 된다는 점에서 공적인 성격을 띤다고
할 수 있다.

우리는 자칫 건축물을 개별적인 목적과 용도로 생각하는 오류
를 범할 수 있다. 특히 아파트의 경우 그런 오류를 범하기 쉽다. 아
파트는 사적건물이고, 현재는 부의 증식수단으로도 기능하기 때
문에 대규모로 조성돼 도시의 가로체계와 도시풍경에 크나큰 영향
을 미침에도 그 공공성에 대해 크게 문제 삼지 않았던 것 같다. 그
나마 최근에는 아파트의 공공성과 도시에 끼치는 영향에 대해 많
은 논의가 진행되고 있어 다행스러운 일이다.

400여 필지에 가득 채워진 기존 건축물을 모두 허물고 대규모
아파트 단지가 조성된 사례가 있다. 1940년대부터 형성된 곳으로
추정되는 그 땅은 국토정보지리원이 제공하는 지도서비스가 시작

공공 건축물은 도시 정체성을 만들고 시민들의 삶을 풍요롭게 한다. 핀란드 헬싱키 도서관.(출처: 신영은)

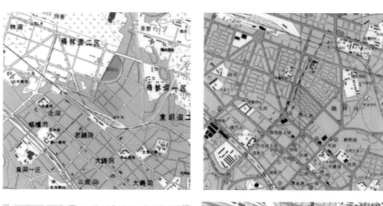

왼쪽 위부터 시계방향으로 1960년, 1990년, 2000년, 2022년의 지도.(출처: 국토정보지리원)

된 1960년부터 아파트 단지가 조성된 2020년까지 줄곧 같은 모습의 가로체계가 존재했던 곳이었다. 하지만 아파트 단지 조성으로 80년 세월 동안 존재해왔던 가로체계는 일시에 삭제되고 말았다.

아파트 단지의 개발은 오랜 세월 동안 선인들에 의해 자연스럽게 조성되어온 가로체계를 일시에 무너뜨리고 만다. 수많은 택지개발사업과 도로건설은 급격한 인구증가와 경제성장과 함께 도화지에 그림을 그리듯 산천과 대지에 선을 긋고 말았다. 이제 우리도 성장 일변도를 넘어 삶의 질과 우리의 땅을 잠시 빌려 쓰는 임차인으로서 이 땅을 지킬 소명에 대해 이야기할 때가 되었다고 생각한다.

삶의 흔적이 남아 있는 도시

10여 년 전 런던을 방문했을 때, 도시 전체에서 느껴지는 역사적 아우라에 깜짝 놀랐었다. 런던은 새로운 건물과 거대한 스케일의 건축물이 많지 않았다. 오히려 오래된 건축물을 수선(리모델링)해서 잘 사용하고 있는 모습이나 가로 곳곳에 보이는 커다란 나무들에서 역사성과 자존심이 느껴져 런던이란 도시에 제압당했던 기억이 있다. 디자인적이고 큰 스케일의 새로운 건축물이 가득한 도시는 상대적으로 가벼워 보이기까지 했다.

유럽 도시의 특징은 과거 도시의 더께 위에 현재의 삶이 씌워진 형태라 볼 수 있다. 오랜 세월 동안 형성된 도시가 시간의 흐름을 고스란히 받아 안아 지난한 삶의 흔적들이 도시에 녹아 있는 모습은 놀랍다.

반면 우리나라는 5000년 오랜 역사와 세계 최다의 고인돌 유적이 발견된 역사 깊은 나라임에도 목조건축의 한계 때문인지, 새마을 운동의 여파 때문인지 옛 모습은 민속촌과 몇몇 읍성, 사찰에만 남아있을 뿐 과거의 흔적을 좀처럼 찾아보기가 어렵다. 역사는

공공 건축물은 도시 정체성을 만들고 시민들의 삶을 풍요롭게 한다. 시민들이 건축물을 자유롭게 접하며 걷기 좋은 노르웨이 오슬로.(출처: 신영은)

미래인 만큼 우리의 건축과 도시도 과거와 현재의 모습을 존중하여 미래를 만들 필요가 있다.

우리나라의 도시와 거주환경에 대해 역사적으로 어떠한 행태의 거주환경을 이뤄왔는지 살펴볼 필요가 있다. 그것은 같은 땅에서 살아갔던 선인들의 지혜의 기록이기 때문이다. 선조들의 삶의 방식을 박제하기보다는 역사에서 미래를 발견하는 지혜를 발휘해야 한다.

고려대 김세용 교수는 "건축은 인류의 역사와 함께한 가장 중요한 문화로서 그 시대 문화의 기록이며, 철학과 정신의 문화산물이다. 따라서 건축의 수준은 한 국가의 중요한 문화적 지표가 된다. 사회적 산물임과 동시에 사적재산인 건축은 인간의 생활과 밀접한 관계를 지님으로서 사회, 문화, 경제적인 가치와 영향력을 가지고 있다"고 말했다.

정기용 건축가는 "공공성의 완성은 지역적 특수성이 심도 있게 반영될 때만 가능한 것이다. 또한 우리가 공공성을 생각하며 첨가해야 할 새로운 주체가 있다면 그것은 자연이다. 되는대로 내던져진 주민들의 거주 환경과 지방마다 지역의 스케일을 벗어난 권위주의적 관공서 건물들은 하나같이 이 땅의 풍경을 천박스럽게 한다. 이제부터라도 관에서 발주하는 건축은 그들의 소임인 진정한 '공공성'을 되살리는 데 초점을 맞춰야 한다"고 주장했다.

서울시청은 차로중심의 가로에서 벗어나 2004년 서울광장으로 탈바꿈했다. 또 광화문광장도 기존 섬 형태의 공원에서 한 면이 접한 광장으로 조성됐고, 광장을 더 넓히는 공사도 2023년 마무리됐다. 서울시청은 월드컵 응원과 아이스링크 및 각종 집회공간으로 활용되고 있으며 광화문 광장은 촛불집회 등과 여가활동 공간으로 활발히 사용되고 있다. 광주광역시에서는 서구청이 외부공

핀란드 헬싱키 도서관을 자유
롭게 이용하는 시민들.(출처:
신영은)

간에 차량이 가득 차 있던 구 청사를 전면에 공원과 광장을 배치
한 신청사로 탈바꿈시켜 시민들이 한결 편안하게 구청을 품을 수
있게 개선했다.

　최근 들어 건축의 공공성 향상을 위한 연구 및 토론이 활발히
진행되고 있다. 가장 먼저 국가적 차원에서 건축전문기관을 설립
한 네덜란드를 필두로 덴마크, 노르웨이에서도 활발한 사업을 벌
이고 있으며 우리나라도 이를 벤치마킹, 각 시도별로 공공건축가
제도를 운영하는 등 건축의 공공성 향상을 위해 다각적인 노력을
기울이고 있다.

공동체 삶을 아우르는 공간

　우리나라의 전통적인 마을은 마을 초입에 공유공간인 정자가

있었다. 사람들은 정자에 삼삼오오 모여 앉아 일상을 이어가고 마
을을 왕래하는 사람들은 정자를 지나쳐 마을로 진입할 수 있었다.
마을의 삶의 행태가 자연스럽게 서로를 인지할 수 있는 형태로 조
성되었던 것이다.

　하지만 지금의 마을인 아파트는 아무런 전이공간도 없이 주차
장에서 개인 집까지 즉각적으로 진입하는 방식이다. 10년을 살면
서도 옆집에 누가 사는지조차 알 수가 없게 된 것이다. 주택이든
공공기관이든 사람은 사회적 동물이기에 서로 간의 만남과 소통
을 통해서 행복을 느낄 수 있다. 편리성과 기능성은 자칫 삶을 고
립시킬 수 있을 것이다.

　이제 다시금 사람들의 소통, 만남, 교류의 장소를 만들어가야할 때다. 다행히 그 변화의 움직임이 조금씩 진행되는 중이다. 공공건축물부터 시작해 외부공간을 주차장으로 채웠던 기관들이 외부마당을 조성해 소통의 공간으로 활용고 있다. 설계공모에서는 공공성을 얼마나 확보하느냐에 당선이 결정된다. 아파트 또한 집단이기주의적 건물에서 옛길을 존중하고 인근 주민들과의 소통의 공간이 얼마나 형성되었느냐를 심의 기준으로 삼는다. 건축기본법이 그러하고 공공건축가 제도가 그러하다.

　도시의 특색을 살리고 아름다운 도시를 만들어가며 커뮤니케이션이 되는 공공건축물, 아름다운 건축과 소통이 활발히 일어날 수 있는 공공건축물이 현재의 과제다.

　얼마 전 북유럽을 다녀왔다. 사람들은 여유롭게 거리를 거닐고 공원에서 휴식을 취하며 일상을 보내고 있었다. 행복이란 무엇인가. 사람은 누군가와 함께 얘기하며 무언가를 느끼고 교감할 때 진정한 행복감을 느낀다. 아름다운 풍경 속에 활기찬 사람들과 함께 있다 보면 우리의 행복은 저절로 만들어질 것이다.

도시의 일상, 일상의 건축

박홍근((주)포유건축사사무소 대표)

　우리 삶은 도시와 건축, 공간과 장소에서 이루어진다. 도시의 일상과 일상 속 건축엔 많은 사람의 흔적과 이야기가 녹아있다. 오랜 세월 속 이야기가 쌓인 도시는 그 자체가 경쟁력이 된다. 이야기는 그냥 생기는 것이 아니다. 도시와 건축, 시간의 흐름 속에 인간의 삶과 관계로 만들어진다.

　영화나 드라마는 이야기와 영상으로 친근하게 다가온다. 사람을 감동케 하는 힘이 있다. 감동의 이야기와 영상에는 아름답고, 편안한 도시풍경을 배경으로 사람 사는 냄새가 녹아있다. 배경 대부분은 건축물과 그 주변 풍경이다. 감동의 아우라를 형성하는 배경과 이야기들은 오랫동안 기억에 남게 된다. 사람들은 영상 속 이야기 배경이 된 곳에 흥미를 느끼고, 기억 속 건축물과 거리를 즐기고 싶어 한다.

　영화 〈로마의 휴일〉, 〈건축학개론〉, 드라마 〈응답하라 1988〉, 〈이상한 변호사 우영우(7화)〉에는 도시, 풍경, 건축, 시간, 사람 등의 이야기가 스며 있다. 이는 우리 일상의 삶에 필요한 도시와 건

국립아시아문화전당 광장과
하늘마당은 광주가 키워야 할
소중한 자산이다.(출처: 박홍근)

축 환경이 무엇인지 되돌아보게 한다.

영화, 도시와 건축의 방향을 읽다

〈로마의 휴일〉은 제목에서 알 수 있듯이 로마의 주요 명소를 배
경으로 하루 동안 주인공 남녀가 시내를 활보하며, 멋진 도시유적
과 풍경들을 잘 보여주고 있다. 여주인공 오드리 헵번이 아이스크
림을 먹던 '스페인광장'과 잠깐 잠들었다가 남자주인공을 만나는
'트레비 분수', 진실을 말하지 않으면 손이 잘린다는 '진실의 입'
등은 지금도 여행자들이 영화 속 기억을 꺼내며, 많은 생각과 새
로운 추억 쌓기를 하는 장소다.

로마를 찾았을 때 영화의 추억처럼 주요 장소들을 걸으면서 주
인공이 되는 상상을 하는 것만으로도 멋진 여행이 될 것이다. 도시
의 경쟁력은 무엇인가? 도시가 일상에서 시민들에게 즐거움과 추
억할 이야기들을 많이 줄 수 있는 것도 경쟁력 중 하나다.

〈건축학개론〉은 건축을 매개로 한 첫사랑 이야기다. 여주인공 서연(한가인)이 집을 새롭게 짓는 대신에 기존 집의 흔적을 유지하며 증축하는 것으로 결정하는 장면이 있다. 옛집의 추억과 기억을 간직하기 위한 선택이다. 세월의 흐름 속에 인간의 흔적이 있으면 그 공간에는 이야기가 생기는 것처럼, 이야기가 있는 추억의 흔적을 살리는 건축 방법을 선택한 것이다.

옥상에서 도시풍경을 바라보는 장면은 우리가 왜 옥상을 잘 활용해야 하는지를 보여준다. 옥상은 다양한 지붕이 만든 스카이라인과 풍경을 감상할 수 있고, 막힌 실내를 벗어나 확 트인 해방감을 느낄 수 있게 한다. 땅 위 도시 일상에서 벗어나 또 다른 풍경을 만날 수 있는 장소가 옥상이다. 다른 표현으로 '루프탑 뷰'. 이를 강조하는 건축물들이 많이 등장하고 있다. 잘 활용한 옥상은 또 다른 경쟁력이다.

드라마, 삶의 가치와 방향을 찾다

〈응답하라 1988〉은 1980년대를 배경으로 한동네 사람들의 삶을 다루고 있다. 집 간의 경계가 없고, 이웃 간의 담이 없는 생활상을 볼 수 있다. 방의 연장은 마당이고, 마당의 확장은 골목이다. 골목길은 통과하는 길이 아니다. 만남의 공간이고, 놀이터이고, 추억을 쌓는 장소가 된다. 전봇대 밑, 가파른 계단, 구멍가게 앞의 평상은 우리의 일상을 보듬는 공간이 된다. 추억과 경험의 기억이 녹아있는 장소다.

젊은 세대는 경험하지 못한 예스러움 속에 새로움과 색다른 흥미를 느끼고, 중년을 보내는 사람들은 봄처럼 짧았던 청춘 시절 애틋한 추억과 기억을 소환하기도 한다. 오래된 장소의 힘이다. 골목길이 주는 선물이다. 기존에 있었던 것을 새로운 시선, 다른 각도로 바라보는 것만으로도 가능한 일이다. 재생을 통해 새로운

이탈리아 트레비 분수는 많은
관광객들의 찾는 명소다.(출처:
https://ichef.bbci.co.uk/news)

장소가 된 곳이나 수많은 이야기를 품고 있는 곳들이 지역 도시
마다 많이 있을 것이다. 잘 발굴하고 관리하자. 이게 경쟁력이다.

인기 드라마였던 〈이상한 변호사 우영우〉의 일곱 번째 이야기
는 자신들이 사는 마을과 당산나무를 지켜내는 과정을 다루었다.
오랜 삶의 터전을 관통하고, 수백 년을 마을과 함께한 당산나무를
사라지게 하는 도로계획과 비문화적 행정에 대응하는 모습을 보
여준다. 행정은 '일관성과 효율', 토목과 교수는 '경세성(가격)과 속
도', 건축과 교수는 '역사성(가치)과 방향'을 중요하게 다루는 모습
을 읽을 수 있다. 옳고 그름의 문제가 아니다. 지금 우리에게 중요
한 것은 무엇인가 생각해야 한다.

도시개발과 도로개설, 건축과정에서 우리의 미래유산인데 저평
가해, 풍요로운 삶에 필요한 중요한 것을 없애는 잘못을 저지르지
는 않는가? 무엇이 중요한지 잘못 판단하고 급하게 실행하는 것은
없는가? 자주자주 질문하고 판단해야 한다.

도시의 유산을 생각하다

도시 간 경쟁 시대에 어떻게 우리만의 경쟁력을 가질 것인가? 크든 작든 모든 도시가 안고 있는 고민이다. 앞에 소개한 영화와 드라마를 바탕으로 빛고을 광주에서 도시의 일상과 일상의 건축을 찾아본다.

옛 전남도청 앞의 '민주광장'과 국립아시아문화전당ACC의 '문화광장'은 오랜 이야기와 아픔과 슬픔, 그리고 기억과 희망을 간직한 곳이다. 도심에 이 정도 크기의 광장이 있다는 것은 축복이다. 많은 행사가 이루어지는 광장은 다양한 콘텐츠를 소화하며, 이야기를 만들어내고 있다. 민주광장의 '분수'는 역사적 상징성을 가지고 있다. 트레비 분수처럼 낭만적인 이야기를 간직한 곳은 아니지만, 숭고한 역사의 기억이 예술과 결합하여 희망과 추억의 분수로 승화하는 장소다. ACC의 '하늘마당'은 커다란 잔디광장이다. 건축물을 모두 지하화하면서 생긴 기울어진 옥상으로 지역 최고의 명소가 됐다.

'전일빌딩245'는 재생사업을 통해 새롭게 태어났다. 개방적인 필로티와 1층, 열린 옥상과 전망대를 시민에게 내주었다. 권력을 상징하는 옥상은 누구나 이용할 수 있게 만들었다. 일상에서 올려다보던 곳이었는데, 그곳에서 내려다볼 수 있도록 시민에게 내준 것이다. 이후 장소의 완성은 사용자의 몫이다.

'양림동'과 '동명동' 길은 아주 오래된 골목길은 아니지만, 예스러운 골목의 정취를 느낄 수 있다. 기억을 품은 건축물과 일상이 녹아있는 골목길엔 수많은 이야기의 층이 쌓여 있지만, 이런 장소는 소방도로 개설과 재개발 등으로 사라졌다. 남은 골목길과 풍경이라도 문화유산으로 그 가치를 공유하고 지켜가야 한다. 흔적을 지우는 개발이 아니라 함께하는 삶 문화 재생이 필요하다.

'전남 · 일신방직 공장 건물'은 90년의 역사를 간직하고 있다. 도

옥상을 시민들에게 개방한 '전
일빌딩 245'.(출처: 박홍근)

시계획 도로를 내기 위해 가장 중요하게 평가받은 건물을 헐려고
한다. 가격과 가치, 편리와 의미, 속도와 방향의 논의가 양자택일
이 아니라, 둘 다 취하는 탁월한 창의적 선택의 높이까지 미치게
해야 한다. 〈이상한 변호사 우영우〉에서 보여주었던 주민들의 지
속적 관심과 노력, 유산을 지키며 전진하려는 리더의 지혜와 실천,
미래지향적 행정과 열린 마음이 있어야 한다.

'광주읍성'은 고려시대 유적으로 천 년의 흔적을 간직하다가
1920년대 헐렸다. 이곳 흔적의 기억을 따라 세워진 '광주폴리'가
있다. 폴리Folly의 건축학적 의미는 '본래의 기능을 잃고 장식적 역
할을 하는 건축물'을 뜻한다. 하지만 광주폴리는 공공공간 속에서
장식적인 역할뿐 아니라, 기능적인 역할까지 아우르며 도시재생
에 기여하고 있다. 장치물로 작은 개입을 통해 도심에 활력을 넣
는 역할을 한다.

여느 도시마다 건축물이나 골목길, 공간과 장소의 다양한 요소
들이 그 도시만의 역사적 이야기와 함께 '도시유산'으로 남는다.

어떤 도시를 물려줄 것인가

"도시는 거대한 이야기책이다. 그 이야기는 걷는 자에게만 읽힌다"라는 말이 있다. 우린 어떤 이야기책의 도시를 만들 것인지, 타인에게 어떻게 읽혀질 것인지, 자동차 중심 도시인지 걷기 좋은 도시인지, 기억되는 도시인지 잊혀진 도시인지 이 모든 선택은 지금, 여기에서 도시와 건축을 짓는 우리에게 달려 있다.

'도시에 대해 알아가는 것, 건축 이해의 시작은 우리가 사는 주변 길을 애정을 가지고 걸으며 관찰하는 데서 찾을 수 있다'는 〈건축학개론〉 속 내용은 우리에게 도시와 건축을 대하는 방법을 알려준다. 주변과 골목을 걸으면서 접하는 다양성과 삶의 흔적들은 시민들이 도시의 일상을 이해하는 시작점이고, 일상의 건축을 알아가는 첫걸음이다. 그런데 지금 우리는 어떻게 하고 있는가? 골목길의 정취가 있었던 마을은 없애고, 담장으로 둘러싸인 단지를 꾸미면서 걷기 불편한 길로 도시를 삭막하게 만들고 있다. 울타리를 치고, 높은 벽을 쌓고 사는 우리 주거단지에 대한 문제의식과 깊은 성찰은 행복한 도시 만들기의 기본이다.

세계는 국가 간의 경쟁을 넘어 도시 간의 경쟁 시대다. 자기 유산을 잘 지키고, 만들고, 가꾸며 도시매력과 가치를 높이고 있다. 새로운 건축과 조경 그리고 도시 경관 등에 많은 투자를 한다. 로마, 베네치아, 피렌체, 비엔나, 파리, 뉴욕 등은 장소와 건축물에 이야기와 신화를 입혀 자기만의 도시유산으로 만들었다. 그들은 세계 각지에서 찾아오는 관광객들이 뿌리고 가는 돈으로 생활을 유지하기도 한다. 즉, 유산-이야기-디자인-브랜드-먹거리로 연결하고 있다.

로마 여행 시 들었던 가이드의 이야기가 생각난다. "이곳은 조상 덕에 관광으로 먹고 산다." 조상들이 만든 도시와 건축 유산, 이야기로 많은 경제활동과 수익을 올리고 있는 것은 부인할 수 없을 것 같다. 문화 선진국들은 지금 만드는 것 또한 미래의 먹거리가 될 수 있도록 그 결과물을 내놓고 있다. 문화 선진국과 뒤따르는 국가의 차이를 느낄 수 있는 지점이다.

내가 사는 도시는 어떤 도시인가?

어떤 도시가 되어야 하는가?

어떤 도시를 물려주고 싶은가?

우리 모두가 한 번쯤 생각해 보아야 할 질문이다.

29

공공건축이 지역을 바꾼다

염철호(건축공간연구원)

　우리나라에 공공건축물은 과연 얼마나 있을까? 건축공간연구원 공공건축지원센터의 '숫자로 보는 공공건축'에 따르면, 2020년 12월 기준으로 우리나라의 공공건축물은 약 22만 3000동이 있는 것으로 파악된다. 또한 공공건축물 중 가장 많은 동수를 차지하는 용도는 제1종 근린생활시설, 교육연구시설, 업무시설이다. 파출소, 소방서, 어린이집, 유치원, 주민센터, 도서관, 박물관, 초등학교, 그리고 공공임대주택에 이르기까지 우리 모두는 일상생활에서 크고 작은 공공건축을 항상 접하고 있다.

　공공건축은 기본적으로 공공서비스를 제공하는 장소다. 국민이 필요로 하는 각종 서비스를 국가나 지자체가 제공하기 위하여 필요한 기능을 담아 공공건축물이 만들어진다. 공공건축은 공공서비스를 제공하는 기능뿐만 아니라 지역주민의 커뮤니티 거점이 되기도 하고, 때로는 지역의 관광명소가 되기도 한다. 또한 공공건축은 도심 활성화의 촉매 역할을 하기도 한다. 유명한 영국 런던의 테이트모던이나 바르셀로나의 구겐하임미술관이 대표적인

기존 건물과 새 건물이 함께 있으면서 무수한 방들이 책복도 골목길로 연결되는 구산동 도서관마을.(출처: 플로건축 홈페이지)

사례다.

　이처럼 공공건축은 개인, 지역, 국가 차원의 중요한 역할을 하면서 도시의 품격과도 연결되는 중요한 공공재다. 하지만 그동안 우리의 공공건축은 "획일적이다", "권위적이다", "불편하다"와 같은 비판을 받아왔다. 어디가나 똑같은 파출소, 대칭구조의 권위적인 법원, 멀리 떨어져 있는 청사 등등.

　2007년 〈건축기본법〉 제정을 시작으로 건축도시공간연구소(현재의 건축공간연구원) 설립, 국가건축정책위원회 발족 등을 계기로 우리나라 공공건축의 품격과 품질을 높이기 위한 다양한 논의와 시도가 이루어져 왔다. 이는 공공건축 사업의 제대로 된 기획을 강화하는 일, 설계공모를 원칙으로 하는 우수한 설계안과 설계자를 선정하는 일, 공공건축가를 중심으로 공공건축사업 추진의 전문성을 제고하는 일 등으로 제도화되었다.

하지만 지자체 청사나 미술관과 같은 대규모 시설에 비해 여전히 소규모 공공건축물은 상대적으로 관심의 대상에서 멀어져 있다. 또한 아쉽지만 아직까지 많은 지자체의 단체장이나 공무원들은 좋은 공공건축을 조성하는 일에 그다지 노력을 들이려고 하지 않는다.

경북 영주의 공공건축물

경북 영주시는 인구 10만 명 정도의 작은 도시지만, 매년 1500명 이상의 지자체와 관련 기관이 영주의 공공건축을 배우기 위해 방문하는 전국적으로 공공건축 정책의 성공사례로 꼽힌다. 어떻게 영주시가 이렇게 주목받게 되었을까?

2007년 건축도시공간연구소가 설립되면서 연구소에서는 공공건축과 공공공간을 중요한 연구 분야로 설정하면서 공공건축과 공공공간을 중심으로 하는 도심재생 통합 마스터플랜 수립에 참여할 지자체를 물색하게 된다. 여기에 적극적으로 참여 의사를 밝힌 곳이 바로 영주시다. 당시 영주시 또한 다른 지방의 작은 도시들과 마찬가지로 급격한 인구감소와 고령화, 그리고 경기침체를 겪으면서 도시에 다시 활력을 불어 넣을 수 있는 대안을 찾고 있던 참이었다. 2009년 공공건축·공공공간을 활용한 도심활성화 통합 마스터플랜이 완성되면서부터 영주시의 본격적인 변화가 시작된다.

전국 최초로 공공건축가 제도가 도입되었고, 공공건축과 공공공간 사업을 총괄하는 디자인관리단이 만들어졌으며, 경관 및 디자인 조례 제정을 거쳐 영주시의 공공건축 관리시스템이 구축되

영주 조제보건진료소는 진료
기능뿐만 아니라 마을주민들
의 사랑방 역할을 하고 있다.
(출처: 염철호)

게 된다. 이러한 시스템을 통해 공공건축 사업의 기획을 내실화하고 좋은 설계자를 선정하는 여건이 갖추어지면서 영주시에는 전국적으로 주목받는 공공건축물들이 연이어 등장하게 된다. 외진 농촌마을에 들어선 작은 보건진료소가 한국건축문화대상과 한국농어촌건축문화대상을 수상하게 되고, 노인복지관, 장애인 종합복지관, 영주 실내수영장과 대한복싱훈련장까지 영주시에 지어지는 공공건축물들이 3년 연속 대한민국 공공건축상을 수상하게 된다. 또한 통합 마스터플랜을 바탕으로 이후 7년간 영주시가 확보한 국비만 500억 원이 넘는다.

특히 영주시와 건축도시공간연구소가 주목한 장소가 도시 중심에 위치하면서도 3개의 철도로 인해 고립되어 있었던 삼각지 마을이었다. 오래된 무허가 건축물과 밭이 전부였던 버려진 곳에 적극적으로 공공건축물과 공공공간을 조성하여 지금은 도시의 대표

주변의 공원과의 일체화와 장
애인의 접근성을 고려해 공간
대부분을 지하화한 영주 장애
인종합복지관.(출처: 염철호)

적인 주민의 휴식공간이자 복지공간이며 방문지로 탈바꿈시켰다.

지방의 소도시를 건축명소로 바꾼 영주의 성공은 지자체장의
열린 이해와 강한 의지도 중요했지만 담당 공무원들의 열정, 공공
건축가와 설계자로 참여한 전문가들 모두의 노력이 함께 이룬 결
과라고 할 수 있다. 공공건축이 지역과 주민의 삶을 어떻게 바꿀
수 있는지를 작은 도시 영주는 잘 보여주고 있다.

서울 은평구 구산동 도서관마을

청소년과 만화를 특화한 지역 도서관인 구산동 도서관마을은
다른 공공건축물과 다르게 지역 주민들의 적극적인 요구에서 출
발하였다. 2015년 구산동 도서관마을이 지어지기 전까지만 해도
당시 은평구 전체에 공공도서관은 3개에 불과하였으며, 특히 구산

동의 경우 11개의 초·중·고등학교가 있었음에도 도서관 등의 공공 문화시설이 전무한 상태였다.

　구산동에 도서관을 건립하자는 논의는 2005년으로 거슬러 올라간다. 학부모 자원봉사자들을 주축으로 마을의 문화사랑방을 건립하자는 논의가 시작되었고, 2008명의 주민이 도서관 건립 서명에 동참하게 된다. 은평구는 주민 요구를 바탕으로 도서관 건립을 추진하게 되었는데, 도서관 건립에는 토지 및 건물 매입비를 제외하고 총 65억 원이 소요되었다. 예산을 최소화하기 위하여 신축이 아닌 기존 건물들을 활용한 리모델링으로 사업이 추진되었고, 주민참여 예산제를 통하여 일부 예산을 마련하고, 개별로 조성하기로 한 두 시설을 통합 건립하기로 하면서 마침내 필요한 전체 예산이 확보되었다.

　사업의 기획단계부터도 주민의 의견을 반영하기 위한 체계가 마련되었다. 우선 기본계획 연구용역을 통해 주민요구 파악, 지역자원 조사, 콘텐츠 기획, 활성화방안 등이 검토되었다. 이후의 설계자 선정을 위한 심사위원단 구성과 총괄계획가를 중심으로 한 설계 과정에서도 적극적인 주민 참여와 의견 수렴이 이루어졌다. 설계의 주요 단계마다 주민들이 참여하는 작은 모임의 장을 통해 진행상황과 의견을 공유하였으며, 주민들이 함께 프로그램과 운영계획을 구체화하여 이를 설계에 반영하였다. 준공 이후의 운영 단계에서도 도서관의 기획 및 설계 과정을 함께한 '은평 도서관마을 협동조합'이 운영을 책임지게 되었다.

　이렇게 구산동 도서관마을은 사업의 기획 단계부터 예산 확보, 설계 및 시공, 운영에 이르기까지 전 과정에 지역 주민들이 참여하여 이름처럼 시설이 아닌 마을의 사랑방 역할을 하고 있다. 구산동 도서관마을은 마을을 품은 도서관이자 도서관을 품은 마을이다.

일본 이와테현 시와초의 오가르 프로젝트

시와초는 일본 동경에서 450㎞ 정도 떨어진 인구 3만 8천여 명의 작은 도시다. 점차 잃어가는 도시의 활력을 되찾기 위한 고민 끝에 주목한 곳이 시와중앙역 앞에 10년 이상 방치되어 온 공유지였다. 이 공간에 민과 관이 협력하여 여러 복합시설을 조성하기로 하고, 2009년의 기본계획 수립을 시작으로 본격적인 '오가르 프로젝트'에 착수하게 된다. '오가르'는 성장한다는 뜻의 지역 방언인 '오가루'와 프랑스어로 역을 의미하는 '가르'를 합성한 말이다.

시와초 공공건축 사업의 가장 큰 특징은 지자체가 직접 사업을 추진하지 않고, 주식회사 '오가르 시와'라고 하는 제3섹터의 사업 추진 기관을 신설하여 사업 전체를 민관협력방식으로 추진하였다는 점이다. 오가르 시와를 중심으로 공공건축 사업의 기획부터 개발과 운영에 이르기까지의 전 과정에 다양한 민간의 창의적인 아이디어를 반영하고, 지자체는 사업 추진을 위한 적극적인 협력과 지원을 아끼지 않았다.

2011년부터 이와테현 풋볼센터, 오가르 플라자, 시와초 도서관, 시와초 신청사, 오가르 베이스, 오가르 센터 등 다양한 민관복합시설이 순차적으로 조성되었다. 그 결과 현재 연간 약 80만 명이 방문할 정도로 시와초의 오가르 프로젝트는 일본에서 공공건축을 활용한 성공적인 민관협력형 지역 활성화 사업으로 주목받고 있다.

2012년에 문을 연 오가르 플라자에는 지역 특성을 살려 농업전문 데이터베이스 헤랄 전자 도서관으로 특화한 시와초 도서관과 연간 40억 원의 매출을 올리고 있는 지역 특산품 판매시설인 시와 마르쉐를 중심으로 학원, 카페, 음식점, 의원 등 지역 주민을 위한 다양한 시설이 함께 들어서 있다. 또한 2014년 조성한 오가르 베이스는 일본 최초의 배구 전용 체육관인 오가르 에리너와 숙박시설인 오가르 인이 전국의 배구인과 관광객을 맞이하면서 지역 주민

농업을 테마로 하는 다양한 공
공시설과 함께 주민을 위한 민
간 상업시설이 복합화된 오가
르 플라자.(출처: 건축공간연구
원 윤주선)

의 일자리 창출에도 기여하고 있다.

시와초는 오가르 프로젝트의 성공을 바탕으로 지역의 목재를
활용한 친환경 건축물과 민관협력방식의 복합용도 건축물을 지역
전체로 확장하고 있다. 도시와 농촌의 융합, 관과 민의 융합, 공
공건축물과 민간건축물의 융합을 통해 '성장하는 유니크한 도시'
를 표방하는 오가르 프로젝트는 지금도 지속적인 진화를 거듭하
고 있다.

지역을, 마을을, 생활을 바꾸는 공공건축

매년 1000건이 넘는 많은 공공건축물들이 지어지고 있다. 공공
건축물은 국가나 지자체의 예산으로 지어지며, 설계와 시공을 발
주하고 관리와 운영을 책임지는 주체 또한 국가나 지자체다. 하지

만 실제로 공공건축물을 이용하고 그 영향을 받는 것은 대부분 바로 지역의 주민들이다. 또한 공공건축물은 대부분 내가 낸 소중한 세금으로 지어진다. 따라서 공공건축물의 건축주는 근본적으로 국민이자 시민이고 주민이다.

내가 살고 있는 지역과 마을에 어떠한 공공건축물들이 있는지, 나와 우리 가족이 그 공공건축물들을 얼마나 이용하고 있는지, 누군가 우리 마을을 방문하였을 때 지역 주민들에게 사랑 받는다고 자랑할 만한 공공건축물들이 있는지 다시 생각해 보자. 지역을 바꾸고 마을을 바꾸고 생활을 바꾸는 공공건축물은 대규모의 청사나 문화시설뿐만 아니라 어린이집이자 도서관이자 생활문화센터와 작은 보석 같은 건축물들이다.

흔히 지자체장들은 임기 내 가시적인 성과를 보여주기 위하여 공공건축물을 짓고 싶어 한다. 국회의원들도 지역에 그럴 듯한 공공건축물을 짓기 위한 예산을 확보하고 이를 치적으로 홍보하는 데 열을 올린다. 임기 내 빨리 지으려다 보니 자연스레 기획은 부실해지고 예산 확보에만 관심이 있어 어지간해서는 지역 주민의 의견을 들으려 하지 않게 된다. 우리 주위에는 이렇게 지어져서 주민들이 존재도 잘 모르고 방치되어 있는 공공건축물들이 아직 너무나 많다.

지역을 바꾸는 좋은 공공건축은 공무원, 설계자, 시공자, 그리고 주민이 함께 만드는 것이다. 제도는 최소한의 장치이며, 얼마나 노력과 관심을 가지는 가에 따라 공공건축물의 품질과 운영 프로그램의 수준이 좌우된다. 통합 마스터플랜을 바탕으로 버려진 도시의 공간을 탈바꿈시킨 영주시의 공공건축물, 지속적이고 혁신적인 민관협력을 통해 추진된 오가르 프로젝트, 마을의 사랑방 역할을 하고 있는 구산동 도서관마을 모두 많은 사람들의 노력과 고민을 통해 만들어진 결정체이다. 우리가 함께 만드는 공공건축물이 지역을 바꾼다.

서울시 도심공간,
민간 활력사업에서 배우다

이운용 (중앙대학교 강의전담교수)

공공공간은 공간이용자 배려와 도시경관의 경쟁력 향상을 위한 환경이자, 도시 활성화의 지표로 도심권에서 더욱 중요한 영역으로 인식되고 있다. 최근 코로나19로 인한 팬데믹 발생은 외부와 면한 공간활용의 중요성을 제고하는 계기를 제공했고, 민간을 중심으로 도심 공공공간 활용을 위해 새로운 변화 가능성을 모색하는 경우도 늘고 있다.

최근 해외 업무지구의 경우 근무 시간이 끝나면 텅 비어버리는 도심공간에 색다른 재미와 활력을 만드는 일이 중요 이슈로 부상 중이다. 서울의 대표 업무지구인 여의도 역시 새로운 활력을 모색하기 위해 영등포구와 지역 내 민간기업이 서울시 타운 매니지먼트 시범사업 공모에 참여했고 2020년 사업지로 선정됐다.

여의도 금융개발진흥지구 타운 매니지먼트는 지난 6월과 11월 여의도 국제금융 중심지 내 공공공간을 활용, 민간 활력사업을 추진했다. '여의도 국제금융 중심지'하면 떠오르는 이미지는 업무지구 특유의 보수적 분위기와 고층 건물 사이로 양복을 차려입은 금

민간 활력사업 장소로 사용된 여의도 신영증권 전면 공간.(출처: 이운용)

융업 종사자들이 바삐 걸어가는 모습이다. 실제 점심시간 이외에는 지나다니는 사람을 잘 볼 수 없을 뿐더러 대다수 증권사, 금융사 건축물은 보도와 만나는 건물 전면부를 주차장과 드롭오프존Drop-off zone으로 사용하고 있어 보행자가 자동차를 피해 다녀야 한다.

새로운 일상의 만남, 여의도 민간 활력 사업

여의도 민간 활력사업은 국제금융 중심지의 위상에 맞는 활기찬 도시 공간 창출과 새로운 일상을 경험할 수 있는 여의도 구축을 위해 건축물과 연계된 공공공간의 활용을 목표로 설정했다. 여의도 타운 매니지먼트의 사업추진 주체는 왜 이 사업이 필요한가(사업추진의 당위성), 어떤 공간을 활용할 것인가(사업의 대상), 사업을 통해 얻고자 하는 바는 무엇인가(사업성과)에 대한 논의를 시작했다. 그 결과 장기간의 팬데믹으로 지친 금융인, 주민, 방문객들에게 사회적 안전을 지키며 즐길 수 있는 공공공간을 제공, 지역 활력을 회복하는 계기를 마련하자는 공감대가 형성됐다.

사업 추진 장소는 민간부문으로 여의도 타운 매니지먼트에 참여 중인 신영증권의 전면공지를 활용했다. 신영증권은 건물 전면부를 주차장으로 활용하다 2018년 신사옥 정비 당시 문화 교류와 상권 활성화에 기여하는 '복합문화공간'을 만들었다. 기업의 사회적 공헌활동이 공간복지로 구현된 좋은 사례로, 현 제도에서는 민간이 공공공간을 활용하는 데 여러 제약이 존재하는 점을 감안하면 지역 활성화 차원에서 민간소유 공간의 다양한 활용방안을 모색하는 것도 하나의 대안임을 확인할 수 있는 기회였다.

민간 활력사업이 갖는 의의는 시민들의 인식변화와 관심을 유도해 공공공간을 지속적으로 활용하는 더 다양한 방법과 개선방안을 찾아나가는 데 있다.

여의도 민간 활력사업의 콘셉트는 '여의도에서 만나는 새로운 풍경Scape'으로, 다양한 풍경 안에 여의도의 일상을 담아내 컬러풀한 도심공간을 창출하는 것이었다. 6월에 추진된 사업 테마는 '시네마 스케이프Cinema Scape'였다.

실내에서 함께 커피 한 잔 마시기도 어려운 시기에 사회적 거리를 준수, 부담 없이 쉴 수 있는 휴게공간이 신영증권 전면부 야외공간에 마련됐다. 공연을 준비하고 야외영화관을 설치, 점심시간에 잠시나마 문화생활이 가능하도록 했다. 여름 날 캠핑의 여유를 선사하기 위해 설치된 포토 캠핑존에서 사진도 찍고, 휴식을 취하는 여유로운 여의도의 일상이 하나의 풍경으로 담겼다. 문화공연 관람에 목말라 있던 때, 여의도 한 복판에서 울려 퍼지는 음악과 영상에 시민들의 반응은 뜨거웠고 여의도에 거주하는 주민들도 좀처럼 볼 수 없었던 행사에 관심을 갖고 참여했다.

11월 진행된 사업은 '저랑 게임 하나 하시겠습니까?'를 캐치프

구슬치기 · 제기차기 등 다양한 놀이가 열렸던 '플레이 스케이프'.(출처: 이운용)

레이즈로 하는 '플레이 스케이프Play Scape'가 테마였다. '오징어게임'을 통해 아날로그 게임에 대한 관심이 한창일 때, 도심공간에서 아날로그 게임을 해보면 어떨까 하는 의견에서 테마를 검토했고 어른들의 놀이터를 만들었다. '무궁화 꽃이 피었습니다!'를 필두로 제기차기, 구슬치기, 딱지치기 등 일상에 재미를 선사하는 체험형 콘텐츠가 운영됐다. 또 사전 공모를 통해 선정된 참가자가 자신의 시선으로 느끼는 여의도의 여러 모습을 사진으로 찍어 전시하기도 했다. 내가 사는 곳, 내가 일하는 곳에 대한 지역주체들의 관심을 환기하려는 시도로 게임에 열정적으로 참여하는 참여자들의 모습과 함께 여의도에 활기 있는 풍경이 만들어졌다.

　사업 중 두 차례 진행한 설문조사는 공공공간 활용에 관한 지역의 인식변화를 잘 보여준다. 설문참여자의 약 60% 이상을 차지한 여의도 내 노동자들은 공공공간 활용에 대한 질문에서 잠시 머리

도심 속 캠핑을 주제로 설치된 포토존.(출처: 이운용)

를 식힐 휴식공간이 없다는 의견에 공감도가 높았고, 그럼에도 휴식을 취하기 위해 찾는 야외 도심공간은 카페의 테라스와 소공원이라고 응답했다. 평소 여의도 지역을 다니며 느낀 불편함에 대한 질문에는 40% 이상이 건물 전면부에 차량 통행로, 주차장 등이 조성돼 있어 보행안전에 많은 주의를 기울여야 한다는 점을 꼽았다. 차순위로 휴게공간과 주차공간이 부족해 불편하다는 의견과 좁은 보도폭, 흡연구역 부족, 길찾기 어려움 등도 문제점으로 짚었다. 불편한 점을 개선한다면 얻을 수 있는 성과로는 휴식과 여유가 있는 야외공간을 이용하면 업무효율 향상에 긍정적인 영향을 줄 수 있을 것 같다는 의견과 활력 있는 도시 분위기가 형성될 수 있을 것 같다는 응답이 70% 이상이었다.

6월 조사에서 낮은 비율을 보였던 여의도 금융개발진흥지구에 대해 인지도는 11월 조사에서 약 2배 이상 증가했고 타운 매니지먼트와 같은 민간 활력사업의 필요 이유를 묻는 질문 중 도시 공간이 사람과 활력중심 공간으로 변화할 필요가 있다는 의견에 과반 이상의 응답률을 보였다. 또 여의도를 국제금융 중심지로 육성하기 위해 중점적으로 추진할 사업은 가로환경정비로 2차례 모두 40% 이상이 공감했다. 이 설문조사를 통해 도심공간의 민간 활력사업이 지역에 대한 관심을 고취하는 매개로 기능할 수 있다는 사실을 알았다. 또 사람과 활력을 우선시하는 양질의 공공공간에 대한 지역의 수요가 높다는 점도 파악할 수 있었다.

누군가는 공공공간에서 일어나는 행사, 이벤트, 프로그램이 여의도 민간 활력사업과 유사하다고 느낄 수 있을 것이다. 그러나 장기적인 지역의 비전에 근거해 추진되는 민간 활력사업은 지속가능하고, 자력적인 지역 활성화를 목적으로 움직이는 유동적 사업으로 단발적으로 추진되는 타 활동과 차별화된다. 즉, 지속가능하고 자력적인 지역 활성화를 위한 필수 조건인 민간주도형 조직, 공공공간 활용을 통한 재원 마련, 지역적 이슈에 대응하며 지역으로 재환원되는 다양한 활동과 공적 서비스를 체계화하는 과정에서 공공공간의 활용방향을 실험하는 접근방식으로 이해할 필요가 있다.

이런 측면에서 타운 매니지먼트 추진 시, 지역주체들과 친밀한 관계를 형성하는 장소로 공간의 매력을 공유하기 위해 공공공간을 중점적으로 활용하게 되며 운영재원과 연계해 자원화하는 방안을 강구하게 된다.

지역 비전과 함께하는 민간 활력사업

여의도 민간 활력사업에서 매력적인 공공공간 창출을 위한 몇 가지 시사점을 찾아본다. 첫째, 공공공간 활용을 통한 재원 마련에 있어 민간소유 공공공간의 활용가능성이다. 공공소유 공간활용을 통한 자원화는 제도적으로 극복해야 할 부분이 존재하나 민간소유

여의도 민간 활력사업이 여의
도에서 만나는 새로운 풍경을
콘셉트로 진행됐다. 시네마 스
케이프에 참여한 이들이 음악
감상을 즐기는 모습.(출처: 이
운용)

공간은 싱대직으로 용이하다. 따라서 민간 활력사입 추진 시 민간
소유 공간도 사업대상지로 확대, 자원화 가능성을 높이는 것을 고
려할 수 있다. 가령 민간소유 공간에 비어가든을 설치한다면 판매
수익으로 운영재원을 마련하는 동시에 퇴근 후 야외에서 시원한
맥주를 즐길 수 있는 장소로 특화시킬 수 있을 것이다.

둘째, 공공공간 조성 및 정비 전, 매력적인 도심공간 창출을 위
해 다양한 민간 활력사업을 시도하는 것이 필요하다. 물리적으로

공공공간이 조성되면 이를 변경하기는 쉽지 않다. 민간 활력사업을 통해 공간변화에 대한 수요와 이용행태 등 추이를 파악하고, 이를 토대로 공간을 점진적으로 개선해 나간다면 공간 안에서 일어나는 활동으로 인해 활력이 지속되는 공간을 구축할 수 있을 것이다.

끝으로 지역을 대표하는 도시 브랜딩 수단으로 민간 활력사업을 활용할 수 있다. 여의도의 경우 다양한 아이디어를 '풍경Scape'이라는 테마와 접목, 사람과 공간의 활기와 분위기를 지역의 특성으로 발전시켜갈 것이다. 일관적인 테마를 바탕으로 하는 정기적인 사업추진은 여의도에서 일하고, 여의도를 찾는 사람들에게 여의도를 표상하는 이미지로 기억될 것이며, 앞으로 이어질 사업에 대한 기대와 관심을 증가시킬 것이다.

갈등의 자율적 해결 역량이
도시 경쟁력이다

박태순(한국공론포럼 상임대표)

갈등은 복수의 사람들이 목표, 가치, 이해관계, 의미와 해석, 정체성 등이 충돌하면서 쌍방 혹은 상대에게 부정적인 영향을 끼치는 상태를 말한다. 다양성과 차이가 특징인 현대 사회에서 디지털 전환이란 사회변동까지 겹쳐 도시가 각종 갈등으로 몸살을 앓고 있다. 아파트 층간소음에서 영구임대–일반분양아파트, 도로 공동 이용 갈등, 소각시설 등 도시 편의시설 건설 갈등에 이르기까지 갈등의 규모와 원인, 진행 양태도 천차만별이나 갈등에서 자유로운 도시는 없다.

갈등의 규모, 주체, 시점

도시에서 발생하는 모든 갈등은 제각기 다른 모습을 띠고 있으나 이를 갈등 규모, 주체, 발생 시점에 따라 몇 가지로 구분해 볼 수 있다.

갈등의 규모 면에서 작게는 조망권, 층간소음, 주차장 활용 등

과 같이 개인 혹은 가족을 단위로 하는 갈등, 임대아파트와 분양 아파트 주민 간 공간 활용, 생활도로 건설 혹은 변경 등과 같은 아파트 단지 혹은 마을 단위 갈등도 있다. 소각시설, 음식물처리시설 등과 같은 편의시설 설치 혹은 변경을 둘러싼 갈등, 장례시설 · 교정시설 · 요양시설 · 복지시설 등의 유치 여부를 둘러싼 갈등, 도로 · 철도 등 교통 시설의 신설 혹은 위치 결정을 둘러싼 갈등도 갈등의 주요 대상이 되고 있다.

광주도시철도 건설 여부, 대전 월평공원 활용 방안 등과 같이 시민 전체가 잠재적인 이해관계자가 되는 갈등도 있고, 마창진 통합과 같이 도시–도시 간 갈등도 있다. 갈등의 규모가 커질수록 갈등에 따른 사회적 비용과 영향력은 커질 수밖에 없다.

갈등은 주체 면에서 주민 대 주민, 주민 대 기업, 주민 대 공공 기관 갈등으로 크게 구별할 수 있다. 주민 대 주민 갈등은 층간소음과 같이 사생활 침해와 관련된 갈등과 같이 빈발하지만, 사회적 영향력은 제한적이다. 사생활 침해와 사업이나 시설 유치에 따른 주민 간 비용–편익 불일치가 갈등의 주요 원인으로 작용한다.

주민 대 기업 간 갈등의 대표적인 사례는 쇼핑몰 등 대규모 상업시설 유치 여부, 주민의 건강 혹은 안전, 주변 생태계 훼손이 우려되는 공장, 보관창고, 폐기물 시설 건설을 둘러싼 갈등이 대표적이다. 이전엔 주민 불만을 보상 등을 통해 무마해 왔으나, 삶의 질을 중시하는 현시점에서 주민 요구는 증가하고 갈등 해결은 쉽지 않다.

주민과 공공기관 간 갈등의 대표적인 사례는 각종 편의시설 유치를 둘러싼 갈등이다. 도시민 전체의 편익을 증진하기 위해 불가피한 선택이라는 공공기관의 입장과 이를 주민 삶에 미치는 영향에 따라 혐오시설 혹은 선호시설로 인식하는 공공기관과 주민 간 인식 차이에서 비롯되는 갈등이다. 주민의 의견을 무시한 공공기관의 일방적이고 권위적인 사업 추진이 갈등의 주요 원인으로 작용하였으나, 갈등관리 제도화 등을 통해 갈등 건수는 감소 추세에 있다.

갈등 발생 시점과 관련해서는 신도시 건설과 같이 구상 혹은 기획 단계에서 발생하는 갈등, 환경영향평가 등 계획 수립 및 보상 단계에서 발생하는 갈등, 관리 책임 주체 등과 같이 건설 이후 운영 과정에서 발생하는 갈등이 있다. 갈등 해결 노력은 사업 초기일수록 효과적이라는 것은 이제 상식에 속하는 일이 되었으나, 실제 사업은 정반대로 진행되는 경우가 많다.

갈등의 원인과 특징

갈등의 성격과 특징을 살펴보기 위한 대표적인 방법은 갈등 발생의 원인을 살펴보는 것이다. 갈등 발생의 대표적인 원인은 크게 가치관의 차이, 이해관계 충돌, 사실관계에 대한 인식 차이와 더불어, 소통 부재, 제도 미비나 비현실성, 역사적 경험과 정체성 차이 등으로 구분할 수 있다.

갈등의 성격과 특징 면에서 도시는 농어촌 등 전통 촌락과 차이

임대·분양 아파트의 갈등 사
례.(출처: 박태순)

를 보이지만, 같은 도시라고 해도, 전주, 광주, 나주처럼 전통적인
촌락이 확장되고 발전하여 형성된 도시와 분당, 일산, 마곡, 위례
처럼 인위적으로 조성된 신생도시 간에는 차이가 작지 않다. 이런
차이를 고려하지 않고, 도시에서 발생하는 일반적인 갈등의 특징
을 몇 가지 살펴보면 다음과 같다.

전통적인 촌락의 경우, 혈연, 지역, 학연, 정서적 유대, 위계질
서 등에 기반하고, 도시에 비해 동질성이 강하다. 거기에 현대에
이르러 약화하고 있긴 하지만, 아직도 문제를 자체적으로 해결하
는 시스템이 갖춰져 있다. 동질성과 정체성이 강한 만큼 가치 갈등
이 적고, 이해 갈등은 공동체 내에서 전통적인 방식으로 해소된다.

갈등이 발생해도 자체 조정 메커니즘을 통해 갈등이 심화되지
않도록 관리하게 되지만, 관리 범위를 벗어나는 경우 감정적·정
서적 요인까지 결합하여 매우 심각한 상황에 이르게 된다. 또한 내
적인 결속이 강한 만큼 다른 공동체와 이해가 상충하는 경우 갈등
은 매우 심화되고 장기화될 가능성이 높다.

도시는 익명성과 개별성이 강하고, 경쟁과 이해관계 충돌이 일상화된 공간이다. 개별적 선호와 가치관의 차이가 가치 갈등의 기반을 이루고 있고, 삶의 개방성은 약하고 일상적 소통은 기대하기 어렵다. 전통적인 촌락과 달리, 갈등을 예방하거나 조정할 수 있는 자체 메커니즘도 갖추고 있지 못하다.

이런 상황에서 심화된 갈등은 대부분 법적 소송을 통해 해결한다. 갈등의 법적 해결이 도시에서 발생한 갈등의 대표적인 해법이다. 여기에 최근 디지털 전환과 SNS의 일상화에 따른 정보 편식, 가짜뉴스, 확증편향, 집단화, 극단화는 갈등 발생을 부추기는 주요 요인으로 등장하고 있다.

갈등해결의 의미

정서적 동물이고, 타인과 경쟁뿐 아니라, 협력을 통해 삶을 영위하고 문화를 일궈온 인간에게 갈등해결conflict resolution은 갈등을 일으킨 문제의 해소 차원에 머무르지 않는다. 갈등의 진정한 해결은 문제의 해소problem settlement를 넘어, 관계 회복relationship recovery을 요구한다.

우리 도시는 거의 모든 분야에서 갈등은 다발하고 있으나, 그 속에 사는 시민은 갈등을 스스로 자체적이고, 협력적으로 해결하지 못하고, 법적 권한을 가진 타인(판사)의 강제력을 통해 해결하고 있다. 각종 소송으로 갈등해결 비용은 증가하고, 관계는 오히려 악화되고, 갈등에 따른 사회적 분열과 적대는 날로 커진다. 그렇다고 갈등을 자체적으로 해결하던 전통사회로 되돌아갈 수도 없다.

또한 갈등의 주체가 바뀌고 있다. 공공기관과 시민(주민)간 공공갈등 중심에서, 시민사회 내부 다양한 조직과 집단간 갈등, 시민과 시민 간 갈등, 즉 사회갈등으로 갈등의 주체가 변하고 있다. 바야흐로 선진국형 갈등의 출현이다. 공공기관이 한 축을 이루는 공공

갈등의 경우, 공공기관은 갈등의 당사자이자, 갈등을 관리할 책임 주체이고, 갈등 해결을 위해 공적 자원을 활용하게 된다.

반면 사회갈등의 경우, 시민 다수가 갈등의 직·간접적 이해관계이지만, 갈등해결 책임을 특정하기 어렵고, 해결에 필요한 재원 조달도 쉽지 않다. 사회갈등 해결은 말 그대로, 시민사회의 갈등해결 의지와 역량에 달렸다고 말할 수 있다. 갈등을 스스로 해결해본 경험이 부족한 우리의 경우, 큰 난관에 직면한 것이다.

갈등해결의 기본 방향

갈등 해결의 최선책은 '예방'이다. 갈등 발생 가능성을 사전에 진단하고 갈등 발생 요인을 줄여야 한다. 기반시설이든 편의시설이든, 해당 사업의 영향권 내에 있는 시민(주민)의 이해와 요구를 사전에 파악하고, 시민 간에 비용—편익의 불일치가 최소화될 수 있도록 해야 한다. 또한 법적 절차만을 갖춘 요식행위가 아니라, 시민(주민)의 의견을 사전에 실질적으로 수렴하기 위해 노력해야 한다. 주민의 요구를 충분히 반영하기 어려운 현실적인 상황에서 대화와 설득, 이해와 공감 형성이 무엇보다 중요하다. 분배적 정의와 절차적 정의의 실현, 설득과 공감 형성이 갈등 예방과 해결의 지름길이다.

둘째는 갈등의 '자율적 해결'이다. 갈등 당사자가 갈등을 해결하지 못하고, 큰 비용과 시간을 들여 법의 심판에 의지하는 것은, 많은 경우 관계 파괴적이고, 반발효과Backlash를 낳게 된다. 생활 주변의 작은 문제들부터 대화와 타협을 통해 해결해가는 훈련이 필요하고, 필요한 경우, 공공기관은 심판자가 아니라 조정자로서 역할을 해야 한다.

셋째는 차이와 다양성에 대한 인정과 존중이다. 누구나 동의하는 말이지만, 좁은 공간에서 이질적 문화를 배척해 온 한국인에게

광주 중앙공원에 대한 주민친
화형 공원 조성을 위한 자발
적 주민 공론장 운영 모습.(출
처: 박태순)

이질적인 것과의 공존은 말처럼 쉽지 않다. 차이를 감내할 줄 아
는 내성을 길러야 한다. 차이를 인정할 때라야, 차이를 넘어선 대
안 도출이 가능하다.

　이제 도시에는 국민 80% 이상이 살아가고, 도시민 40% 이상은
홀로 살아간다. 개별성이 강한 개인들이 살아가는 도시는 국가나
공공기관만으로 운영될 수 없다. 직면한 문제를 해결하고, 행복
한 도시를 만들기 위해서는, 자신과 다른 사람과 만나 머리를 맞
대고 논의할 줄 알아야 한다. 그 과정에서 갈등은 필연적으로 발
생하게 된다. 발생한 갈등을 비적대적이고 생산적이고 평화적으
로 해결할 역량을 갖춰야 한다. 21세기 도시민이 갖춰야 할 기본
요건이다.
　당진 산업폐기물 처리장 관련 공론화, 광주 중앙공원 주민공론

장 등을 포함하여 갈등과 문제해결에 대한 새로운 접근과 시도들이 이어지고 있으며, 괄목할 만한 성과를 거두고 있다. 시민의 잠재 역량이 빛을 발하기 시작했다.

도시공간의 새로운 정상성을 찾아서

김세훈(서울대학교 환경대학원 교수)

　벌써 3년째 코로나19는 우리 일상을 지배하고 있다. 현 인류는 처음으로 국경봉쇄와 이동억제를 경험했다. 해외에서는 일시적이지만 공공시설부터 이발소까지 문을 닫았다. 전 지구적 '멈춤'은 2020년 4월 전후로 정점을 찍었다. 전 세계 약 44억 명(인류의 56%)이 락다운에 들어간 것이다. 최근 느슨한 거리두기와 일상 회복으로의 전환도 이루어지고 있다.

　변화한 일상 중 하나는 음식배달의 보편화다. 한국에 '배민'과 '요기요'가 있듯, 미국에는 '도어대시'와 '우버이츠'가 코로나19와 함께 크게 성장했다. 물론, 이미 몇 년 전부터 서비스는 시작했지만 코로나19로 인한 도시봉쇄 및 거리두기와 함께 주문량이 폭발적으로 늘어났다. 중국의 경우 음식배달 시장을 '메이퇀'과 '엘레미'가 양분하고 있다. 감염 확산에 대해 강력한 도시봉쇄를 고집한 중국 정부의 제로 코로나 정책, 스마트폰 보편화와 중산층의 구매력 증가, 풍부한 라이더 풀 등의 사업 여건을 바탕으로 메이퇀은 작년 말 기준 이용자가 6억 7000만 명을 기록했다. 이렇게 인류는

현대도시는 마주침과 밀접 접촉, 시간-거리 압축과 용도 분화를 통해 크라우드 비즈니스가 잘 작동하게끔 만들어졌다. 그림은 코로나19 팬데믹 전의 뉴욕 시 타임스퀘어.(출처: 김세훈)

새로운 정상성, 즉 '뉴노멀'을 받아들이고 있다.

그럼에도 잊지 말아야 할 것이 있다. 우리가 몸담은 도시는 애초 팬데믹 상황을 고려하여 디자인되지 않았다. 현대도시는 '밀접접촉'과 '실시간' 패러다임의 산물이다. 집약적 생산과 대량소비, 대면교류를 통한 혁신을 위해 사회·경제 자원을 좁은 영역에 빼곡하게 모은다. 최적 입지에는 도심부를 조성하고 초고층 빌딩과 상업·업무지원시설을 집적시키며 그 주변에 주거, 여가, 물류 기능을 특화하고 교통망으로 연결한다. 이렇게 도시는 시간-거리 압축과 용도 분화를 통해 크라우드 비즈니스business of crowds가 잘 작동하게끔 진화했다.

코로나19는 이런 기반을 뒤흔들었다. 크라우드 비즈니스가 멈춘 도시는 정상적으로 작동하지 않았다. 그 단적인 예가 전 세계 도심부의 높은 공실률 행진이다. 현재 런던과 뉴욕의 오피스 공실률은 각각 18%, 16% 수준이다. 이는 글로벌 금융위기(2007~09) 때보다도 높다. 업무용 빌딩 대여섯 채 중 하나는 텅 빈 셈이다. 서울 도심부에서는 중대형 상가 공실률이 코로나 이전 4% 수준에서 작년 4분기 17.9%까지 치솟았다. '더 가까이, 빽빽하게, 동시에' 일하고 소비하는 루틴으로 성장 엔진을 달구었던 현대 도시는 코로나19로 새로운 국면을 맞이했다.

해외에서는 코로나19로 교통사고 사망자가 증가하는 기이한 현상도 나타났다. 원래 전쟁이나 금융위기 등으로 국가경제가 안 좋으면 물류와 차량 이동이 줄고 따라서 교통사고도 감소하게 마련이다. 하지만 2020년 기준 미국에서는 총 차량 운행거리가 줄었음에도 교통사고 사망자는 전년 대비 3,000명 정도가 증가했다. 왜일까? 사회적 고립과 불안감이 더 많은 운전자를 과속, 신호위반, 약물복용, 안전띠 미착용으로 몰아넣었다. 그 결과 주행을 짧게 해도 치명적인 사고 빈도는 더 높아졌다.

코로나19가 바꿔놓은 사회

코로나19로 성큼 다가온 뉴노멀 사회는 어떤 모습일까? 우선 일하는 공간과 직장 문화를 살펴보자. 이제 재택·원격·시간선택 등 유연근무는 거스를 수 없는 물결이다. 집과 카페처럼 편한 장소를 골라 회사와 합의된 적정량의 업무만을 소화한다. 출근하더라도 시간은 탄력적으로 정하고, 남은 시간을 쪼개어 재테크와 취미생활도 한다. 업무내역은 온라인에 투명하게 남아 일한 만큼 인정받을 수 있고, 덤으로 원치 않는 회식에 끌려다닐 일도 '월급 루팡' 부장님의 눈치를 볼 일도 없다. 이런 매력 때문일까? 마이크로소프트에서 전 세계 근로자 3만 1092명을 설문 조사한 결과 무려 73%가 재택근무를 선호했다.

유연근무의 확산은 도시를 바꾼다. 팀원 전체가 같은 시간에 모

일 필요가 없으니 출퇴근 시간 교통체증도 덜하고 회사 주변 식당가와 헬스장도 한산해졌다. 촉박한 업무는 오히려 집에서 처리하고, 교류와 비대면 비즈니스를 위한 최적 업무 환경을 찾아 밖으로 나선다. 그렇다고 전통적인 사무실이 아예 사라지는 것은 아니다. 눈을 마주치며 미묘한 메시지와 복합적 감정을 전달하는 대면 교류는 대체 불가하기 때문이다. 이에 따라 업무공간은 프로젝트 초기 아이디어 교환이나 기획, 집중 협업과 성과에 대한 질적 평가, 상사와의 개인 면담 혹은 회사가 제공한 복지 프로그램 이용을 위한 장소로 특화될 것이다.

교육은 교실 밖으로, 또 디지털 환경으로 스며들고 있다. 의지를 가진 학생과 교사가 온라인에서 만나면 학습은 어디서든 이루어질 수 있다. 특히 고등교육의 경우 코로나19 기간에 교육자와 피교육자 모두 에듀테크 플랫폼 기반 비대면 수업에 놀라울 정도로 잘 적응했다.

필자가 속한 서울대학교 환경대학원에서 설문 조사한 결과 응답학생 90% 이상이 비대면강의를 선호했다. 이번 학기 필자의 박사과정 수업은 파워포인트가 아닌 앱 기반 워크스페이스 Notion을 활용한다. 담당교수가 수업의 기본 구조만 잡아놓으면 참여 학생이 내용을 직접 채워 넣는다. 대면 수업 중 피드백을 통해 나머지 내용을 정교하게 만든다. 이렇게 강의는 온라인 기반 콘텐츠로, 참여자 피드백에 실시간 반응하는 열린 시스템으로 바뀌고 있다. 앞으로 아날로그 기반의 교실이 개방되고, 수업은 열린 시스템으로 들어오고, 통학권 중심의 생활권은 재편될 것이다.

뉴노멀 시대, 새로운 사회를 위한 도시 조건

코로나19가 앞당긴 새로운 사회를 위한 뉴노멀 도시의 조건은 무엇일까? 상상의 나래를 조금 펼쳐보자. 우선 물리적 도시 공간은 비대면 비즈니스와 플랫폼·데이터 기반 활동과 효과적으로 결합해야 한다. 기존 도시에서 마트, 문방구, 서점, 노인정, 은행 점포가 자취를 감추고 있다. 그 자리를 앱 기반 배달서비스, AI 맞춤형 제품 판매점, 시간제 무인 스터디카페, 전 지점 회의실 이용이 가능한 공유 오피스, SNS로 홍보하는 브랜드 팝업스토어가 채우고 있다. 이제 소비와 업무도 닫힌 시스템에 안주하면 경쟁력을 잃고 만다.

이를 도시정책과 연결해 보자. 우리 정부는 2019년 '생활 SOC 3개년 계획'을 통해 체육, 문화, 아이돌봄, 공공의료 같은 시설을

네덜란드 로테르담 정부가 소
상공인의 영업공간 확보를 위
해 무상으로 지원한 테라스 공
간.(출처: Buurman Rotterdam)

만드는데 총 30조 원 이상을 투자했다. 이를 통해 지난 3년간 전국적으로 공공도서관 217개, 수영장 180개, 체육관 385개 등이 만들어졌다. 도로나 철도 같은 회색 인프라grey infra가 아닌, 국민 삶과 직접 연결된 생활기반시설, 즉 라이프 인프라life infra가 늘어난 점은 무척 바람직하다. 하지만 각 시설이 고정된 인력과 개별 프로그램으로 운영되면 공공서비스에 대한 눈높이가 높은 국민들에게 외면 받을 것이다. 유사한 콘텐츠는 네트워크로 연결되어야 하고 공간 이용과 대여, 프로그램 검색은 앱을 통해 가능해야 한다. 민간 참여를 통해 교육·문화 서비스는 매달 업데이트되고 대면·비대면 동시 접근이 가능해야 한다.

나아가 코로나19와 저출산 및 지방소멸로 늘고 있는 폐교, 빈 점포, 유휴공간을 적극적으로 활용해야 한다. 네덜란드 로테르담의 경우 코로나19로 피해가 큰 소상공인들이 유휴공간을 활용해 영업 활동을 하면 그 비용 일부를 지자체가 지원한다. 상점 앞 주차공간의 경우 허가 없이도 영업을 위한 점유가 가능하다. 이는 과거의 피해에 대한 보상 차원에 머무르는 게 아닌, 코로나19로 잠들어버린 골목상권을 깨울 변화의 씨앗에 물을 주는 미래지향적 투자다.

집과 생활권 측면에서 '혼O + 홈O'시대가 열렸다. 혼밥, 혼술, 혼놀에서 홈오피스, 홈카페, 홈메이드도 퍼졌다. 집에 있는 시간이 늘었지만, 가사노동을 혼자 부담하지는 않는다. 요리, 청소, 빨래, 집 정리, 반려동물 보살핌을 외주화로 해결한다. 이렇게 확보한 시간은 나에게 재투자한다. 해외여행은 못 가지만 근거리 여행지에서 조용히 감성차박을 즐기고, 여러 사람이 서먹하게 모이는 회식은 피하지만 단짝 친구와 홈파티를 즐긴다. 평소 공원을 자주 찾지 않던 아이도 등교 중지 기간에 적극적으로 집 주변의 자연을 찾아 나선다. 그러면서 집과 주변 생활권에 대한 자신만의 기준을 세우고 까다롭게 선택하는 세대가 늘어난다. 이런 변화에 잘 대응하는 생활권은 많은 사람에게 선택받을 것이고, 그렇지 못한 아파트촌은 난개발 노잼 단지로 전락한다.

좀 더 작은 규모로 할 수 있는 일도 있다. 내일부터 내 사무실의 구성을 바꿔보면 어떨까? 직원들이 출근하면 사물함에서 개인 짐을 찾아 그날 기분과 업무 특성에 따라 햇볕이 잘 드는 창가나 카페 라운지 등 원하는 곳에 앉는다. 모든 자리에 멀티탭과 모니터가 갖추어져 있다. 때로는 다른 팀 가까이 앉아 새로운 분위기와 업무용어도 익힌다. 중간중간 팀 작업이나 개인적 몰입을 위한 회의실이 있어 원할 때 앱으로 예약한다. 업무 외 사교 목적의 파티룸 예약이나 회사 N잡러를 위한 교육 프로그램 수강, 혹은 헬스장 PT 이용 등에 쓸 수 있는 크레딧이 매달 직원의 앱 계정에 채워진다. 회사는 직원 복지와 인센티브 제공에 이러한 크레딧을 활용한다. 어떠한가? ○○○ 1팀, ○○○ 2팀으로 칸막이 친 사무실에서 직급순서로 앉아 있고, 중간관리자에게 성과만이 아닌 태도와 인성을 평가받아야 하는 지금의 업무 환경으로 돌아가고 싶지는 않을 것이다.

감염병에도 안전한 '회복도시' 만들기

이제선(연세대학교 도시공학과 교수)

현대 도시는 인구 과밀, 물리적 환경으로 인한 스트레스 및 복잡한 도시 생활로 인해 도시인들에게 만성 스트레스, 우울증 그리고 정신질환 등과 같은 정신적 고통에 시달리는 비율이 점점 증가하게 하고 있다. 특히 소셜미디어 성장과 더불어 도시에서 사회적 연결 및 사회보장 체계 등의 변화는 도시인들에게 더욱 고독과 외로움을 주고 있으며, 지금까지도 전 세계적으로 확산하고 있는 코로나19는 이를 더욱 가속화하고 있다.

질병으로부터 도시인을 더욱 안전하고 건강하게 살게 하는 물리적 환경을 만드는 도시설계는 공중보건과 더불어 다시 한 번 중요한 분야로 대두되면서 감염병으로부터 안전하면서도 건강을 회복시킬 수 있는 회복도시Restorative City라는 개념이 나타나고 있다.

팬데믹과 도시환경

2019년 말부터 시작된 코로나19로 인해 불확실성, 불안, 사랑하

팬데믹을 겪으면서 사람들은 기존과는 전혀 다른 방법으로 도시가 설계되고 구성되어야 한다는 점을 깨닫기 시작했다. 그중에서도 도시 공원의 중요성은 더욱 커지고 있다. 사진은 광주시청 앞 공원(출처: 이제선)

는 사람의 죽음, 생계 및 안전의 손실 그리고 삶의 계획 수립 관련 불안전성 등으로 전 세계 수백만 명이 신체적·정신적 질병을 경험중이다. 팬데믹 전에는 도시가 좁다고 느끼면서 일터와 휴식 공간을 향해 오가던 수많은 사람이 갑자기 전면 봉쇄라는 정책들로 집과 마을에 갇히게 되거나 사회적 거리두기를 위해 만들어진 바닥표식 및 보행로 차단 같은 수단들은 우리가 그동안 함께 했던 우리의 지역 및 마을들과 어떻게 관계를 재설정해야 하는가 등 도시 사용법에 많은 변화를 주고 있다.

상업시설, 직장, 오락시설, 문화시설, 스포츠 시설, 교육시설들이 문을 닫거나 출입이 제한되고, 사람들 간의 신체적 접촉을 제한하는 정책 등으로 인해, 정신건강을 보호하기 위한 사회적 만남, 놀이 및 스포츠와 같은 다양한 활동에 참여하는 기회가 사라지거나 대폭 감소했다. 팬데믹 동안 사회적 거리두기는 사람 간에 어떻게 교류하고 더불어 살아야 하는가에 근본적인 의문을 가지게 하며 공공장소에서의 생동감은 사라져가고 외부공간에서 안전한 공간을 차지하려고 서로 싸우는 것과 같은 새로운 긴장감을 높인다.

감염병의 과거와 미래

감염병으로 인한 도시민들의 삶의 질 저하는 21세기만의 문제는 아니었기에, 1900년대 에베네저 하워드는 과밀과 세균으로 인한 감염이 일반화된 슬럼 지역을 가지고 있던 런던이 가진 문제를 해결하기 위해 전원도시Garden City 모델을 제안했다. 1920년대 스위스 출신 건축가 르 코르뷔지에는 풍부하고 넓은 녹지공간에 타워형 건물들이 들어서고 유리창 건물들을 연결하는 빛나는 도시Radiant City를 제시하기도 했다.

지금 우리 도시는 팬데믹으로 인해 불확실성, 불안감 및 상실감을 발생시켰지만, 한편으로는 도시디자이너, 도시계획가 및 공공보건 전문가들 그리고 여느 때와는 다르게 이러한 팬데믹 속에서 살아야 하는 사람들에게 전환 시기가 도래했음을 느끼게 만들고 있다. 안전하고 건강한 주택 공급, 공기질 저하와 같은 환경적 스트레스 요인에 대한 노출 감소, 우울증 비율은 줄이는 데 효과적

인 녹지공간에서의 운동 증가 등은 도시민의 건강과 물리적 환경과의 관계를 보여주는 사례다.

도시민의 신체적·정신적 건강이 중요한 쟁점으로 대두되는 이유는 팬데믹과 같은 상황에서 신체적 건강도 중요하지만 이로 인한 정신적 건강이 문제가 되고 있기 때문이다. 당연한 것으로 여겨졌던 도시기반시설과 일상으로부터 잠시 떨어져 있던 많은 사람은 우리에게 가장 소중한 가치는 무엇인지, 우리가 놓치고 있는 것은 무엇인지, 팬데믹 이전에 우리에게 저평가하고 있던 것은 무엇인지 생각할 기회를 주고 있다.

회복도시 개념

팬데믹 이전에는 도시가 가진 풍요로움과 편리성으로 인해 도심에 새로운 인구가 지속해서 유입되었으며, 이들을 위해 도심지에 마련된 매력적인 시설들에 대한 접근성을 높여주기 위해 대중교통 시설을 확충하는 전통적인 도시설계 방법을 사용했다.

그러나 팬데믹으로 인해 사람들은 재택근무와 도시 내 핫스폿에 안전하게 사회적 거리를 유지하면서도 모여야 한다는 양면성에 직면하게 되고, 팬데믹은 신체적·정신적 건강과 참살이를 향상하는 지역의 공동체 공간과 매력적인 도시기반시설들에 더 많은 투자를 유도하면서 사람들이 집에서부터 보행권에 있는 지역생활권에서 필요한 활동들을 해결하도록 하는 10분 또는 15분 동네라는 야심찬 도시 패러다임을 가속할 수 있는 촉진 역할을 하고 있다.

팬데믹은 사람들이 도시에서 살아가는 데 있어 기존과는 전혀 다른 방법으로 그리고 과거와는 완전히 다르게 필요한 것들이 존재한다는 것을 인식하게 했다. 이로 인한 피해는 이전까지 우리가 살았던 도시 내 불평등한 환경에서 발생하고 있는데, 특히 빈곤계층, 정원 없는 고밀화된 주택 거주자, 직업상 어쩔 수 없는 대면 근로자, 쉽게 접근할 수 있고 정기적인 대중교통을 더 많이 필요로 하는 사람들은 바이러스가 창궐할 수 있는 위협 요소에 더 많이 노출되고 있다.

휴대폰과 같은 첨단기기에서 소외된 사람들은 정부에서 보내주는 안전 문자도 받지 못하는 경우가 생기고, 노인들 그리고 집에 머물 수밖에 없고 특별한 돌봄을 받아야만 하는 기저질환이 있는 사람들이 주요 피해 대상이 되고 있다. 아동들과 관련해서는 그들의 사회적 그리고 놀이에 대한 욕구가 충족되지 않는 것으로 밝혀지고 있으며, 청각장애자들은 마스크로 인해서 의사소통 장애를 경험하고 시각장애인들은 사회적 거리두기로 활동에 많은 장애를 느끼고 있다.

팬데믹은 도시 내 취약성을 여실히 보여주고 있으며 지금의 도시계획과 도시설계가 도시에 사는 특정 계층에게는 부합하지 않고 이로 인해서 도시민들의 건강에 영향을 주고 있다는 것을 이해하는 데 기폭제 구실을 했다.

최근 의료계에서는 병을 일으키는 방법보단 건강을 지켜주는 요인에 초점을 맞추는 접근법을 이야기하고 있으며 그것이 회복도시다. 회복도시란 모든 사람이 가능한 한 공정하고 정의로운 기회 속에서 건강할 수 있도록 하는 개념을 바탕으로 도시의 공공공간과 물리적 환경이 건강 형평성을 발전시키는 도구로써 사용되는 도시를 의미한다. 이런 도시는 장소와 건강 간의 관계에 우선을 두고 전통적인 장애물들을 극복하는 곳으로 도시설계는 사람들의 신체적·정신적 건강과 참살이를 유지하고 증진하는 회복도시를 만들어갈 주된 분야로 정의된다.

팬데믹 이후의 세상에서 중요
성이 강조되는 발코니 정원.

회복도시와 도시설계

팬데믹이 창궐할수록, 중요한 것은 대부분 일시적이지만 긍정
적인 변화를 만들어가는 것이고, 도시민들의 건강에 대해 미래의
한 부분으로써 이를 지속화시켜야 하며, 도시를 설계하면서 어떻
게 신체적 · 정신적 건강과 참살이를 지원하거나 증진해야 하는
가다.

작금의 팬데믹으로 나타난 주요한 결과로는 우리의 신체적 · 정
신적 건강과 참살이의 원천인 자연이 주는 긍정적인 효과를 접하
기 위해 공원과 수변과 같은 지역 내 멋진 장소들의 중요성을 이
제야 시민들이 더욱 중요하게 인식했다는 것이다. 이러한 공간에
대한 폭발적인 수요는 우리가 얼마나 자연에 기반을 둔 장소들의
가치를 특히 시민들이 친자연적인 도시환경에 대한 접근성, 질적

인 측면에서 얼마큼 가치를 부여할 것인지에 대한 방정식에 주목하게 했다.

몇몇 공원과 놀이터에 대한 이용강도가 너무 높아 정부에서는 과밀을 막기 위해 강제로 시설을 이용하지 못하게도 했지만, 반면에 정원과 같은 녹색공간에 대한 개별적 접근 특권과 불평등을 상징하는 것이 되었고, 이에 대한 반작용으로 사회 정의적 측면에서 공공공원 역할에 대한 중요성이 점점 높아지고 있다.

이런 수요와 관련해 좀 더 형평적인 대응은 기존 공원에 대한 이용을 막는 것이 아니라, 도시 내 가로 및 다른 공공공간에서 새롭고 확장 가능한 공원과 같은 외부공간들을 조성하는 것이다. 장기적 관점에서 팬데믹 기간에 나타난 집안에 좀 더 많은 발코니와 정원 조성, 도시 내 공원, 가든 또는 다른 녹색공간에 대한 좀 더 폭넓은 접근성 향상, 도시지역에서는 고품질의 공공공간에 대한 공평한 접근성 마련 등과 같은 몇몇 제안은 주목받고 있다.

팬데믹은 개인 간의 거리를 유지하는 것이 가장 효과적인 방법이라는 원칙을 만들어냈고 보행과 외부공간에서의 휴식을 위해 좀 더 사람 중심의 가로를 만들려는 노력에 방해가 되었던 것들이 전 세계의 모든 도시에서 일순간에 사라지게 해주었다.

도시학자들이 주장했던 보행로를 확장하거나, 새로운 자전거도로를 설치하거나, 보행 중심과 정온화된 도로를 만들려는 전략들이 불과 몇 주 만에 전 세계의 많은 도시에서 작동하기 시작했다. 이러한 변화는 파리부터 뉴욕까지 영속적인 변화를 이끌었고, 도시에 필요한 변화를 가져오는 것이 불가능한 것은 아니라는 것을 증명하고 의지만 있으면 방법이 있다는 교훈을 주었다.

팬데믹을 경험하고 있는 전 세계에 회복도시는 도시가 가진 자산에 대한 유연성이 중요하다는 사실을 인식하게 했고, 대부분의 교육시설, 고용시설, 운동시설, 문화 및 오락시설들은 전통적으로 환기가 열악한 실내공간에 있는데 이를 해소할 방안, 가로와 외부에 있는 공적공간 및 준 공적공간 그리고 준 사적공간들에 있는 자투리 공간이라도 최대한 창의적으로 활용할 수 있는 방안을 새롭게 만들도록 요청하고 있다.

　팬데믹으로 인한 경험은 도시의 물리적 환경 안에서 사람들에게 중요한 것이 무엇인지를 다시금 일깨워주는 데 도움이 되고 있으며 회복도시를 고려한 도시 공간 만들기를 우리에게 요청하고 있다.

제 **7** 장

도시 경쟁력을 높이는 도시관리

공공공간 매력을 높이는
민간주도 타운 매니지먼트

이정형(고양특례시 제2부시장·중앙대학교 건축학부 교수)

도시 공간의 매력증진을 위해 다양한 논의가 가능하며 다양한 수단이 있을 것이다. 그 가운데 하나가 도시경영 혹은 도시관리라는 의미인'타운 매니지먼트Town Management'다. 지금까지 도시개발 시대를 거치면서 도시 공간을 개발하고 만드는 데 모든 역량을 집중해 왔다. 하지만 이제는 기존의 도시 공간을 잘 경영하고 관리하면서 도시 공간의 매력을 증진시켜나갈 필요가 있다.

최근 각종 재개발, 재건축사업 등을 통해 도시환경은 깨끗해졌지만 그렇게 만들어진 도시 공간이 활성화되지 못하고 방치되는 경우가 많이 있다. 도시 공간의 사후관리가 부재한 상황이다. 특히 도시 공간의 활성화는 공공부문의 책임과 역할로 인식되어왔다. 하지만 공공부문의 역할만으로는 도시 공간 매력증진에 한계가 있다. 민간부문의 재원과 조직 그리고 활동의 협력이 필요하다. 민간주도의 타운 매니지먼트는 이러한 상황을 해결하기 위해 이미 미국, 유럽, 일본 등 선진도시에서는 활발하게 추진되고 있는 도시설계수법이다. 공원, 도로, 광장 등 공공공간의 매력증진을 위해

미국 타임스퀘어 보행자 광장
으로 환경개선 전과 후.(출처:
이정형)

민간부문을 적극적으로 참여시켜 주도적으로 공공공간의 활성화
를 도모한다는 점에서 혁신방안이라 할 수 있다.

　미국과 일본의 선진도시들에서 타운 매니지먼트를 통한 도시
공간 활성화 및 매력증진 사례를 소개한다.

미국 뉴욕 타임스퀘어 지구

　현재 뉴욕 맨해튼의 가장 핫 플레이스는 타임스퀘어 지구지만
1990년대까지만 해도 도심쇠퇴의 대표적인 지구였다. 1970년대부
터 1990년대까지 상업적 불균형으로 쇠퇴했던 타임스퀘어는 용도
의 불균형뿐만 아니라 방문객의 안전도 위협하는 안전하지 못한
지구였다. 이러한 상황을 개선하기 위해 지역주체들이 발의해 자
립적 지구관리수단으로 1992년부터 타운 매니지먼트 관리체계를
도입하였다. 아울러 2000년대 후반 시장이었던 마이클 블룸버그
가 뉴욕 시 내 공공공간을 대대적으로 보행 친화적으로 전환하는

정책을 전개히고 타임스퀘어 등 주요 교통광장을 보행자 광장으로 변화하는 사업을 추진했다. 공공의 물리적 환경개선사업을 기반으로 타임스퀘어 타운 매니지먼트 민간주체들이 이 지구를 유지관리하는 지속적인 활동을 추진하고 있다.

그 결과, 맨해튼의 허브인 타임스퀘어를 중심으로 지정된 타운 매니지먼트 지구는 세계적 수준의 공공공간과 장소경영, 그리고 다양한 도시 활성화 프로그램을 제공하여 매일 약 30만 명이 오가는 관광명소로 자리 잡았다. 타임스퀘어 타운 매니지먼트 지구의 면적은 약 55만㎡로 남북방향으로 40번가에서 53번가까지, 동서방향으로 6번가에서 8번가에 이르는 블록과 약 30여 개의 레스토랑을 포함하고 있는 8번가와 9번가 일부 블록이 지구 블록에 포함된다. 타임스퀘어 지구 타운 매니지먼트의 조직, 재원, 활동상황을 정리하면 다음과 같다.

타임스퀘어의 운영조직인 타임스퀘어 얼라이언스TSA, Times Square Alliance는 1992년에 설립되었다. 타임스퀘어 얼라이언스 위원회의

다이마루유 백화점 앞 패션쇼.
(출처: 이정형)

구성은 자산소유주, 상업시설 및 주거시설 임차인, 뉴욕 시, 커뮤니티 위원회 등이 포함되는 민·관 파트너십의 형태다. 타임스퀘어 얼라이언스는 150명 이상의 직원이 근무하는 조직이다.

또 타운 매니지먼트를 운영하는 재원의 규모는 연간 약 200억 원에 이른다. 구체적인 재원운영 현황(2016년도)을 살펴보면 총 수익 중 회원(기업 등) 특별부담금, 기부 및 후원금, 타임스퀘어 얼라이언스의 프로그램 운영 및 이윤 수익 등으로 구성된다. 각각의 수익비율은 회원 특별부담금으로 약 63%, 기부 및 후원금에서 약 19%, 그리고 프로그램 운영에서 약 18%를 충당한다. 회원(민간)의 특별부담금이 타운 매니지먼트의 주요 재원으로 활용되고 있다.

이렇게 조성된 재원은 공공안전, 즉 치안유지와 환경 및 위생 유지를 위한 비용, 지구 내 이벤트와 프로그램 운영에 주로 사용된다. 이 외, 행정, 관광객 서비스, 정책과 조사 관련한 비용에 충당된다. 한편 타운 매니지먼트 활동으로는, 타임스퀘어를 청결하고 친근한 장소로 만들기 위해 청소, 경비, 복지서비스, 12월 31일 이벤트(카운트 다운 이벤트) 등을 비롯해 다양한 이벤트 개최, 공공시설의 정비, 개선, 관광촉진을 위한 개선활동 등을 실시하고 있다.

이러한 활동의 일부는 관련 NPO 등과의 협력을 통해 실시하고 있다. 관광 진흥에 중점을 둔 청소사업과 관광사업, 프로모션 사업 등에 역점을 두고 있으며 범죄예방을 위한 경비순찰, 지역의 복지사회단체와 연대하면서 노숙자 등을 원조해가는 복지서비스사업 등을 실시하고 있다.

일본 도쿄 마루노우치 지구 타운 매니지먼트

도쿄 도심부 도쿄 역과 황거皇居 사이에 위치한 마루노우치 지구는 일본 경제의 비즈니스 1번지로 세계 도시와의 경쟁을 염두에 두고 비즈니스 기능을 강화하면서 도심 활성화 및 도심 매력 증진을 위해 타운 매니지먼트를 실시하고 있다. 마루노우치 지구는 금융, 매스컴 등 약 4000개 이상의 사무소가 입지해 약 24만 명의 취업인구를 포함하는 명실상부한 일본을 대표하는 글로벌 비즈니스 지구다. 하지만 1990년대 일본의 거품경제가 꺼지면서 도심쇠퇴의 대표적인 지역이 되었고 도심재생을 위한 재개발사업이 추진되었다.

사업의 초기단계부터 지역의 민간지권자와 90개의 법인이 참가해 '재개발추진협의회'를 조직해 활동해 왔다. 1996년에는 도쿄도, 자치구(치요다구), JR, 재개발추진협의회가 참여했다. 공공과 민간이 함께하는 민간협력사업PPP: Public-Private Partnership으로 도시 만들기가 시작되었다. 또 2002년에는 NPO 인증을 획득한 기업, 시민단체, 전문가, 학자, 변호사, 일반시민 등이 참여하는 '에리어(타운) 매니지먼트Area Management 협회'가 설립되었다. NPO 법인으로 타운 매니지먼트 사무국 역할을 하고 있다. 이 사무국은 지역 내 프로그램과 활동을 담당하며, 중립적인 지위를 가진다. 이 실무조직의 특성은 실무팀의 업무를 대학교수, 회사 이사 등으로 구성된 이사회가 자문하고 실무를 지원하는 형태를 갖추고 있다.

타운 매니지먼트 활동을 통해
매력적인 도심부로 되살아난
마루노우치 지구.(출처: 이정형)

한편, NPO 조직인 타운 매니지먼트 협회의 재원은 회원회비, 협찬, 사업수익 등으로 충당한다. 연간예산은 약 1000만 엔(약 1억 원)이다. 회원회비 및 기타 기업찬조금 등이 있으며, 수익사업으로는 환경개선, 이벤트, 광고, 시찰, 세미나, 리서치 대행 등을 포함하게 된다. 또 타운 매니지먼트 협회에서는 매년 활동상황을 홈페이지(www.ligare.jp)에 게재하고 있으며 활동 팸플릿도 발간하고 있다. 정보발신을 위해 홈페이지 운영, 메일 매거진 월 2회 발송, 이벤트 정보 등 지구 내 배포 등을 실시하고 있다. 지구 활성화를 위한 조사활동으로는 철도이용 등에 관한 설문조사, 노상주차대책 캠페인, 강연, 강사파견 등을 실시하고 있다. 월 1회 다양한 주제로 세미나도 개최한다. 또 공개공지의 활용을 위해 매력적인 도시조례 공개공지 활용 단체를 등록하고 있다. 그 외 도로공간을 활용해 패션쇼, 어반테라스 프로젝트 등을 실시하고 있으며, 셔틀운행 지원, 마루노우치 여성합창단 결성 등이 있다.

이러한 타운 매니지먼트 활동을 통해 한때 쇠퇴해 있던 도심부는 매력적인 도심부로 되살아났다. 현재 마루노우치 지구는 도쿄에서 가장 매력적인 도심부로 자리매김하고 있다.

기회의 도시가
상상력·창조성을 일으킨다

신재욱(광주광역시 과장)

"공시대로만 풀면 친해질 수 없다. 답을 내는 것도 중요하지만, 질문이 무엇인지를 아는 것이 더 중요한 거다." 영화 '이상한 나라의 수학자'에서는 수학을 문제의 답을 알기 위해 공부를 하는 게 아니라, 풀어가는 과정을 찾아가는 즐거움으로 표현하고 있다.

이런 측면에서 한양대 유영만 교수의 강연은 인상적이었다. 그는 '당신은 직장인인가, 장인인가'라는 질문을 던졌다. 장인은 자기 일을 어제와 다르게 하기 위해 어떻게 해야 할지 궁리를 거듭한다. 반면에 직장인은 매일 했던 방식을 반복하면서 가급적 힘들이지 않고 빨리 끝내는 방법을 찾느라 고민이 많은 사람이다. 여기에서 차이점은 '질문'이다.

인간의 속성과 가치를 연구하는 도시계획은 도시를 개발대상으로 바라보지 않고 사람을 바라보기 때문에 다양한 질문을 하는 데 익숙할 필요가 있다. 도시는 많은 사람들이 살아가는 만큼 다양한 문제를 안고 있다. 이러한 문제를 해결하기 위해 도시정책 실무를 하는 입장에서 기존의 공식대로, 관례적으로 했던 방식에서 벗어

베를린 소니센터 공개공지.(출
처: 신재욱)

나 도시의 본질을 알아가고 시민들을 이해하는 게 도시계획이다.

#'사람'이 보이는 도시 공간

돌이켜보면 산업화 시대의 도시는 농촌에서 도시로 인구가 이
동하며 만들어졌다. 인구가 집중되면서 도로, 공원, 학교 등 부족
한 기반시설을 세우고 주택을 공급해야 했지만 예산은 부족했다.
몰려오는 사람을 수용하기 위하여 비도시지역을 시가화 예정용지
로 지정하고 그곳에 도시계획선을 그려가는 공학적인 접근방식을
채택했었다.

시간이 흐르고 경험이 쌓이면서 이제 '사람'이 보이기 시작했다.
인구가 늘고 고성장을 구가했던 때와 달리 이제 인구가 줄고 성장
이 늦춰지는 시대, 고령화 사회에 접어들면서 이야기가 달라졌다.

철거된 베를린 장벽 흔적을 이
전 보존한 도심(출처: 신재욱)

　이제 과거방식으로 도시계획을 하면 낭패를 볼 수 있다. 시민
이 행복해지려면 도시와 건축을 바꿔야 하는 시점에 직면하면서
대도시의 역할이 날로 중요해지고 있다. 지방 대도시는 활력을 불
러올 수 있는 인구와 시장규모로 정책의 방향에 따라 기회의 도시
로 변모할 수 있는 특성이 있다. 인구감소, 저성장, 기후위기 시대
라는 대전환의 시점에 활력 있는 기회도시를 모색하는 것은 의미
가 있다고 본다.

　첫째는 창의적인 일자리가 있는 플랫폼 도시로 전환이 요구된
다. 도시로 사람이 모이는 건 '거래'가 용이하기 때문이다. 거래는
시장을 만든다. 그중에 가장 중요한 것이 노동시장이다. 자본 없
는 근로자를 자본이 풍부한 고용주와 연결하거나, 그들이 성장해
창업을 하는 창조적 역할을 하도록 하는 것도 도시다. 좋은 도시
는 이들에게 가난에서 벗어날 기회를 제공한다. 그런 도시가 활력

이 있는 기회가 있는 도시다.

산업시대에는 중화학공업이 들어선 도시로 사람과 자본이 몰려들었다. 이 시대에는 도시 공간을 효율적으로 사용하기 위해 공간을 기능별로 나누어 배치했다. 공장에서 발생하는 소음, 폐수, 냄새가 주거지역에 유입되지 않도록 공업지역을 주거지역과 멀리 떨어진 지점에 지정하는 등 공간을 계급화하며 서로 철저히 분리했다.

그러나 지금 세계적인 기업인 아마존, 애플, 구글, 페이스북 등은 산업화 시대와 달리 상상력과 창조성을 중심으로 움직인다. 구글 등은 주거와 일자리가 융합된 콤팩트 시티를 표방하는 입지를 선호하고 있다.

상상력·창조성의 도시

우리 도시계획도 이러한 변화를 수용하며 도심융합특구, 기회발전특구, 기업혁신 파크 등 제도를 갖추어 도심 내 신성장 기업이 자리매김할 수 있도록 세제지원을 하고 규제특례로 감면받은 세금을 재투자하도록 유인하는 게 필요하다.

이러한 특구는 교통·물류 인프라와 우수인력이 갖춰진 지방 대도시에 적용할 수 있다. 이때는 우수한 인력을 위한 주거·교육·문화시설 구축, 세제·규제특례 제공과 도시 공간이 연동된 정책이 필요하다. 예를 들어 특구가 들어서는 지역이 도심인 점을 고려하여 최소 개발면적으로도 가능하게 하고 교통·물류가 우수한 도심에 개발을 추진해야 한다. 또 기반시설 지원확대 및 개발절차 간소화로 투자부담을 완화하고 도시·건축이 창의적인 공간으로 조성된 플랫폼 도시로 전환해야 한다.

둘째, 조화롭고 창의적인 건축물을 건축할 수 있도록 상상력과 창조성을 일으키는 도시로 전환이 요구된다.

실무 경험이 쌓일수록 도시계획은 사람들의 생활 패러다임을 읽고 시대적 가치를 찾아내는 안목이 본질임을 깨닫게 되었다. 필자는 도시정책에 익숙할 즈음 도시계획 제도에 창조성을 접목할 수 있도록 해외의 다양한 사례를 연구하던 중 베를린을 눈여겨보았다.

때마침 유럽여행을 갈 기회가 있었다. 첫 유럽여행임에도 여러 도시를 돌아보는 것보다 베를린 한 도시에 체류하기로 하였다. 한 도시에서 오래 체류한다는 건 특별한 의미가 있었다. 그 도시가 가지고 있는 문화의 속살까지는 알 수 없지만, 출발 전에 그 도시에 관해 공부한 것을 확인하며 깊은 고찰을 통해 여행자만의 도시 철학을 만들 수 있다는 기대로 갔다.

입국했던 프랑크푸르트가 '바쁨'이라고 한다면 베를린은 '여유와 자유'가 있는 분위기였다. 자유롭고 창의적인 환경이 조성되어 방문자가 새로운 매력을 찾아내게 만드는 독특한 분위기가 느껴졌다.

베를린에 도착하자마자 국제건축전IBA : International Building Exhibition 프로젝트 현장을 보고 싶었다. 베를린 장벽 철거 후 베를린 정도定都 750주년 기념사업 일환으로 시작된 이 기획은 1979년부터 부지가 검토됐고 1987년 전 세계인의 관심 속에 개최됐다. 도시 전체가 프로젝트 현장으로 변한 국제건축전에서는 6개 블록으로 나누어 도시의 역사적인 문맥과 흔적을 살피고, 파괴된 공간 조직을 회생하되 각 블록별 특성에 따른 개발지침을 마련하였다. 각 블록에는 세계적인 건축가인 찰스 W. 무어, 알도로시, 피터 아이젠만 등이 참여했고 이 국제건축전을 계기로 베를린은 변화하기 시작했다.

그에 반해 우리 도시는 성냥갑 형태의 아파트가 우후죽순으로 건립되는 상황이다 보니 이에 대한 우려의 목소리도 높다. 미美적 가치가 있는 건축물 정책을 표방하면서도 정작 적절한 처방을 하지 못한 점이 때로는 부끄럽기도 하다.

민간이 건축의 창의력을 살릴 수 있도록 특별건축구역, 특별계획구역, 입지규제 최소구역 등이 있음에도 그간 우리 도시는 이를 적극 활용하지 못하였다. 조화롭고 창의적인 건축물을 유도하기 위하여 건폐율, 용적률, 대지안의 공지, 건축물의 높이제한을 완화하는 게 필요하다. 또 대규모 복합단지 등 도시 경쟁력을 높일 수 있는 기능을 유치하기 위하여 규제를 대폭 완화해주는 제도를 활용, 새로운 도시를 민관民官이 함께 만들어가야 한다.

이를 활성화하기 위해 민간이 참여할 수 있는 인센티브를 마련할 필요가 있다. 예를 들어 그간 도시계획, 건축, 경관, 교통 등 개별 법령의 심의를 받으면 장기간 시간이 소요됨에도 건축물 디자인 향상 효과는 기대만큼 얻지 못했다. 또 심의별로 의견이 상충하는 경우도 있다. 이러한 특별지구를 손쉽게 지정받게 해 통합심의를 받도록 절차를 간소화하는 것도 하나의 방법으로 검토해 볼 필요가 있다.

네덜란드 로테르담 드 랑동 재개발 구역.(출처: https://cie.nl/de—landtong?lang=en)

관례를 벗어난 도시계획

셋째, 재미있고 즐거운 도시로 전환이 필요한 시점이다.

전 세계 모든 분야에서 새로운 질서를 만들어나가는 감염병 앞에 도시계획도 예외일 수 없다. 영화관을 떠나 넷플릭스로, 시장과 마트를 떠나 온라인 쇼핑몰로, 학교를 떠나 인터넷 장소로 이동하는 대전환 시대는 예전에 볼 수 없는 풍경이다.

대전환 시대의 도시 공간은 온라인에서 느끼지 못하는 것을 체험할 수 있는 재미있는 장소로 조성되어야 한다. 이제 사람들은 온라인에서는 경험할 수 없는 축제와 문화를 즐길 수 있고, 미술관에도 가고 맛있는 음식을 맛보며 흥미로운 사람들을 만나는 활기찬 도시를 원한다. 도시는 개성과 에너지를 가져야 매력적이다. 도시계획은 시대적 가치를 무엇에 두느냐에 따라 계획 프로세스가 달라지고 도시를 살아가는 시민들의 삶도 달라진다. 이러한 생태계는 그 도시에만 있는 문화적 자산이라고 할 수 있다.

도시계획을 다루는 두 가지 방식이 있다. 도시문제를 치유하는 '처방적 도시계획'과 미래상을 마련하고 그 비전을 달성하기 위한 '미래지향적 도시계획'이다. 필자에게 오십견 같은 증상이 왔을 때 엑스레이를 진단하는 의사마다 견해와 처방이 달랐다. A의사는 목 디스크가 원인이니 수술을, B의사는 염증성이니 약물치료를, C의사는 운동처방을 내렸다.

도시도 사람과 같은 생명체이다 보니 도시계획가마다 문제에 대해 다른 처방을 내릴 수 있다. 도시계획가가 그 분야의 고수가 되어야 제대로 된 처방을 내린다. 고수는 차가움과 뜨거움을 빠르게 오가는 능력이 있어야 한다.

기후변화와 같은 거대한 이슈들에 대처하기에 처방형 도시계획으로는 한계가 있다. 관례대로 공식대로만 풀면 새로운 시대의 도시를 그려가는 데 한계가 있으므로 도시의 본질을 꿰뚫어 기회의 도시로 전환하여야 한다.

36

원시티네이션, 도시건축의 미래

—
천의영(경기대학교 건축학과 교수)

   UN의 인구추계 자료를 참조하여 보면 2022년 세계인구는 80억 명에 달할 것으로 추산된다. 향후 2050년이면 100억에 가까운 인구가 지구에 살게 될 것이다. 문제는 도시인구의 증가 비율이다. 이미 현재 56.2%의 인구가 도시에 살고 있고, 유럽은 74.9%, 북미는 83.6%, 중남미도 81.2%로 도시인구 비율이 증가하고 있다. 인구 100만 명 이상의 도시는 18세기 말 베이징 하나였지만, 1950년에는 86개, 2005년 400개, 2016년 512개, 2030년에는 662개로 추정되어 지난 150년 사이 가히 폭발적으로 늘어났다. 지금도 아시아와 아프리카에서는 엄청나게 빠른 속도로 도시화 되고 있고, 향후 늘어나는 인구의 95%는 개발도상국의 도시 지역에 집중될 것이라고 《슬럼 지구를 덮다》(2007)의 저자 데이비스는 이야기한다.

   영국에서 산업혁명이 시작되면서 런던에서는 전례 없는 도시화가 진행되었고 19세기에서 20세기 초까지 주요 상업가로인 하이 스트리트High Street의 수가 600개 이상 급격히 증가하였다. 런던은 1831년에서 1925년까지 세계에서 최대의 도시였고, 19세기 말에는

뉴욕 맨해튼의 도시 풍경. 빌리어내어의 로우에 432 파크애비뉴 타워와 공사 중인 111 웨스트 57번가 타워가 보인다.(출처: 천의영)

세계 최초로 인구 500만 명의 도시가 되었다.

하지만 20세기에 들어서며 뉴욕에게 최대도시의 자리를 내주게 된다. 건축가 렘 콜하스는 명저《정신착란의 뉴욕》(1978)에서 소위 고밀 초고층의 상업도시인 '맨해튼이즘'을 통해 프레드릭 옴스테드가 설계한 센트럴파크와 13개 애비뉴와 156개 스트리트로 구성된 맨해튼 그리드의 2028개 블록, 그리고 이 블록위의 수직 마천루를 주목하였다. 그는 최초의 초고층이라고 알려진 96m 높이의 래팅 관측소를 이야기하면서 "만약 바벨탑을 제외한다면 이 '래팅 관측소'야말로 세계 최초의 마천루라 불릴 수 있을 것이다"라고 이야기한 바 있다.

글레이저의 책《도시의 승리》(2011)에 따르면, 1920년대는 미국의 도시가 수직으로 확장되는 중요한 분수령이 되었고 1920~33년 사이에 크라이슬러 빌딩 등 259m를 초과하는 5개의 초고층 건물이 완성됐다. 이후 상당기간 동안 초고층 건축이 많이 이루어지지 않았으나, 최근 프리덤타워, 허드슨야드 재개발과 57번가 빌리어네어스 로우의 초고층 타워들이 완성되면서 다시 주목받고 있다. 뉴욕은 이렇게 초고층 마천루의 도시를 대변하면서 1950년 당시 인구 1000만이 넘는 유일한 도시가 되었다.

하지만 이제 1000만 명 이상의 도시도 1985년 9개, 2004년 19개, 2005년 25개, 2020년 34개로 늘어났고, 계속 증가될 것으로 예측된다. 이들 도시 중 서울, 도쿄, 뉴욕, 광저우, 델리 등 12개 이상의 도시들이 인구 2000만 이상의 거대도시권을 형성하고 있다. 2000년대 이후 공급된 초고층 건물의 절반 이상이 중국에 위치하고, 아시아와 중동에 초고층 건축물이 급격히 증가하면서 20세기 내내 초고층을 주도하던 미국이 자리를 내주게 되었다. 가장 높은 건물 10채의 평균 높이를 기준으로 현재 세계 최고의 스카이라인을 가지고 있는 도시는 두바이다.

메가리전의 등장과 초거대도시

글레이저는 "50% 이상 도시화된 국가들과 50% 미만 도시화된 국가들을 비교하면 더 도시화된 국가들이 소득은 5배 높고, 유아 사망률이 3분의 1도 안 된다"며 도시화와 경제 발전 사이의 연관성을 주장한 바 있다. 메가리전Megaregion은 메가시티, 메가로폴리스 등 다양한 이름으로 불리지만 일반적으로 인구가 1000만 명 이상인 매우 큰 도시와 지역의 집합체로 편의상 메가리전이라고 통칭하여 부르고자 한다.

UN은 2018년 '세계 도시화 전망' 보고서에서 인구가 천만 명이 넘는 메가리전은 33개, 데모그래피아(2019) 자료로는 38개 정도로 추정된다. 현재 메가리전의 약 절반은 중국과 인도에 있고, 브라질, 일본, 파키스탄, 미국 등도 하나 이상을 보유하고 있다. 이와

건축가 렘 콜하스의 책《정신
착란의 뉴욕》(1978)의 독일어
판(1994) 표지.

관련한 연구 중 흥미로운 것은 팀 굴덴과 플로리다 등의 작업이다.
이들은 메가리전을 조사하는 선정기준에서 인공위성으로 촬영한
야간 연속 조명구역과 1000억 달러 이상의 조명기반 지역총생산을
기반으로 전세계에 약 40개의 메가리전이 있다고 하였다. 이를 토
대로 메가리전에는 전 세계인구의 18%인 12억 명의 인구가 거주하
고 있고, 이들 지역은 세계 경제 활동의 약 66%, 특허 혁신의 85%
를 생산하고 있다고 추정하였다.

《창조계급의 대두》(2002) 로 유명한 리처드 플로리다는 하버드
비즈니스리뷰에서 "세계는 더 이상 평평하지 않다"고 이야기하면
서 이제 국가 단위의 경제구성체가 유효하지 않고 세계경제는 몇
개의 메가리전에 의해 운영되는 추세로 바뀌고 있다고 주장한 바
있다.

그는 먼저 미국의 보스턴-뉴욕-워싱턴 지역은 5400만 명의 인구에, 2.2조 달러의 LRP로 프랑스나 영국보다 경제 규모가 크다는 점을 주목하였다. 또한 유럽의 가장 큰 메가리전인 암스테르담-로테르담-루어-쾰른-브뤼셀-안트베르펜-릴의 지역은 6000만 명의 인구와 LRP 1.5조 달러의 경제 규모로 캐나다의 국가 GDP보다 규모가 크다는 점에서 유럽에서도 메가리전이 중요한 역할을 하고 있음을 강조하고 있다.

한편 중국의 경우도, 사상 유례가 없이 빠른 속도로 도시화를 경험하고 있으며, 〈이코노미스트〉(2016)의 자료에 따르면, 베이징 텐진의 징진지 지역이 1억1200만 명, 상하이-난징-항저우 지역이 1억5200만 명, 쉔첸-광저우-홍콩의 펄리버델타 지역이 6000만 명으로 이미 엄청난 규모의 메가리전을 형성하고 있다.

초거대도시란 메가리전을 형성하는 여러 도시와 지역들의 클러스터를 포괄하는 개념이다. 개략적으로 초거대도시의 성격을 규정해보면, 3000만 이상의 인접 인구와 지역의 제조업 기반 그리고 투자금융이 함께 있는 메가리전의 도시와 지역을 포괄하는 초거대 메가리전 도시 클러스터이다. 2025년이 되면 아시아권에서만 10여개 이상의 초거대도시가 출현할 것으로 예상된다. 세계는 장기적으로 글로벌 경쟁력을 가진 40~50여 개의 초거대도시를 중심으로 주요 경제권으로 재편될 가능성이 크다. 이들은 향후 세계화를 개별 국가가 아닌 팬글로벌네이션Pan Global Nation의 초거대도시의 경쟁으로 지난 100년과는 다른 도시 공간의 급격한 질적 변화를 가져올 것이다.

인구 절벽과 원시티네이션

2021년 인구구조변화 대응실태를 다룬 감사원 보고서에 따르면 지역소멸위험지수는 통계청의 인구통계를 기반으로 20~39세

의 여성인구를 65세 이상의 고령인구로 나눈 값이다. 이 지수가 1.5 이상이면 소멸위험이 낮은 지역으로 0.5 미만의 경우 위험단계에 진입한 것으로 판단하였다. 이 수치를 보면 228개 전국 시·군·구 중 소멸위험지역은 2017년 85곳, 2021년 106곳으로 증가하였고, 소멸고위험지역은 2017년 7곳에서, 2021년 36곳으로 증가하였다. 이 보고서에 따르면 2067년이면 대한민국의 인구는 약 3900만 명으로 줄어들고, UN의 인구추계에 따르면 2100년 약 2950만 명으로 줄어들 것으로 추정되고 있다. 향후 대한민국이 줄어드는 인구와 초고령화라는 약점을 극복하면서 지속가능한 발전을 이룰 수 있는 국토 도시계획의 재구조화가 필요한 시점이기도 하다.

중국이나 일본의 글로벌 초거대도시에 대항하여 국제 경쟁력을 확보하기 위해서는 보다 체계적인 팬글로벌네이션 전략을 통해 대한민국 전체가 하나의 초거대 도시국가가 될 수 있도록 교통과 도시건축의 기반시설 인프라를 총체적으로 구축하는 것이 앞으로 중요한 과제다. 총량 중심으로 계획하기보다는 지역별 도시와 건축 정책을 특화하고, 질적인 전환이 일어나도록 방향을 바꿔 국토공간 운용체계를 새롭게 만드는 것이 필요하다.

미국 동부의 뉴욕, 보스턴, 워싱턴 D.C.의 동북 코리더처럼 선

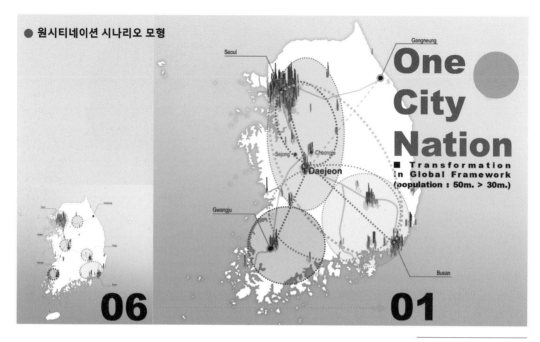

● 원시티네이션 시나리오 모형

원시티네이션 시나리오 모형
다이어그램.

형으로 진행하지만 시카고의 메가리전과 연계를 형성하거나, 네
덜란드의 암스테르담, 로테르담, 헤이그, 우트렉, 힐베르섬에 이
르는 환형의 도시클러스터를 암스테르담–쾰른–릴의 선형지역에
연계하는 전략이 좋은 벤치마킹 사례가 될 수 있다.

　　우리나라의 경우 수도권, 중부권 영남권 호남권 등의 몇 개의 메
가리전을 중심으로 환경적 부담은 최소화하며 주요 거점을 하이
퍼루프Hyperloop의 초고속 광역교통망으로 연결하여 대한민국 전체
를 메가리전이 연결된 '원시티네이션(One City Nation)'의 초거대도시로 만
드는 국토의 미래변환 전략을 진지하게 준비해야 한다.

　　향후 5~6개의 메가리전을 집중 육성하고 다양한 시나리오를 통
해 주요 거점을 연결하여 하나의 초거대도시로 성장하도록 광역
과 지역의 교통망 재편, 초거대도시 중심의 행정체계 개편, 메가
리전의 특화산업의 육성, 거점대학을 중심으로 한 지식계급 유인,
도시 기반시설의 광역 공유 등 새로운 미래전환에 기반한 창조적

전략들을 고민해야 할 것이다. 중요한 것은 거대담론적 접근보다
는 빅데이타 플랫폼에 기반한 바텀업 플렉서블 어바니즘 전략을
함께 고민하면서 건축과 도시, 행정, 교통, 물류, 에너지 등의 통
합적이고 입체적인 전략이 추진되어야 할 것이다.

후기산업사회 은유로서의 학교 단상

김우영(성균관대학교 교수)

늦은 밤 도로 갓길에 노란 버스들이 긴 줄을 지어 서있고 그 옆에 승용차들이 깜박이를 켜고 줄지어 있는 광경이 대도시 학원가의 진풍경이 된 지 오래다. 사회심리학자로 《가끔은 제정신》의 저자인 허태균 교수는 '대한민국 사회가 19년이란 시간도 모자라 대학생을 스펙쌓기로 몰아넣는 무한 경쟁'에 대해 '스스로를 좀먹는 착각 행위'라고 경고한다. 산업시대의 끝에서, 우리에게 이제 학교는 산업혁명 시기 '기계'에 대한 맹신에서 전래된 '교육 기계'의 진정한 시대 가치를 곱씹게 한다.

우리에게 학교는 무엇인가?

토마스 마커스의 책 《건축과 권력Buildings and Power》에서 학교 기계는 "영국과 유럽 절대주의 체제의 개혁정신과 미국 프랑스 혁명의 이데올로기를 기반으로 형성된 겸손한 현장으로서, 19세기 20세기 가장 치열한 이데올로기 투쟁의 전쟁터였고, 정치와 종교의 모든

그늘이 드리워진 의회(정치)의 적극적 참여"로 유지된 "비길 데 없
는 기계로서 거대한 도덕적 증기기관"으로 묘사된다.

산업화 시기 우리의 공교육도 '거대한 기계'로서, 초등학교에서
고등학교까지, 학군으로 일컬어지는 도시적 이데올로기를 반영한
학구제도에 기반하고 있다. '대학서열 해체와 대입제도 개혁'에 대
한 사회적 담론은 획일적 평준화와 기초학력 향상의 정상화를 바
라보는 상반된 사회의 양향 가치로 깊어가는 사회적 골과 시름하
고 있다. 이러한 맥락에서 우리는 학교(건축)가 어떤 가능태로 미
래를 맞게 될지 서로 다른 시선으로 마주하고 있다.

21세기 초 우리 교육 공간에 대한 (무)관심이 높아지고 있다. 미
래사회 학교에 대응하는 교육과정과 학습공간을 위해 학교 구성
원이 참여하는 학교공간혁신사업이 2019년 이후 전국 지방교육청
에서 도외시된 적이 있다. 교육 환경의 향상을 위해 생산성이 높았

던 공립학교 건축설계 시장에서 2020년 교육부와 국립대학이 스티 븐 홀, 이반 페럴과 셸리 맥나마라 등 해외 건축가를 초청해 실시 간 온라인 심사로 국립대학 부설 특수학교 설계안을 결정하는 변 화가 일어나고 있다는 사실도 경원시되었다.

서로 다른 (무)관심으로 각 학생 개인보다 평균을 대상으로 최하 수준의 보편 교육이 '다수의 횡포'로 만연하는 산업시대 모델에 갇 혀있는 학교를 보다 맞춤화된 '학습 기계'로 업그레이드하려는 '젊 은 학교 창업자'의 시도가 서로에게 새삼 흥미로운 이유다.

2014년 막스 벤틸라가 약 400억 원의 창업기금으로 후기산업시 대의 도시, 샌프란시스코의 상점가에 설립한 학교주택으로 불리 는 알트스쿨AltSchool의 내부는 우리에게 다소 생경하다.

교실 유리벽의 한편에는 다양한 연령층의 학생들이 서로 다른 수업에 참여하고 이를 지원하는 여러 명의 교사가 함께 한다. 유 리벽의 다른 쪽에는 리버리libery를 입은 직원들이 컴퓨터로 연결된 시스템에 자신들이 관찰하고 있는 유리 반대편에 참여하는 개별 학생의 필요에 따른 학습활동을 분석하거나 전체 통합 학습을 구 조화하는 기술을 구현하며 소파에서 간식을 즐기고 있다. 학습 공 간은 다수의 학생들의 개별 필요를 수용할 수 있도록 용도와 스타 일을 충분히 고려하여 크기와 기능면에서 유연하고 독특하게 디 자인되었다.

우리 시대의 학교는 어쩌면 이 알트스쿨처럼 근본적으로 다른 방식으로 지어져야 할지도 모른다. 학교가 점차 대형화되고 관료 주의화되지 않기 위해, 우리의 학교는 다양한 학습 주체가 소통을 공유할 수 있을 만큼 인간적 척도human scale로 분절된 작은 교실을 중심으로 재편되어야 할지 모른다. 그 작은 교실-학교들은 독립 적으로 운영되지만 그 과정에서 교육 자원의 혜택을 누릴 수 있는 체계로 연결될 수 있다.

알트스쿨은 학생에 대해 알고 있거나 알아야 할 모든 것을 고려

그린스쿨 발리의 벽이 없는 개방형 교실.(출처: https://www.theedgemarkets.com/article/sustainable-learning-green-school-bali)

하기 위해 교사뿐 아니라 교사를 지원하는 교육 전문가와 기술자로 조직된 '교육 집단'에 의해 운영된다. 알트스쿨은 '개인화된 학습'에 초점을 둔 '소형 학교 집합'으로 여기서 아이들은 그들 자신의 학습 프로젝트를 설정하고 스스로 참여한다. 그들의 과정은 실시간 포털 앱으로 교사와 학부모들에게 공유된다.

우리도 서로 상반된 이유로 지역의 방 하나를 교실로 하는 학습자 위주의 작은 공동체 학교를 지향한다면, 알트스쿨이 비록 폐교로 사라진 역사가 되었지만, 어쩌면 가까운 시기에 우리 미래학교의 모나드monad로 돌아올지도 모른다.

우리 시대 은유로서의 학교

이상적인 학교에 대한 질문으로 자주 등장하는 대안은 '마을 학교'다. 학교와 마을의 경계가 중첩된 마을학교는 주민과 아이들이 함께 배우고 참여한다.

미국 아스펜 학군의 중고등학교 학생 약 120명은 극장 아스펜과 협력으로 학교 내 연극 교육을 제공하는 커리큘럼을 시작했다. 유사한 사례로 바살트 고등학교는 지역 예술 프로그램을 성장시켜 처음으로 고급 수준의 예술 기초 수업을 확대하여 심도 있는 도예와 조각 과정을 학기 일정에 통합하고 있다.

학교가 지역 시설과 연계하여 진행하는 예술 프로그램을 '이상적인 마을 학교'로 재현하기 위한 물리적 환경의 가능태는 코펜하겐 다문화 지역의 초현실적 광장에서 엿볼 수 있다. 슈퍼킬렌Super-kilen 광장의 노레브로 전시는 2012년 건축, 조경 및 예술의 통합된 공공 공간으로 코펜하겐의 문화적 다양성을 갖지만 아직 정착되지 않아 도전받고 있는 약 2만 7000㎡의 근린 마을에 형성되었다.

폭력에 대한 지역의 부정적 이미지를 개선하기 위해 세계 각국으로부터 반입된 문화 공예품과 사물이 레드 스퀘어, 블랙 스퀘어, 그린 파크 3개 구역으로 나뉘어 배치되었다. 거대한 도시 전시는 주변 지역에 거주하는 서로 다른 60개국에서 수집된 집합체로 구성됐다. 지구촌 도시들로부터 전달된 초현실적 군집(집합)은 덴마크의 화석화된 이미지로 영구화되는 것이 아니라 실제로 지역 이웃의 진정한 본성을 반영하는 지역 공동체의 학습공간으로 승화되고 있다. 지구촌 지역의 예술시설이 학습 시나리오로 공유되는 '마을 학교'의 은유로서 슈퍼킬렌이 구현하는 도시문화의 가시화는 인상적이다.

기존 학교의 증축과 확장으로 형성된 '스스로 진화하는 유기체'로서 코펜하겐 인근 북쪽에 위치한 감멜 헬러럽 고등학교 사례를 눈여겨 볼 필요가 있다. 2개 층 증축부는 사회적이고 창의적인 학습을 위한 넉넉한 공간을 제공하는 한편, 학교의 다목적 홀과 인접한 축구장 사이에 위치한 신설 예술관 건물은 체육관의 기존 교육

코펜하겐 슈퍼킬렌 도시 공원.
블랙 스퀘어, 레드 스퀘어, 그
린 파크.(출처: https://superflex.
net/works/superkilen)

시설과 스포츠 공간을 하나의 연속된 흐름으로 연결한다. 학교 안
마당인 중정, 교실, 카페테리아, 그리고 길가의 정문까지 연결 짓
는 새로운 예술관 건물의 솟구치는 지붕은 학교의 기존 축구 경기
장을 내려다 볼 수 있는 경사진 좌석으로 확장된다.

설계자 비아이지BIG의 비아크 엥겔스는 감멜 헬러럽 고등학교의 새로운 학습 공간이 촉매나 효소처럼 주변 외부와 내부 간의 상호작용을 촉발시키며 스스로 지속적인 진화를 거듭할 수 있는 능력을 가졌다고 묘사한다.

실제로 피보나치 수열을 통해 스스로 진화하는 유기체로서, '기하학적 교육환경'의 상징이 된 그린 스쿨 발리는 자연과의 관계를 추구하는 바이오필리아biophilia 디자인으로 지역 천연자원인 대나무 구조의 초가지붕과 더불어 기후에 맞는 고유한 지역 교육 환경을 재현하고 있다. 지역 학생들에게 자연에서 새로운 삶을 도출하는 방식과 자연 세계를 존중하는 실천을 가르치는 그린 스쿨 발리는 '자연의 은유'로 건축물 자체가 실천 학습의 필수적인 대상으로 활용되고 있다.

우리는 학교의 무엇을 바꾸어야 할까?

몬테소리가 스스로 '과학적 교육학'으로 지칭한 교육 방법론은

감멜 헬러럽 고등학교 중정 하부 체육관 내부.(출처: https://www.world-architects.com/it/big-bjarke-ingels-group-valby-copenhagen/project/gammel-hellerup-high-school#image-9)

아이들을 관찰하고 그들이 이용할 수 있는 환경, 재료, 그리고 교훈에 대한 실험을 기반으로 개별 학생의 자기주도학습을 위한 '유연한(열린) 선택적 교육 환경'을 강조하고 있다.

'과학적 교육학'에서 관찰은 현상을 분석하여 유형화 한다는 점에서 합리적이거나 과학적으로 객관적 일 수 있지만 후기산업사회에서 유형화의 오류(다수의 횡포)에 매몰되는 통계적 위험을 감수해야 한다. 학교의 지식 교환(전달)과정에서도 유사한 교육적 착시현상이 불가피하게 발생될 수 있다. 따라서 우리 학교는 스스로 학습하는 학생과 스스로 가르치는 교사의 상호 진화를 촉진할 수 있는 옥시모론oxymoron의 은유로서 재현되는 '새로운 학교'이기를 기대해 본다.

도시의 복합적 기능과 맥락적 용도가 담긴 새로운 토지이용시스템 제안

오세규(전남대학교 건축학부 교수)

도시를 구성하는 요소는 인간과 활동 그리고 토지와 시설로 구성된다. 이는 사람들이 형성하는 도시 활동과 이를 지원하는 토지와 시설에 관계된 것이다. 우리의 도시는 어떻게 만들어졌으며 왜, 어떻게, 이런 모습을 갖게 되었는가에 대한 의문은 미래의 도시공간과 장소에 대한 방향성을 제시해준다. 도시설계의 주요한 목적 중 하나는 건축행위와 규제유도에 있다. 따라서 도시설계에서 지구단위계획에 이르기까지 건축적 요소는 토지이용 결정도에 표기되어 법적 효력을 갖는다. 특히 건축물의 높이, 형태, 배치, 색채 등을 지정한다는 점에서 토지이용계획과 관련 시스템은 최종의 도시 공간을 만드는 수단이 된다.

용도지역제의 주요 규제 수단인 용적률, 건폐율은 지역별 특성에 따라 적용할 수 있는 수단으로는 매우 한정적이다. 지역의 정체성과 장소성을 살리는 것이 도시계획과 설계의 주요한 목표로 본다면 가장 기본적인 토지관리 수단인 용도지역 제도 역시 이에 맞는 변화가 필요하다.

랜드스케이프와 오픈스페이스를 고려한 복합용도 개발사례. (San Antonio's Lone Star District)(출처: Chris Baldwin)

도시 모습을 만드는 도시계획과 건축설계

　도시계획은 사회, 지리, 경제, 문화 등 양적 근거를 기반으로 도시의 가치와 틀을 제시한다. 이에 반해 건축설계는 구체적인 건조환경 설계로서 도시를 이루는 물리적인 요소들의 배치, 재료, 형태, 색채 및 재질 등을 다룬다. 이 둘의 차이는 각각이 통합성과 개별성 중 어느 것에 중심 가치를 두는지에 있다. 도시설계는 통합성을, 건축설계는 개별성의 성격을 띤다. 도시설계는 토지이용의 정체성 및 합리성을 우선시하여 도로와 가구 및 필지 등을 구성하는 과정에서 용지의 합리적 배분과 배치에 집중해온 것이 현실이다. 따라서 도시공간과 장소에 대한 고려는 경직된 틀 안에서 다루어져 왔다. 경직된 토지이용계획안에서 건축설계 단계는 도시공간과 장소를 제안하기에는 한계에 부딪친다.

　지금까지는 토지이용계획의 중점요소는 용지와 도로였다. 특히 용지는 기능성측면을, 도로는 균등한 필지환경의 조성에 우선 가치를 두었다. 따라서 건축요소는 토지이용계획에서 명시하고 있는 도시공간의 최종결과물이지만 매우 소극적으로 도시공간 형성에 개입할 수밖에 없었다. 이는 건축계획 및 설계단계가 경직된 토지이용계획 작성 이후에 개별적으로 개입하는 데 한계가 있음을 보여준다. 도시공간의 질적 측면에 중점을 둔 토지이용이라면 건축의 개입 단계가 선행적으로 고려하여야 한다.

토지이용시스템에 관련된 제도들

　복합체로서 도시는 기능과 용도의 복합, 분리, 공존을 되풀이해왔다. 산업화 이후 도시의 기능을 주거와 일로 구분하는 기능주의적 접근방식을 취하여 도시조직이나 사회문화적 맥락의 반영이 어려워졌다. 용도지역제는 토지이용계획을 실현하기 위한 도시계획의 가장 기본적인 수단이다. 우리나라에서 용도지역제의 시작은 일제감점기의 조선 시가지계획령(1934년)으로 주거지역, 상업

지역, 공업지역, 녹지지역이 도입되었다. 해방 후 1962년 도시계획법이 제정되면서 용도지역제의 틀을 갖추었다. 2002년 제정된 도시의 이용 및 계획에 관한 법률에서 용도지역제는 도시지역과 비도시지역을 통합 관리하는 제도로 발전하였고 토지이용관리의 가장 기본적인 틀로 자리 잡았다.

기본적인 특성은 구획zone을 나누고 그 토지를 어떤 용도로 사용할 것인가를 결정하는 방식이다. 이는 개발 시기에 발생하였던 용도 상충으로 인한 위생문제, 안전문제 등 부정적 외부효과를 차단하기 위한 수단으로 출발하였다. 용도지역제는 우리나라 도시들이 지속적으로 확장했던 과거 성장기에 지역구획사업 및 택지개발사업 등 개발사업과 결합하여 활용되었다. 그러나 현재는 개발이 완료된 완숙기 도시들이 늘어나면서 토지를 구획하고 새로운 용도를 지정하기보다 이미 형성된 고유한 지역의 특징을 강화하면서 좀 더 효율적인 토지이용을 유도할 수 있는 도시재생수단으로서 용도지역제의 역할이 요구되고 있다.

지구단위계획은 우리나라의 대표적인 도시설계방법이며 여기서 토지이용결정도를 만들어낸다. 토지이용계획은 도시구조를 규정하는 동시에 건축계획의 공공적 방향을 제시한다는 점에서 도시공간의 틀을 만드는 과정으로 볼 수 있다. 용도지역제가 도시 전체의 공간구조를 고려한 체계적인 밀도관리를 한다면 지구단위계획은 구역별 특성을 살린 세밀한 계획과 설계가 목표가 된다. 용도지역제가 갖는 획일성의 한계를 극복하기 위해 지구단위계획을 도입하였지만 각 용도지역 간 차별성이 미흡하고 지역의 특성에 맞는 공간관리가 어려운 것이 현실이다.

토지이용시스템의 경직성을 만드는 규제와 가이드라인

도시설계에서 토지이용계획은 가로공간을 결정하는 도로와 보

토지복합 이용사례(Lake nona center).(출처: Design3 International)

행로를 중심으로 용지종류와 크기 등을 담고 있으며, 여기에 건축의 배치와 높이 등까지 제한하는 지침서가 된다. 이 지침서를 바탕으로 도시 공간구조가 형성되며 단위 건축물들의 집합으로 도시의 장소가 된다. 우리나라의 도시설계 대부분은 기술계획 위주의 토지이용계획 작성과정이었으며 건축화 과정의 개입 여지는 매우 미비하였다. 계획과정에서도 토지이용계획이 먼저 제안되고 건축은 각 필지 내에서 제한되는 볼륨요소로 되어버렸다. 토지이용계획은 주로 경제성, 기능성에 근거하여 주변 용도의 연계와 분양성, 사업성을 고려한 균등한 배분에 우선가치를 두게 되었다. 그 결과 균등성에 근거한 필지 형태와 도로 체계가 제안되어 차량의 흐름과 대지의 효율성은 극대화되나 도시민들의 다양한 활동을 담아낼 수 있는 장소성과 지역적 특화공간을 만들어낼 수 없었다.

맥락을 고려한 토지복합 이용
사례(Greenland),(출처: 오세규)

도시 토지자원의 복합적 활용을 위한 시스템을 만들자

　도시공간은 도시인구의 다양한 형태의 활동을 제공한다. 이를 위해 도시공간은 도시인구의 경제, 사회활동을 보장하기 위해 상업, 주거, 업무 등의 다양한 기능을 제공하는 것이 필요하다. 분산된 도시기능의 상호 연계성을 높이고, 건축형태는 철저하게 기존 도시의 물리적 맥락에 순응하면서 질적으로 향상된 도시환경을 제시해야 한다. 도심복합개발은 단순한 기능보다는 여러 용도가 동시에 혼합된 것이 일반적이다. 이것은 도심의 토지이용이 높은 것과 다양한 용도가 혼재됨으로써 생활편의, 공간 수용 등을 일시에 공급할 수 있다는 장점을 지니고 있다. 도시공간과 복합용도 건축물과의 상호관계성을 가지며 복합개발계획의 도시적 맥락을 고려한 계획방향이 필요하다. 도시공간의 고려로서 활동의 지원과 보

행의 연속을 통한 도시공간의 활성화를 위해서는 건축계획이 병행
되어야 한다. 우리 도시의 토지자원을 창의적이고 복합적으로 활
용할 수 있는 맥락 조닝, 모듈러 조닝, 형태기반 코드 적용, 건축설
계기반 토지이용 계획 수법 등 몇 가지 방법을 제시한다.

　맥락 조닝Contextual Zoning은 인접한 건축물과 가로선을 일치시키고
저층부 매스를 통일하여 저층부 연속성을 확보하기 위해 건축물
형태에 초점을 맞춘 기법이다. 주변 도시맥락을 고려한 개발, 도
시조직 및 경관을 고려한 건물설계, 보행 흐름과 접근성을 고려한
동선계획으로 해당 지역을 활성화하며 고유 특색을 강화할 수 있
는 토지이용관리 방법이다.

　모듈러 조닝modular zoning은 토지이용규제에서 그 용도지역의 용
도, 개발밀도, 형태규제를 분리하여 각 요소별로 다양한 선택 사
항의 모듈을 만들어 조합하여 다양한 개발요구에 적절하게 대응

할 수 있는 조닝 체계다. 모듈러 조닝은 용도와 개발밀도, 형태규제를 연동하지 않고 분리하여 다양한 선택모듈을 만드는 것이 특징이다. 모듈러 조닝은 용도와 밀도, 획지 규모, 높이 등 규제요소들을 분리하여 각각의 모듈로 조합하는 방식이다. 일반적으로 용도-밀도-형태 및 부가기준(획지규모, 높이, 건축선 후퇴 등)을 중심으로 모듈을 설정한다.

기존의 용도지역제가 각 건물이 어떠한 용도로 쓰일 것인가에 관심을 두었다면 형태기반 코드는 지역의 위계와 맥락에 따라 거리와 건물의 형태가 어떠하여야 하는가에 중점을 두는 제도다. 지역의 위계와 맥락에 따라 지역유형을 구분하고 그에 따라 개발밀도, 용도, 높이 등 세부사항을 결정한다.

건축계획이 수반된 토지이용 계획과정은 토지이용특성, 즉 건축이 도시설계과정에서 개입되는 정도에 따른 도시구조 및 장소의 질적 수준을 향상시킬 수 있다. 통합적 공간구조와 공간을 계획하기 위해서는 토지이용계획 과정에서 건축적 제안이 병행되어야 한다. 즉, 건축계획이 병행된 통합적 도시공간 설계형으로 미래도시의 맞춤형 토지이용계획으로 정의될 수 있다.

도시의 형태를 시간이 경과함에 따라 형성되는 것으로 건조물과 외부공간이 함께 모여 이루는 복합체로 바라보는 것이다. 도시의 아름다움은 공간구조이자, 건축물과 공간들의 집합체이며, 장소들의 복합적 연결관계로 사회적 집합체의 성격이 강한 곳에 발견된다. 도시역사는 세대를 통해 지속되기 때문에 여기에는 장소의 역사적 맥락이 있어야 하며 시간의 연결이 스며들어 있어야 한다. 이를 담아낼 수 있는 물리적인 환경은 집합적 공간구조로 길과 건축공간, 내부공간과 외부공간, 공적공간과 사적공간, 장소와 장소들이 긴밀하게 연결되어 사회적 장소를 만들어낼 수 있는 도시 토지자원 활용시스템의 연구와 시범적 실증을 거쳐 우리 현실에 맞는 도입이 필요하다.

제8장

지속가능한 친환경 스마트 도시

도시 하천, 이대로 내버려둘 것인가

양윤재(플러그룹 고문)

우리가 사는 도시에는 크고 작은 강이나 하천이 항상 흐르고 있다. 사람들은 말없이 흐르는 강물을 무심한 듯 바라보며 살고 있지만, 강과 하천은 그 무엇보다 우리들의 일상생활과 가장 밀접하게 연결되어 있는, 그야말로 아주 소중한 자원이며 자연이다. 하지만 우리가 강이나 하천을 어떻게 다루고 이용하느냐에 따라 이들의 존재가치는 무척 달라질 수 있다.

2022년에는 유난히도 우리나라에 물난리가 많았다. 물은 때로는 아주 위협적이기도 하지만, 평소에는 우리에게 많은 혜택을 주는 소중한 존재이기도 하다. 도시의 삶에서 물이라고 하면 항상 거론되는 것이 인류문명의 4대 발상지가 강을 중심으로 발달되었다는 사실이다. 그러나 유감스럽게도 그 강들은 수천 년 동안 여전히 그 자리에 흐르고 있지만, 찬란했던 강 주위의 고대의 문명은 사라지고, 지금은 사막 속에 파헤쳐져 댕그라니 관광객들을 맞고 있을 뿐이다.

2002년 시작됐던 청계천복원 사업은 자연환경을 되살리고 이를 통해 도심을 경제적·문화적으로 활성화시키는 것으로 완공 후 세계인들의 주목을 받았다.(출처: 양윤재)

하천 관리와 도시의 운명

현대의 도시와 같이 도시의 상하수도가 제대로 갖추어지지 않았던 시대의 도시 하천은 주로 도시민들에게 식수를 공급하고, 세탁을 위한 용수, 그리고 몸을 씻거나 멱을 감는 등 일상생활의 필요기능을 수행하는가 하면, 때로는 물놀이와 경치 감상의 풍류와 위락의 기능도 했다. 그러나 그보다 더 큰 기능은 장마철의 홍수 조절 기능이었다. 도시에 쏟아진 많은 빗물을 하천으로 모아 더 큰 강으로 흘려 내보내는 역할을 한 것이다. 이와 함께 하천은 일 년 내내 버려진 오물을 장마철 홍수가 나면 한꺼번에 씻어내는 하수구 역할도 하였다.

강은 마치 우리 몸의 핏줄과 같이 도시의 곳곳을 연결하고 있다. 도시의 주된 하천을 중심으로 이리저리 연결되는 수많은 지천들이 수맥을 이루고 있어, 비가 오면 집수구역에 모이는 물들을 지천을 통해 하천으로 연결한다. 어느 도시나 지형도를 잘 살펴보면 옛 동네의 중심이나 가장자리에는 반드시 물길이 형성되어 있고, 이 물길들은 꼬불꼬불한 모양을 띠면서 도시의 주 하천과 맞닿아있음을 알게 된다.

그러나 도시인구가 증가하면서 도시의 물길은 오염되고 병충해로 위생문제가 발생되면서 위정자들은 부족한 예산과 기술, 그리고 시간적 촉박함 등으로 하수구의 신설이나 확충을 뒤로 한 채, 손쉬운 하천관리를 위해 복개를 선택하는 어리석음을 저질렀다.

도시의 매력과 하천의 역할

서울시의 청계천복원사업의 경우, 지저분했던 도시 하천을 복개하고 그 상부에 고가도로를 건설함으로써 경제발전과 근대화를 상징하였던 청계천 고가도로는 세월이 지나면서 주변 환경의 노후화와 도심 경제의 침체, 이로 인한 인구감소는 더 이상 서울의 발전을 기약해주지 못하고 오히려 발전의 장애가 되고 있었다. 청계천복원사업의 당초 목적은 도심을 가로질러 흐르던 하천을 복원하여 자연환경을 되살리고, 이를 통해 도심을 경제적, 문화적으로 활성화시키는 것이었다. 이 과정에서 청계천 복개부분 아래에 묻혀있던 광통교와 오간수문 등 역사유적이 발굴된 것은 역사 환경의 복원과 보존 차원에서 이루어낸 값진 결실이었다.

청계천복원사업이 가져온 또 다른 효과는 서울 도심부의 기온이 당초 예상과 달리 2도 이상 낮아지고 대기질이 좋아진 것이며, 청계천에 맑은 물이 흐르면서 각종 야생동식물들이 서식하게 된 것은 예기치 않게 거두어들인 의외의 효과였다. 복개된 콘크리트를 철거하고, 퇴적된 모래를 준설하며, 청계천 양안 지하에 대규모 하수관거를 매설한 청계천으로 지난 20여 년 계속된 폭우에도 서울의 강북 도심지역은 전혀 피해를 입지 않았다는 사실이다.

2022년 현재 청계천복원사업이 완성된 지 17년이 되었다. 서울시는 청계천복원사업으로 그 동안 세계인들의 주목을 받아 왔으며, 하버드 대학에서 수여하는 베로니카 어반디자인 어워드, 베니스 비엔날레의 환경복원사업 시행자 최고상 등 여러 나라로부터 많은 상을 받기도 했다.

이처럼 하나의 도시 하천이 도시의 얼굴을 바꿔버린 예는 많다. 스페인 북동부지역 항만공업도시였던 빌바오는 철강산업의 쇠락으로 도시경제가 파탄 나고 도시 하천이 황폐화되었다. 그러나 세계적인 건축가 시저 펠리의 네르비온 강 마스터플랜으로 강변정화사업과 함께 구겐하임 미술관 등 문화 인프라를 구축하면서 상업, 주거, 교육, 공원이 복합된 친수공간으로 거듭나게 되었다. 통일 이후 독일의 수도가 된 베를린 슈프레 강변 개발계획, 런던 템스 강변 재개발계획, 미국 보스턴의 찰스 강변 재개발계획, 텍사스 주 산안토니오의 리버워크 수변공간, 파리 센 강 상류지역의 환경복원사업 등 선진도시들의 경험과 예들이 광주천과 영산강의 활용과 재생계획에 많은 도움이 될 수 있을 것이다.

하천복원과 도시의 운명

우리나라는 과거의 개발시대를 거쳐 오면서 급속한 도시화와 무계획적인 도시개발 과정에서 하천을 복개하여 상가나 아파트를 짓고 또 도심에서 부족한 주차장으로 이용해 왔다. 그러나 80년대 이후 불어닥친 세계적인 환경보존운동과 도시생태계의 중요성을 인식하기 시작한 선진도시들에서 인공화되거나 복개된 하천의 자연화와 복원운동이 일어나면서 도시의 하천은 새롭게 탄생하는 계기가 되었다. 우리나라도 2002년 서울의 청계천복원사업을 시작으로 지방도시의 하천복원사업이 퍼져나가기 시작했고, 도시민들

체계적이고 목적 지향적인 개발과 관리가 이루어진다면 광주천도 지역의 중요한 자산이 될 수 있다.(출처: 광주일보)

의 인식 또한 달라지기 시작했다. 이제 더 이상 도시의 하천은 그냥 버려두는 공간이 아닌 생활 속으로 끌어들여 삶의 충실한 동반자로서의 역할을 하는 훌륭한 자연의 자원이며 유산이라는 인식을 하게 된 것이다.

광주시는 무등산에서 발원된 광주천이 구도심을 가로질러 흐르고 있으며, 전남대로부터 흘러내려온 지천과 합류하여 극락강으로 흘러들어가고, 북서쪽에서 내려온 황룡강과 더불어 영산강으로 이어져 나주를 거쳐 서해로 빠져나가는 제법 큰 유역을 가진 하천계를 거느린 대도시이다. 광주천은 이미 오래전부터 광주의 구시가지를 관통하며 도시의 중심부를 형성해 왔으며, 그 주변지역 또한 매우 활발한 상업 및 문화, 예술 활동의 근거지 역할을 충실하게 해오고 있다. 그러나 광주천을 따라 개발되어 있는 상업시설과 문화시설들은 거의가 자연발생적이거나 지역적 특색 없이 늘어서 있을 뿐이다.

미래를 내다보는 광주시가 되기 위해서는 이 지역을 보다 체계적이고 목적지향적인 개발과 관리가 이루어질 수 있도록 많은 관심과 노력이 더해진다면, 광주천은 훨씬 더 효과적인 도시 하천으로서의 기능을 발휘할 수 있을 것이다.

그리고 광주천과 연결되어 있는 상류의 복개된 지천들도 가능한 대로 자연하천으로 복원하는 것도 구시가지의 환경개선을 위해서는 절실한 일이다. 더구나 구시가지 중앙부의 양동복개상가가 광주천의 흐름을 단절시키고 있어 자연의 흐름과 경관의 연속성을 저해하는 요소가 되고 있다. 광주천이 명실상부한 광주 도심의 하천으로 거듭나기 위해서는 많은 어려움이 있겠지만, 이를 철거하고 복원하는 것도 반드시 고려되어할 일이라 생각한다. 이제 광주시는 광주천과 영산강을 어떻게 인식하고 활용하는가에 따라 강과 하천의 기능이 달라지고 또 주변지역의 환경도 달라지며, 나아가서는 광주시의 미래도 달라질 수 있다.

하천은 시민의 사랑으로 흐른다

도시의 하천이 도시민들에게 사랑을 받기 위해서는 무엇보다 하천 자체가 매력적인 곳이 되어야 한다. 하천의 매력은 풍부한 물이 확보되어야 하기 때문에 우리나라처럼 온대계절풍 기후지역이 가지는 수량 확보의 한계를 극복할 수 있는 기술적 방법이 필요하다. 도시 하천은 수량 확보도 중요하지만, 그에 못지않게 수질도 무시할 수 없다. 도시 하천의 매력은 사람들이 직접 물에 들어가거나 물과의 접촉을 통해 하천의 매력을 느낄 수 있기 때문에 적어도 2급수 이상의 수질은 확보되어야 한다.

둘째로는 하천 자체로서의 자연적 요소가 풍부해야 한다. 하천이 사람들에게 사랑받는 이유는 자연으로서의 하천이 가지는 매력이기 때문이다. 따라서 가능한 한 많은 수종의 식물이 하천 주변에 자랄 수 있도록 충분한 녹지공간을 마련하는 일도 중요하다. 하천 주변의 풍부한 식생은 야생동물들의 서식지가 되기도 하며, 철따라 많은 종류의 야생조류와 동물들이 하천으로 모여드는 역할을 한다. 이처럼 하천은 시민들에게 살아있는 자연학습의 장이

(출처: 양윤재)

되며, 어린이들에게는 자연 사랑의 산교육이 되는 아주 좋은 기회
가 되기도 한다.

　셋째로는 하천으로의 접근성이 좋아야 한다. 아무리 좋은 하천
이 있어도 사람들이 쉽게 접근할 수 없다면 그것은 더 이상 도시
하천으로서의 기능을 할 수 없다. 우리나라의 도시 하천은 거의 대
부분이 강을 끼고 자동차 중심의 도로가 만들어져 있어 실제 사람
들이 접근하기에는 상당히 어렵게 되어 있다. 도시 하천은 사람이
우선되는 곳이 되어야 한다.

　마지막으로 하천은 자체의 매력도 중요하지만 하천 주변에 들
어서는 시설이나 활동에 따라서 시민들의 이용과 반응은 달라진
다. 도시의 중요한 자연요소인 하천이 그 주변지역의 주민들만을
위한 배타적인 장소가 되어서는 곤란하다. 하천은 공공성이 강한
문화적인 시설이 들어서고 많은 사람들이 자유롭게 이용할 수 있

(출처: 양윤재)

도록 하는 것이 바람직하다.

우리는 세계적으로 좋은 사례들과 앞선 도시들의 경험에서 많은 것을 배울 수는 있지만, 무엇보다 중요한 것은 광주시민들의 의식과 마음가짐이 사업의 성패를 가늠한다고 생각한다. 물론 현장에서 사업을 수행하며 고생하는 공무원들과 계획에 참여하는 전문가들의 노력도 필요하겠지만, 광주를 사랑하고 광주천과 영산강을 아끼는 시민들의 정성과 관심이 없이는 아무리 좋은 하천이 만들어지고 문화시설이 생겨난다고 해도 그것은 한갓 흘러가는 하천일 뿐이지 않겠는가?

도시 전체를 정원으로 만든 싱가포르의 아름다운 도전

송태갑(광주전남연구원 초빙연구위원)

우리가 꿈꾸는 미래도시는 어떤 모습일까? 만약 미래도시에 대한 꿈이나 비전이 없다면 우리 도시는 누더기 옷처럼 개념 없는 풍경만을 반복해 양산하게 될 수밖에 없을 것이다.

이 물음에 대해 상당 부분 싱가포르에서 그 해답을 찾을 수 있다. 물론 바람직한 미래도시에 대한 대답은 수학공식처럼 명료하게 한두 마디로 제시할 수 있는 것은 아니다. 다만 가장 선도적으로 시도하고 있는 싱가포르의 융·복합 정원도시를 향한 아름다운 도전은 주목할 필요가 있다.

융·복합이라는 토픽은 우리사회 다양한 분야에서 회자되고 있다. 특히 기존 도시를 정원개념으로 재생하거나, 자칫 경직될 수 있는 역사문화공간에 정원을 도입하여 친근감을 더해주는 시도 등이 관심을 끌고 있다.

싱가포르에서는 더 주목할 만한 일들도 목격할 수 있다. 건물 벽면 녹화나 옥상정원을 조성하는 것은 물론이고 베란다를 확장하여 정원을 끌어들이거나 아예 고층건물의 특정 층을 통째로 비워 정

싱가포르는 정원도시에 걸맞은 새로운 형태의 아파트 디자인으로 녹화 공간과 수영장 등을 확보, 아름다움과 쾌적성을 제공한다.(출처: 송태갑)

원으로 조성하기도 한다.

이는 녹지공간의 증가와 더불어 도시경관이 아름다워지는 효과도 있지만, 무엇보다 건물과 녹지공간이 별개라는 기존의 인식을 바꿔놓은 획기적인 발상이라는 점에서 더 큰 의의를 찾을 수 있다.

요즘 이런저런 이유로 도시재생이 중요한 화두로 대두되고 있다. 그런 점에서 정원은 도시재생문제를 풀어가는 주요 수단이 될 수 있음을 말해주고 있다.

오랫동안 농경문화의 토대 위에서 살아온 우리로서는 관상觀賞 위주의 '정원Garden'보다는 실용적인 '마당Open Space'을 선호할 수밖에 없었다. 수확한 농작물을 들여와 탈곡이나 타작을 하고 건조시키는 농작업의 연장선상에서 활용되었기 때문이다. 그뿐 아니라 전통혼례식이나 장례식을 비롯한 온갖 잔치가 마당에서 이루어졌다. 아이들에게도 마당은 숨바꼭질, 팽이 돌리기 등을 할 수 있는

상업용 건물에 도입된 녹화공간이 시가지에서의 녹시율綠視率을 높여주고 있다.(출처: 송태갑)

훌륭한 놀이터였다.

　영화 '오징어게임'에서 우리 놀이문화가 문화 콘텐츠로 활용할 수 있게 된 것도 문화적 창조공간인 마당이나 골목길이 존재했기 때문이었다. 요컨대 마당은 우리 생활문화에 걸맞은 우리 스타일의 융·복합정원이었던 셈이다. 하지만 산업화, 도시화는 우리의 마당이나 골목길 문화를 무력화시켜버렸고 공동체문화마저도 적잖은 변화를 가져오게 하였다. 어쩌면 우리 마당문화도 새로운 변화에 적응해야 함을 요구받고 있는 셈이다.

　사실 우리는 융·복합문화에 큰 장점을 가지고 있다. 비빔밥이 그중 하나다. 각자 가진 재료 본연의 맛을 잃지 않으면서 또 다른 독특한 맛을 이끌어낸다. 또 육군, 해군, 공군이 엄연히 존재함에도 불구하고 전혀 새로운 역할을 하는 공수부대나 해병대를 탄생시킨 발상도 그렇다. 우리의 식탁에서 매일 마주하는 김치야말로 최고의 융·복합문화의 산물이다.

이처럼 우리는 융·복합시대에 힘을 발휘할 수 있는 잠재력을 이미 보유하고 있다. 이제 우리 마당문화의 저력으로 정원문화를 한 차원 끌어올렸으면 하는 바람이다. 우리 마당이 아름다운 꽃들로 넘쳐나고, 마을 담벼락엔 페인팅 벽화 대신 담쟁이덩굴과 능소화가 기어오르며 골목길 담장 아래에 봉선화, 채송화가 소담스럽게 자라는 모습을 보고 싶다.

그곳에서 이웃들이 마주보며 웃음꽃을 만발한다면 더 바랄나위 없을 것 같다. 전시 위주의 미술관, 박물관에도, 건물만 덩그러니 서있는 서원, 향교, 고택, 그리고 하천이나 호소 등 수변공간에도 정원이 도입된다면 더할 나위 없겠다. 그래서 사람들의 오감을 만족시키고 다시 찾고 싶은 명소로 거듭날 수 있기를 기대해 본다.

최근 기후변화로 인해 전 세계적으로 이상기온 현상이 빈번히 발생하고 있고 그로 인한 피해는 농수산업, 관광산업 등은 물론이고 생존기반 마저 무너뜨릴 정도로 고위험수위에 도달해 있다.

그런 의미에서 공원과 녹지는 자연재해를 저감시키고 쾌적한 환경을 제공할 뿐 아니라 시민들의 건강과 휴식 등을 위해 도시에 없어서는 안 될 소중한 녹색자원Green Capital이다. 그 녹색자원이 양적으로 충분히 확보되어야 함은 두말할 필요가 없다. 뿐만 아니라 시각적으로도 아름답고 쾌적한 경관을 제공할 수 있다면 더할 나위 없이 바람직할 것이다. 녹색자원은 장수사회로 가는 작금의 현실을 감안하면 사회복지 요소의 최고 핵심 키워드 가운데 하나로 부상하고 있다.

이에 정부는 그중요성을 인식하고 제5차 국토종합계획(2020~40)

에 그린 인프라^{Green Infra}라는 용어를 처음 도입하기 시작했다. 그동안 사회간접자본이라고 할 수 있는 사회기반시설 조성에 집중해 왔었다면, 이제부터는 녹색자원에 대한 가치를 인식하고 이를 적극 확충하겠다는 의지의 표현이며 환경문제, 삶의 질 문제에 보다 더 관심을 갖겠다는 취지로 느껴진다.

따라서 이미 조성되었거나 새롭게 계획하는 녹지공간이 생태적으로 건전하고 즐길 거리가 풍부한 정원개념으로 완성된다면 다양한 시너지 효과를 가져 올 수 있을 것이다.

지역 브랜드 높이는 정원도시

완성도 높은 정원도시는 지역민들의 삶의 질 향상은 물론이고 지역 브랜드 가치를 높이는 데 중요한 역할을 할 수 있다. 또 지역자원으로서 힘을 발휘하여 관광객을 불러들이는 데 기여할 것이다. 정원은 보통 도시공원이나 녹지보다는 섬세한 디자인과 유지관리가 수반되어야 하므로 많은 전문 일자리를 창출하게 될 것이다. 그런 차원에서 도시 전체를 정원도시로 가꾸어가고 있는 싱가포르 도시정책은 우리에게 시사하는 바가 크다.

싱가포르에서는 어느 곳을 가더라도 잘 정돈된 녹지공간을 만날 수 있다. 가로수, 공원은 물론이고 건축물 벽면녹화, 옥상녹화, 베란다녹화 등에 이르기까지 마치 도시 전체를 씨줄날줄로 엮어 놓은 듯 어느 곳에서나 어렵지 않게 녹색경관을 접할 수 있다. 정부 차원에서 싱가포르의 기후와 토양에 맞는 수종을 엄선해 계획적으로 조성하고 있다. 뿐만 아니라 장기적 비전을 수립해 도시 전체를 녹색자원으로 연결하는 정원도시^{Garden City} 청사진을 마련해 계획적으로 추진하고 있다.

그 계획의 일환으로 마침내 2012년 6월, 마리나 베이 남쪽 간척지에 세계가 주목할 만한 파격적인 규모와 상징성을 지닌 정원을

정원도시 일환으로 조성된 가
든스 바이 더 베이는 실내정
원과 실외정원으로 구분되는
데, 총면적이 약 100ha에 이른
다. 그 가운데 눈길을 사로잡
은 것이 있는데 조개형상을 하
고 있는 두 개의 유리온실과
수직정원 슈퍼트리 등이다.(출
처: 송태갑)

완성함에 따라 그 목표에 한걸음 더 다가섰다. 기존 싱가포르의 명소였던 나이트 사파리, 주롱 새공원, 보타닉 가든 등에 이어 '정원 속의 도시City in a Garden'라는 싱가포르의 도시 비전을 현실화하는 데 있어서 가장 상징적인 정원이 바로 가든스 바이 더 베이Gardens by the Bay라고 할 수 있다. 이 정원 프로젝트는 싱가포르 국립공원운영위원회가 주관, 2006년 1월 국제현상공모를 개최했는데 24개국에서 70여 개 팀이 참가했다. 총 11명의 심사위원이 참여하는 엄격한 심사를 거쳐 영국 그랜트 어소시에이트의 설계작품을 선정했다.

베이 사우스는 상업도시에서 관광도시로의 이행이라는 내용을 담아 싱가포르의 미래를 제시한 바 있다. 현재 싱가포르 관광은 마리나 베이를 중심으로 이루어지고 있는데 이곳은 베이 사우스, 베이 이스트, 베이 센트럴 등 세 구역으로 구분하여 차근차근 완성도를 높여가고 있다.

도시재생의 키워드, 정원

그렇다면 우리 도시의 모습은 어떤가? 녹지는 갈수록 감소되고 그 자리에 성냥갑 같은 초고층 아파트들이 경쟁이라도 하듯 우후 죽순 들어서며 삭막한 빌딩숲을 이루어가고 있다. 우리의 과학기술이 부족한 것도 아니고 선조들로부터 전해져 온 철학이나 가치에 대한 인식이 부족한 것도 아니다.

다만 지속가능한 발전이라는 지극히 상식적인 선택보다는 경제적 유익이라는 유혹을 극복하지 못한 데서 기인한 것은 아닌지, 그래서 정작 중요한 가치들을 간과하고 있는 것은 아닌지 곰곰이 생각해 볼 일이다.

우리가 꿈꾸는 미래도시는 어떤 모습일까? 인공지능AI, 스마트 도시에 대한 비전은 여기저기서 예측들이 쏟아져 나오고 있다. 하지만 지속가능한 도시, 사람이 살만한 도시, 이 물음에 대해서는 시원스런 정책이나 실천이 제대로 이루어지지 못하고 있는 것이 사실이다.

이런 현실을 감안하면 상당 부분 싱가포르에서 그 해답을 찾을 수 있다. 가장 선도적으로 시도하고 있는 싱가포르의 융·복합 정원도시를 향한 아름다운 도전은 주목할 필요가 있다. 정원은 과도하게 인공화한 도시 문제를 풀어가는 주요수단이 될 수 있음을 말해 준다.

현 시점에서 도시를 어떤 관점에서 바라볼 것인가는 매우 중요하다. 자연과 예술과 과학의 융합, 이것이 우리 도시에서 실현될 때 비로소 우리가 바라는 정원도시의 꿈에 한걸음 더 다가갈 수 있지 않을까. 어떤 도시로 가꾸어갈 것인지는 순전히 현재를 살아가는 우리들의 몫이다.

시민의 가치와 권리가 존중받는 스마트 도시

—
정윤남(전남대학교 건축학부 부교수)

　최근 기술의 발달과 세상의 변화는 이제껏 경험하지 못한 놀라운 속도와 규모로 진행되고 있다. 이미 4차산업혁명이라는 단어는 익숙하고 필연적인 표현이 되었고, 시장에는 신기능을 탑재한 새로운 상품들이 쏟아져 나온다. 기술의 진보와 발달은 우리의 삶에 단순히 새롭고 편리한 기능을 제공하는 것 이상으로 거대한 사회적 · 문화적 변화를 추동하며 더 나아가 우리의 인식과 삶의 방식에도 많은 변화를 초래한다.

　이러한 급격한 변화 속에서 우리네 삶의 터전인 도시와 건축의 모습은 어떠한지 돌아보게 된다. 스마트 도시, AI도시, 머신러닝, 빅데이터 기반의 도시계획 등 많은 관심을 얻고 있는 개념들을 통해 최근의 도시 · 건축 계획 관련 트렌드 역시 급격하게 변모하는 기술을 담아내기 위해 상당한 노력을 기울이고 있음을 알 수 있다.

　하지만 이러한 노력을 통해 조성되고 있는 도시들은 과연 이전과는 다른 훌륭한 성과를 얻고 있을까? 즉, 도시 본연의 목적이 그러하듯, 인간을 존중하고 삶의 질을 높이는 도시를 향해 나아가고

iSCAPE Dublin Living Lab에서 아이들을 대상으로 도시의 대기오염에 대한 이해와 인식을 높이기 위해 실시한 워크숍 장면. 아이들의 눈높이에 맞추어 레고블록을 사용한 놀이과정을 통해 대기오염으로부터 도시를 보호하기 위한 방법과 대안을 찾았다.(출처: How to set up your own air quality Living Lab, 2019)

있는지 의문을 갖게 된다.

최근 코로나19 여파로 인해 비대면 생활이 보편화된 특수한 상황 속에서 기술의 역할과 변화는 우리 삶에 더욱 깊숙하게 영향을 미치는 요인이 되었다. 대표적으로 이전까지 각 공간에서의 물리적인 접촉을 통해서 주로 이루어지던 쇼핑, 외식, 모임, 교육 등의 활동이 비대면 방식으로 전환하면서 지하철 역사에서 무인 매장을 심심치 않게 볼 수 있고, 웬만한 상점에서 키오스크 한 대 정도는 당연한 듯 자리하고 있다. 물론, 이들은 우리가 직면한 문제를 극복할 수 있는 획기적인 해결책으로 주목받고 있지만 또 다른 문제, 즉 소외와 불평등을 발생시킨다.

이러한 상황에서 상당수의 기성세대는 필요한 정보와 상품에 접근하거나 구매하는 것이 어렵고 부담스러운 상황이 되었고 요즘 노인복지센터에서는 스마트폰 강좌는 물론, 키오스크 이용법

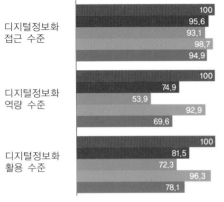

계층별 디지털정보화 수준
(과학기술정보통신부, 2021 디지털정보격차 실태조사 보고서)

디지털정보화 접근 수준
- 100
- 95.6
- 93.1
- 98.7
- 94.9

디지털정보화 역량 수준
- 100
- 74.9
- 53.9
- 92.9
- 69.6

디지털정보화 활용 수준
- 100
- 81.5
- 72.3
- 96.3
- 78.1

■ 일반국민 ■ 장애인 ■ 고령층 ■ 저소득층 ■ 농어민

연령별 디지털정보화 역량 수준
(과학기술정보통신부, 2021 디지털정보격차 실태조사)

(단위: %)

일반국민	100.0
19세 이하	121.9
20대	139.9
30대	134.8
40대	116.7
50대	92.0
60대	59.3
70대 이상	22.4

에 대한 강좌까지 개설하는 상황에 이르게 된 것이다. 사람들의 생활을 편리하게 하고, 삶의 질을 높여주어야 할 기술의 발달이 오히려 사람들에게 새로운 방식과 기술에 적응하라 강요하고, 사람들의 많은 시간과 돈을 그러한 신기술을 적용한 도구의 사용, 제품의 구매, 새로운 정보의 학습에 소비하도록 강제하는 것은 아닌지 우려스러운 현실이다.

과학기술정보통신부와 한국지능정보사회진흥원에서 지난해 발표한 '2021 디지털정보격차 실태조사' 결과에서 볼 수 있듯이, 디지털정보에 대한 접근성은 계층별 차이가 크지 않은 반면, 디지털정보화 역량 수준에서는 일반수준에 비해 고령층 53.9%, 농어민 69.6%, 장애인 74.9% 등 격차가 크게 발생하고 있으며, 특히 연령대에 따라 디지털정보화 역량 수준의 차이가 현저하게 나타나고 있다.

코로나19 시대 기술과 삶 숙고해야

더 나은 기술은 사람들의 삶과 생활방식을 존중하고 자연스럽게 융화될 수 있어야 한다. 하지만 오늘날 우리가 경험하는 기술은 때때로 친절하지 않거나 무책임하기까지 하다. 굳이 약하거나 부족한 부분을 애써 채우려 하기보다는 그 노력과 비용을 더 많은 경제적 이득을 얻고 새로운 기술적 진보를 위해 사용되는 경향이 강하다. 다시 말해, 기술의 발전을 추동하고 방향을 결정하는 주체가 누구냐에 따라 그 기술의 발전 방향과 쓰임새는 현저히 달라지며 특정 집단이나 기업, 권력 주체 등 일부 이익집단에 의해 결

정될 때 대다수를 구성하는 '우리'는 진정 누려야 할 권리와 가치
를 존중받지 못하고 소외될 수 있음을 시사한다.

　따라서 이러한 문제를 반복하지 않으려면 도시의 이용자, 즉 시
민들이 객체가 아닌 주체로서 존중받는 도시 시스템을 시급히 마
련해야 한다. 근대 도시계획에 이어 도시설계 학문의 태동에서 가
장 중요한 본질은 '사람'이었다. 그러나 어느 순간 과학과 기술이

발전하고 도시가 성장과 발전을 거듭하는 과정에서도 인간의 소외와 불평등, 갈등문제는 해결되지 않고 있으며 특히 눈부신 과학기술의 발전에도 불구하고 도시에 사는 누구나 누릴 수 있어야 할 기본적인 권리, 즉 안전하게 거주하고, 걷고, 휴식할 수 있는 환경조차 충분히 마련되지 않았다.

많은 근대 도시계획가와 건축가들의 신기술에 대한 맹목적 믿음과 도시·건축을 설계하고 계획하는 일방적 행위만으로 사람들의 삶의 질을 개선할 것이라는 신념은 이미 많은 실패 사례를 통해 입증되었음에도, 우리 역시 비슷한 실수를 반복하고 있지는 않은지 반문하게 된다.

시민들의 의견을 듣고, 시민의 동의와 협조를 얻어내는 일은 매우 힘들고 까다로운 일로 치부되기에 여전히 도시계획과 설계 절차 과정에서 그 규모와 깊이를 축소하거나 형식적으로 진행되는 경우가 많다. 그 어느 분야보다도 정보통신기술의 발달은 놀라우리만큼 빠르고 획기적인데, 더 나은 도시 공간을 조성하기 위해 소통해야 할 다양한 주체들 간의 서로 다른 생각과 의견을 나누고 조율할 수 있는 의사소통 방식과 기술의 발달은 왜 이리도 더딘 걸까.

지금 우리에게 필요한 것은 '얼마나 다양하고 많은' 새로운 기술을 도시에 적용할 것인가가 아니라, '누구를 위한, 무엇을 위한' 기술이 필요한지부터 되짚어보는 것이다. '기술'이 그 본질적인 문제를 해결하는 데 이바지할 수 있도록 '이용자'가 그 방향을 이끌어주어야 한다는 것이다. 이러한 맥락에서 유럽 여러 도시에서는 '스마트 유럽'이라는 기치 아래 2010년경부터 도시민의 삶에 기술을 접목한 다양한 변화를 시도하고 있다. 물론, 유럽 외에 미국, 중국 등 소위 강대국과 여러 개발도상국 역시 이러한 변화에 동참하여 경쟁 중이지만 유럽의 사례에 더욱 주목하는 이유는 스마트 도시 안에 '사람'이 거주하고 있음을 강조하고 있기 때문이다.

영국의 길포드 리빙랩에서 참여자들이 대기질 측정과 모니터링을 실시하는 모습.(출처: How to set up your own air quality Living Lab, 2019)

스마트 유럽 프로젝트 눈길

유럽 리빙랩 네트워크ENoLL: European Network of Living Labs는 2006년 설립 이후 전 세계로 확산하여 현재 480개 이상의 리빙랩과 네트워크를 통해 건강과 웰빙, 스마트 도시, 사회혁신, 사회적 포용, 에너지 등 광범위한 분야에 걸친 다양한 리빙랩 프로젝트를 꾸준히 추진하고 있다. 이때 리빙랩의 개념은 우리가 살아가는 생활공간을 실험실로 삼아 거주자(사용자)가 스스로 실험대상이자 주체가 되어 현장의 문제를 혁신적으로 해결하는 과정이자 방법론으로 볼 수 있다.

대표적으로 ENoLL에서 2016년부터 약 3년간 운영한 'iSCAPE 프로젝트'를 살펴보자. 이 프로젝트는 도시의 대기 질을 개선하고, 기후변화에 대응하기 위한 목적으로 시행되었으며, 유럽 6개 도시가 협력하여 경험과 실증기반의 방법론을 연구하고, 각 도시의 이슈와 인적 · 사회적 · 기술적 여건 등에 맞추어 서로 다른 방식과 프로그램으로 프로젝트를 진행하였다. 단순히 관련 기술을 어느 지역에 시범 적용하려는 것이 아니라, 문제에 대한 사람들의 인식과 생활패턴을 살피고, 이들과 지속적으로 소통하며 참여자들이 직접 실험과정과 대안제시까지 참여할 수 있도록 다양한 도구와 방법론을 제시하고 있다는 점은 매우 인상적이다.

여기에서 기술과 전문가의 주요 역할은 사용하기 쉽고 비용이 저렴한 센서, 쉽게 대기오염 노출 수준을 평가할 수 있는 대화형 디스플레이 시스템, 실시간 모니터링 시스템 등의 도구를 개발·보급하는 것이었다. 즉, 환경과 도시설계 및 정책 지침 등에 관한 학문적·제도적 정보를 제공하여, 참여자들이 솔루션을 찾도록 돕고, 궁극적으로 리빙랩을 통해 시민의 의견을 반영함으로써 최종 사용자가 참여하여 활동할 수 있도록 지원하는 것이었다.

리빙랩 프로젝트를 포함하여 최근 도시·건축 계획 분야에서 주목받고 있는 애자일 프로젝트Agile Project, 택티컬 어바니즘Tactical Urbanism을 살펴보면 개념과 적용방식에 차이가 존재하긴 하나, 추구하는 방향에는 분명 일치하는 부분이 존재한다. 다양한 시민들이 자신들의 문제를 스스로 인식하여 정의하고, 참여와 소규모 실험을 통해 실제 문제에 적용하는 과정에서 다양한 시행착오를 겪으며 해결해나간다는 것이다. 주로 스마트 도시나 4차산업혁명 도시를 설명할 때 등장하다 보니 이들을 마치 기술적 혁신에 관한 개념으로 생각하지만, 그것은 오해다. 이 개념들이 공통으로 주목하고 있는 것은 기술이 아니라 시민 즉, 주체적인 사람이기 때문이다. 전문가들과 기술, 도시계획과 건축계획은 그것이 가능하도록 봉사하고 돕는 역할을 하게 된다.

도시계획·설계 완성 주체는 시민

국내에서도 고령화, 에너지, 환경, 경제활성화, 재해안전, 헬스케어, 주거환경개선 등 각종 사회문제를 해결하거나 발전방향을 모색하기 위한 과정 및 방안으로서 다양한 유형의 리빙랩이 여러 크고 작은 사업과 프로그램을 통해 운영되고 있으며, 이는 전국적으로 확산하는 추세다. 이러한 리빙랩은 단순히 시민참여에만 의의를 두는 것이 아니라, 현장수요를 기반으로 우리의 삶에 유용한 스마트 기술과 서비스를 발굴 및 개발하고, 혁신적인 해결방안을 모색한다는 점에서 더욱 의미가 있다.

다만, 서두에 언급했듯 그것을 이끄는 주체는 시민이 되어야 함을 다시 한 번 강조한다. 수많은 지자체 홍보자료와 뉴스가 증명하듯, 이미 활발하게 진행되고 있는 리빙랩의 개념에 대해 실제로 얼마나 많은 일반 시민이 그것을 이해하고 있으며 관련 사업에 참여하고 있을지, 리빙랩이 내세우는 중요한 가치를 잘 구현하고 있는지도 의문이 든다. 새로운 개념과 방법론이 등장할 때마다 우리는 그것이 지닌 혁신성과 진가를 발휘하지 못하고 기존의 제한적 또는 형식적 방식에 새로운 이름만 덧씌운 채 제자리걸음 혹은 뒷걸음질 치고 있지는 않은지 늘 경계하고 살펴야 한다. 수단·방법과 목적이 전도되어서는 안 될 일이다.

우리가 계획하는 도시의 근간에는 이곳에서 살아가는 시민들의 삶이 자리하고 있어야 하며 이때의 시민은 소득, 성별, 연령, 장애, 인종 등에 구애받지 않고, 그야말로 모두를 포용할 수 있어야 한다. 그리고 기술의 진보와 혁신이 이러한 목적을 달성하는 데에 더욱 적극적으로 활용되고, 발전을 거듭할 수 있도록 다양한 방법론의 개발과 적용, 지속적인 시도와 모니터링이 필요하다. 진정한 도시계획과 설계를 완성하는 주체가 바로 그곳에 거주하는 시민들임을 잊지 않고, 그들이 객체가 아닌 주체로 존중받을 수 있을 때, 비로소 인간의 가치와 권리를 존중하는 우리 도시의 토대가 더욱 단단해지고 진정한 '스마트' 도시로서 거듭날 수 있을 것이다.

42

'녹색 인프라',
도시 생활을 풍요롭게 하다

이인성(서울시립대학교 명예교수)

    도시공원은 도시에서 가장 중요한 공공의 개방공간open space이다. 도로, 상하수도, 철도 등 기본적인 도시기반시설을 '회색 인프라Grey infrastructure'라고 부른다면, 도시공원은 도시민의 생활을 풍성하게 만드는 '녹색 인프라Green infrastructure'다.

    도시공원의 가치는 새삼 강조할 필요가 없다. 공원녹지는 생태보전, 공기와 수질 정화, 도시열섬과 소음 완화 등 환경생태적 역할을 수행한다. 도시공원은 시민들의 건강한 여가활동을 촉진하고 정신건강에 기여하며, 사회적 소통을 촉진하고 도시에 대한 애착심과 자긍심을 높이는 장소이기도 하다. 근래 도시공원의 역할은 보다 다양해져서, 시가지 확산을 막고 도시 기능을 분리하며 낙후지역을 재생하고 도시의 성장을 이끄는 역할도 담당한다.

    그러나 도시공원의 조성과 관리는 점점 어려워지고 있다. 기성도시에서는 공원 부지를 구하기 어렵고, 토지 구입과 공원 조성에 소요되는 재정을 확보하기도 힘들다. 최근에는 공원 지정 후 20년 이상 조성되지 않은 장기미집행 공원용지를 해제하는 일몰(실효)

파리의 라빌레트 공원은 과학
산업관, 영화관, 음악공연장 등
다양한 문화시설뿐 아니라 도
서관, 취업 정보제공, 언어 학
습, 인터넷 등 인근의 저소득
층 이주민들을 위한 지원기능
도 담고 있어서 실질적인 지
역재생의 거점 역할도 수행한
다.(출처: 이인성)

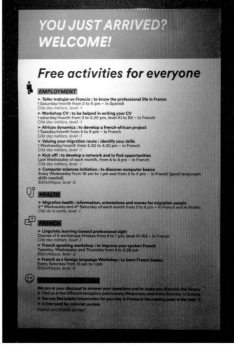

제가 시행되어 큰 혼란이 일기도 했다. 기존 공원의 관리도 문제이다. 평범한 공원녹지는 매력을 잃어 도시민으로부터 외면당하고 이용률이 떨어져서 잘 관리되지 않고 방치되기도 한다.

도시공원 잠재력을 극대화하는 방법

이러한 상황에서 도시공원의 활력을 살리고 잠재력을 극대화할 수 있는 방법은 무엇일까? 이에 대해서는 기능 복합화, 이미지 명소화, 조성 및 관리 방식 다변화 등의 방향을 생각해 볼 수 있다.

도시의 활력을 높이기 위해 주거, 상업, 업무 등 토지이용의 복합화가 필요한 것과 마찬가지로, 공원의 활용도를 높이기 위해서는 공원 기능의 복합화도 필요하다. 환경생태적 기능이 중시되는 도시 외곽의 자연공원에서는 녹지와 녹량Green Volume 확보가 중요하지만 생활공간 인근의 도시공원에서는 도시민의 활용도 이에 못지않게 중요하며, 이를 위해서는 녹지 기능을 유지하면서도 문화 등 공공기능과 적절히 복합화하는 전략이 필요하다.

프랑스 파리의 라빌레트 공원La Parc de la Villette은 예전의 도축장을 공원으로 만든 곳이다. 북아프리카 이민 노동자들이 많이 사는 파리 외곽인 19구에 자리 잡은 이 공원은 과학산업관, 영화관, 음악 공연장, 파리음악원 등 다면적인 문화적 총체를 지향하여 낙후지역의 이미지 개선과 재생을 도모하였다. 라빌레트 공원에는 고급 문화시설뿐 아니라 도서관, 취업 및 건강 정보 센터, 언어학습소, 인터넷 스테이션 등 인근의 저소득층 이주민들을 위한 커뮤니티 지원기능도 담고 있어서 실질적인 지역재생의 거점 역할도 수행하고 있다.

공원 조성 과정은 보통 물리적 공간을 먼저 만들고 운영 프로그램을 나중에 정한다. 그러나 서울의 노들섬 공원은 이와 반대로 먼저 프로그램 공모를 통해 '음악을 매개로 한 복합문화기지'라는 운

서울의 노들섬 공원은 프로그
램 공모를 통해 '음악을 매개
로 한 복합문화기지'라는 운영
프로그램과 운영자를 먼저 정
하고 이에 맞는 공간과 시설
을 만들어가고 있다.(출처: 서
울시 도시재생지원센터, www.
surc.or.kr)

영 프로그램과 운영주체를 먼저 정하고, 이에 맞는 공간과 시설을 만들어가고 있다. 노들섬 공원은 문화콘텐츠 생산과 소비가 유기적으로 연결되는 공간 구축을 지향하는 독특한 공원이다.

이런 사례들은 도시공원이 단순한 녹지와 휴식공간을 넘어 문화적, 사회적 기능과 함께 어우러지고 있으며, 공간 조성에 못지 않게 운영 프로그램의 중요성도 커지고 있음을 보여준다. 기능 복합화는 도시공원의 활용도와 매력을 높이고 장소성을 강화하며, 커뮤니티 시설을 통해 지역 공동체를 활성화하고 지역 재생도 지원하는 역할도 담당할 수도 있다.

복합화가 생활공간에 있는 근린공원의 활성화를 위한 것이라면, 명소화는 도시공원을 활용하여 도시의 선도적 이미지를 창출하는 전략이다. 명소화란 장소의 역사성과 그곳에 사는 사람들의 삶의 모습 등 문화적 가치를 바탕으로 독특한 이야기와 강한 특성을 가진 공간을 창출하여 사람들의 기억에 진한 인상을 남기는 작업이다.

도시공원은 명소화를 통해 지역경제 발전에 이바지할 수 있다. 최근 조성된 대형 도시공원들은 차별화된 주제와 세련된 디자인을 통해 도시의 대표적 명소로 떠오르고 있으며, 이를 통해 도시 이미지를 쇄신하여 비즈니스 입지를 유도하고 일자리를 창출하여 높은 부가가치와 간접 세수효과를 거두고 있다.

명소화를 통해 도시공원의 기여도는 더욱 높아질 수 있으나 이에 소요되는 비용이 문제가 된다. 누구나 차별 없이 사용하는 도시공원은 정부가 조성과 운영을 전적으로 책임지는 것이 당연한 것으로 여겨졌다. 그러나 최근 도시공원에 소요되는 막대한 비용과 함께 공공주도에 따른 비효율과 유연성 부족이 문제점으로 불거지기 시작했다. 실제로 2007년 금융위기 후 미국 지자체에 닥친 재정위기로 많은 도시공원이 폐쇄되거나 운영시간이 단축되기도 하였다. 도시공원의 조성과 운영의 다변화는 이런 문제를 극복하고 지속가능한 공원녹지정책을 펼치기 위해 꼭 필요한 일이다.

미국 시카고의 밀레니엄 공원Millennium Park은 민간협력을 통한 도시공원의 명소화 사례로 자주 거론된다. 시카고는 예술도시 브랜드를 확립하기 위해 이 공원을 세계적 수준의 문화 복합공간으로 기획하고, 유명 건축가 프랭크 게리와 렌조 피아노, 조경가 캐서린 구스타프슨 등에게 설계를 의뢰하였으며, 조각가 아니쉬 카푸어의 클라우드 게이트Cloud Gate 및 설치 미술가 하우메 플렌사의 크라운 파운틴Crown Fountain 등 조형물을 지명공모방식으로 선정하여 설치하였다.

이렇게 만들어진 밀레니엄 공원은 독창적인 형태와 창의성으로 주목을 받아 큰 성공을 거두었다. 그러나 공원 조성에 소요되는 4억 9000만 달러(약 5900억 원)의 자금을 어떻게 조달할 것인가는 심각한 문제였다. 시카고는 이를 민관 파트너십으로 해결하였다. 기

시카고 밀레니엄 공원은 도시 공원의 명소화로 도시 이미지의 혁신을 이루었으며, 총 비용의 45%를 기부로 충당한 민관협력의 모범적 사례다.(출처: 시카고시 홈페이지, www.choosechicago.com)

금조성 전문가와 도시 공간 기획전문가를 영입하여 별도의 법인을 설립하여, 시카고에 본사를 둔 기업들과 재단 및 시민들의 적극적인 기부를 유도하여 총 비용의 약 45%를 기부금으로 조달하였다.

이 과정에서 기업과 시민들의 협조를 얻어내기 위한 다양한 방법들이 시도되었다. 최고의 설계안을 만들기 위해 과감한 시도를 마다하지 않되 최종 의사결정은 시민들과의 소통으로 합의점을 도출했으며, 공원의 주요 시설에 기부자의 이름을 붙였다. Chase Prominade, AT&T Plaza, McDonald's Cycle Center, Crown Fountain 등 공원 시설물의 명칭들이 기부자들의 공헌을 기리고 있다. 밀레니엄 공원은 운영관리에도 민관협력 방식을 도입했다. 비영리 재단Millennium Park Foundation이 시카고 시와 계약을 맺고 공원 유지관리와 프로그램, 투어, 행사 등의 진행을 담당한다.

시카고 밀레니엄 공원은 단숨에 미국에서 손꼽히는 명소로 부상하여, 2006년 미국 내 방문 희망지 1위에 올랐으며 지금도 매년 2000만 명 이상이 방문하는 명소가 되었다. 밀레니엄 공원은 2004년 개장 후 10년간 약 14조 원, 관광객 유발효과를 합치면 19조~26조 원으로 추정되는 경제 효과를 창출했다. 또한 이 공원은 주변 지역의 부동산 가치와 상업시설의 활기를 높이고 오피스 공실률을 대폭 줄였으며 새로운 개발사업을 유도하여 도시 세수증대에도 크게 기여하였다.

민관협력 성공사례 뉴욕 하이라인

미국 뉴욕의 하이라인High Line도 민관협력을 통해 만들어진 도시 공원 명소화 사례다. 원래 이 부지는 뉴욕 도심의 버려진 화물철로 노선이었으며, 고급 주거시설로 개발하려는 개발업자들의 주목을 받고 있었다. 그러나 하이라인의 친구들Friends of the High Line이라는 시민단체가 중심이 되어 정치인들을 설득하고, 실현 가능한 대안과 정책적인 도구를 찾아 건의하고, 기금을 모으는 등의 활동을 벌인 끝에 하이라인의 철거를 막고 공원화의 결정을 이끌어내었다.

하이라인은 버려진 철로를 공원으로 만들었다는 색다른 이야기의 힘과 7.5m의 높이에서 자연과 도시를 함께 느끼게 하는 독특하고 인상적 경험으로 인해 가장 '뉴욕적인 공원'이라 불리며, 세계적인 명소가 많은 뉴욕에서도 많은 시민과 여행객들이 방문하는

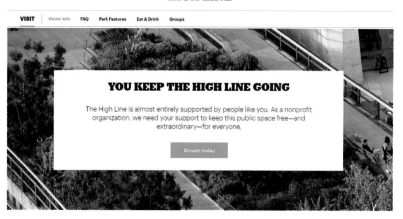

명소로 등장하였다.

　하이라인에서는 1억 8730만 달러(약 2338억 원)의 공사비 중 약 1/4을 민간기부로 조달했으며, 지금도 매년 공원운영 경비의 90% 이상을 기부금으로 충당하고 있다. 이러한 민관협력의 공원 운영 방식은 더욱 확대되어 뉴욕에는 센트럴파크 컨서번시 등 800개 이상의 공원 파트너십이 결성되어 도시공원의 반 이상을 관리하고 있다.

　수준 높은 도시공원은 도시환경과 이미지를 격상시킴은 물론이고, 도시민의 자부심과 애착심을 높이고 도시 활성화에 기여한다. 이는 곧 공간개선에 재투자될 수 있는 세수의 증대로 이어지고, 도시 공간 전체가 개선되는 선순환의 구조를 이루어 환경적, 경제적, 사회적으로 풍성한 도시를 만든다. 이러한 효과를 거두기 위해서는 도시공원 조성과 관리방식의 다변화가 매우 긴요하며, 시민과 민간기업의 적극적인 참여를 유도하여 시민이 주체가 되는 지속 가능한 도시공원 정책을 만들어가야 한다.

43

기후정의 도시를 꿈꾸며

이건원(고려대학교 건축학과 교수)

2022년에도 폭염이 기승이었다. 최근 우리나라의 폭염 일수는 해마다 증가하고 있고, 온열질환자 수 역시 꾸준히 증가하고 있다. 이러한 원인은 단연 기후변화로 지목되고 있다. 기후변화는 우리에게 다양한 위협의 근원인 경우가 많다. 국지 범위의 폭우와 상반된 가뭄, 한반도를 둘러싼 기단의 변화로 인한 미세먼지, 다양한 해충의 피해, 수인성 전염병과 코로나와 같은 전염병의 출현 등 대부분이 기후변화가 그 원인으로 주목되고 있다. 그만큼 기후변화에 대한 관심과 대응의 필요성이 높아지고 있는 것이다.

또한, 대외적으로도 기후변화를 막기 위한 국제사회의 약속과 노력으로 인하여 우리 역시 압박을 받고 있다. 파리기후협약에 의해 2020년 12월에 우리 정부는 2030년까지의 국가 온실가스 감축 목표와 장기 저탄소 발전 전략을 수립해 국제사회에 발표한 바 있다. 이에 따라 2030년까지의 탄소저감 목표는 물론, 2050년까지 탄소중립을 이루기 위해 다양한 분야의 로드맵이 발표되고, 탄소중립기본법(기후위기 대응을 위한 탄소중립 · 녹색성장 기본법) 및 시행

초기 옥상녹화가 적용된 하노
버의 주택단지 모습.(출처: 이
건원)

령이 수립되고 법적 효력을 드러내고 있다.

물론, 앞서 언급한 이유들로 기후변화의 심각성을 인식하고, 우리 사회의 탄소중립 달성을 위하여 노력하고, 더 나아가 기후중립, 기후 포지티브Climate Positive를 달성해야 할 것이다. 하지만 단순히 이렇게 거시적인 이유 외에 우리 사회를 보다 단단하고 지속가능하게 만들기 위해서도 이러한 노력이 필요하다. 즉, 기후에 의한 불평등 완화를 의미하는 기후정의 측면에서 기후취약계층과 기후취약지역에 대한 보호와 관리가 필요할 것이다.

기후변화로 인한 피해는 특정한 사람들과 특정한 지역으로 집중된다. 물론, 기후는 상대적으로 공평한 편이다. 하지만 여러 원인으로 동일한 도시 내에서도 특정 공간 간의 온도 차이가 2~3도 이상 벌어질 수 있다. 여기에 습도, 풍속 등까지 종합한 실제로 우리가 느끼는 열환경 체감지수는 7~8도 이상 차이 날 수 있다. 거기에 이러한 열악한 환경을 견디고, 회피하고, 그 피해로부터 회복할 수 있는 회복력을 의미하는 레질리언스^{resilience} 수준까지 복합적으로 고려하면 그 격차가 더 벌어진다. 에어컨이 당연한 사람들만 있는 것이 아니다. 선풍기조차 사용할 수 없는 여건 속에서 한여름을 나야 하는 사람들이 있고, 선풍기를 틀기 위한 에너지 비용조차 부담스러운 사람들이 있다. 한 여름에, 한낮에 벌이를 위해, 생계를 위해서 고열의 환경에 내몰리는 사람들이 있다.

기후변화 피해 특정사람·지역 집중

여기서 우리가 주목해야 할 것은 이들의 삶의 터전은 더욱 고열의 환경에 처하는 경우가 많다는 것이다. 저층 고밀 주거지 특히, 쇠퇴한 지역일수록 인근의 가로수나 녹지, 공원을 찾아보기 어렵고, 그러다보니 대부분은 찬 공기의 순환이 어려운 도시구조를 갖추고 있다. 이들 지역은 하천이나 공원과 같은 자연환경에서 이격되어 있고, 이들 지역에서는 고온의 인공열을 내뿜는 기계와 실외기를 지나며 일을 해야 하는 이들을 쉽게 찾아볼 수 있다. 즉, 기후에 미치는 영향은 경제적 규모가 크고 소득수준이 높을수록 크지만 기후로 인한 피해는 경제적 규모가 작고 소득수준이 낮을수록 회피하기도 어렵고 그 피해도 큰 것이다.

사슬의 강함을 판단하는 기준은 가장 약한 고리의 강도라는 말처럼, 기후취약계층이 거주 공간에서, 일터에서, 삶의 환경에서 열악한 환경에 처한 현실이 우리 사회의 지속가능하고 건강한 수준을 나타나는 지표일 것이다. 불행히도 이러한 현상은 세계적으로 적도에 가까운 국가들부터 우리의 경우에는 남쪽의 도시들부터 그 격차가 커지고 강도가 높아지고 있다.

이러한 문제를 극복하기 위해서 우리는 어떻게 해야 할까. 가장 중요한 것은 누구나 쾌적하고 안전한 환경을 당연히 누릴 수 있도

하이델베르크 반슈타트의 도
시수로.(출처: https://goexplorer.
org/)

록 해야 할 것이다. 이를 위해서 도시의 전체적인 온도를 낮추고 도시의 찬 공기 형성 지역인 도시 외곽 및 내부의 녹지대를 잘 보존해야 할 것이며, 더 나아가 이러한 찬 공기가 도시 내부로 유입될 수 있도록 도시 공간구조를 조정하고 그린 네트워크와 블루 네트워크 등이 잘 형성되도록 녹지 및 수공간도 조성해야 할 것이다. 이러한 노력들은 시·군 기본계획 차원에서 중장기적으로 접근해야 할 이슈들이다.

독일의 슈투트가르트의 사례나 독일의 기후를 고려한 공간계획 체계 마련과 같은 노력들이 필요할 것이다. 슈투트가르트는 도시 미기후는 물론, 도시의 바람과 도시 공간구조 간의 관계에 주목하고 이를 도시계획과 설계로 풀어내고자 노력한 선도 도시다. 독일은 토지이용계획 수립 이전에 도시의 다양한 기후여건 및 기후에 영향을 주는 자연요소를 조사한 기후분석지도를 작성하고, 이를 바탕으로 기후 톱 찬 공기 영역 등을 중심으로 보존해야 할 지역과 개발이 가능한 지역 등을 구분한 계획제언지도를 작성한다. 이를 바탕으로 토지이용계획 등이 수립되는 체계를 갖춤으로써 도시계획부터 기후와의 영향 관계를 고려하고 있다.

우리 역시도 2018년 국토교통부와 환경부 간 공동훈령 발표로 공간계획과 환경계획의 수립 시점을 맞추려는 노력을 한 바 있으나 독일 수준의 연계성 높은 체계를 갖추고 있지 않다는 점에서 아직 더 나아가야할 바가 많다.

더 미시적, 단기간적인 노력은 정말 개발이 필요한 지역에 대해서는 미기후를 고려하여 보다 조심스럽고, 건조환경과 자연환경 간의 조화를 이루도록 배려가 필요하다. 더 나아가 훼손된 지역에 대해서 환경적 다양성 및 그 기능을 복원하는 도시설계와 도시개발이 이루어져야 한다. 언뜻 이러한 것은 말은 쉽지만 실제로 실행하기는 어려울지 모른다.

하지만 독일 하노버의 작은 주택단지를 시작으로 하이델베르크의 반슈타트, 함부르크의 엘펠더 아우 사례들은 이러한 어려운 일

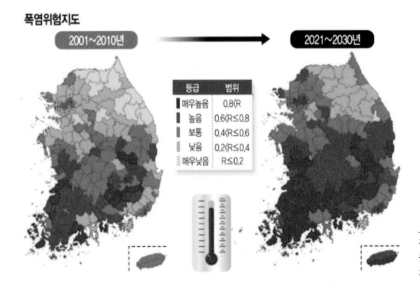

전국 폭염위험지도: 남부 도시들의 위험도가 커지고 있다.(출처: 환경부, 2019)

에 도전하여 작은 성취를 이뤄가고 있다. 이 사례들은 다양한 녹화와 수공간을 활용한 미기후 관리가 탁월하다. 마치 도시를 스펀지와 같이 만들어서 도시의 수 체계를 유지하여, 미기후를 관리하고, 열쾌적성을 개선한 것이다. 이를 위해서 지구 중심을 관통하는 수공간과 그것과 연계된 녹지공간을 적극적으로 도입하였다. 지구를 관통하는 선형 저류 시스템을 통해 우수를 저장하고 이를 통해 미기후 관리를 수행하고, 남은 우수는 지하수로 스며들도록 계획하였다.

정교한 데이터 기반의 기후정의 추구

당연하게도 이러한 노력을 위해서는 비용이 수반된다. 당연히 기술개발을 통해 각 아이템의 비용을 줄이고 효율을 높일 필요가 있겠다. 하지만 그보다 더 앞서 다양한 계획을 사전에 시뮬레이션을 통해 도시설계를 진행해가며 최적의 대안을 찾을 필요가 있겠다. 자연환경의 기능성 및 다양성을 극대화하며, 비용은 최소화하고, 심미적인 가치 역시 잃지 말아야 할 것이다.

이를 위해서는 우리 도시 공간을 가상화하고, 다양한 물리적인 현상을 모사하는 과정 속에서 우리의 도시설계가 이루어져야 할 것이다. 이러한 필요성에 의해 최근 EU는 기후중립과 스마트 도시를 동시에 추구해야 할 비전으로 '기후중립과 스마트 도시'를 선포한 바 있다.

또한, 기후변화에 대응하기 위해서 우리가 취하는 대응과 행동들이 자칫 의도하지 않은 결과를 초래할 수 있을지 살펴볼 필요가 있다. 기후변화에 대응하기 위한 액션플랜의 결과가 오히려 도시 내에서 불평등하게 나타날 수 있을지를 사전에 분석해야 한다. 예를 들어, 공원 및 녹지를 조성하는 것은 도시 기후에 긍정적인 영향을 미치지만 그것을 조성하고 유지관리를 위해서는 꾸준히 비

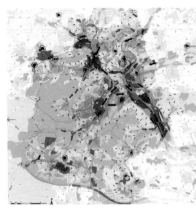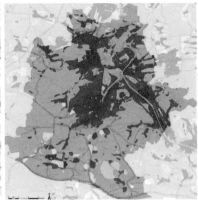

용이 투입되어야 한다. 잘못하면 이러한 비용 투입에 의한 재정적
부담이 역시 저소득층에게 더 큰 부담으로 다가올 수 있다. 즉, 기
후현상과 그 피해의 불평등성에 주목하는 것도 중요하지만 기후
대응을 위해 시행하는 노력에 드는 비용조차도 불평등을 양산하
거나 소득 수준에 따라 불평등하게 다가갈 수 있다는 점을 염두에
두어야 할 것이다.

　또 다른 예를 들자면, 우리는 1995년 1월 이후로 쓰레기 종량제
를 시행하고 있다. 이제는 당연시 되어서 아무도 문제를 삼지 않
지만 종량제 쓰레기봉투의 가격, 즉 쓰레기 처리 부담비용이 누군
가에게는 부담스러울 수 있다. 언뜻 사용한 만큼 부담하는 것이
당연한 것이 아니냐고 반문할 수 있지만 누구나 삶을 살아가다 보
면 쓰레기를 배출하지 않을 수는 없다. 사회 속에서 삶을 살아가
면서 개인이 아무리 노력하더라도 어쩔 수 없이 상당한 양의 쓰레
기를 배출할 수밖에 없고, 그것을 처리하는 비용은 개인의 노력을
극대화한다는 명목하에 배출하는 개인에게 전가되는 구조인 것이
다. 이러한 비용이 크지 않을 수 있겠지만 그 조차도 누군가에게
는 부담이 된다는 것이다. 결국, 이러한 부담은 특정 지역들을 중
심으로 쓰레기 무단투기나 종량제 봉투의 잘못된 사용 등의 형태

로 나타나고 대개의 경우 개인 또는 지역의 윤리적 문제로 치부되는 경우가 많다.

이러한 측면에서 우리나라, 우리 도시를 살펴보면 이와 유사한 사례가 더욱 두드러진다. 불합리한 도시구조에 의해 이동에 필연적으로 시간과 비용이 소모되는 것도 그러하며, 앞서 언급한 폭염, 폭우, 미세먼지 등에 의한 피해 등은 우리 도시의 특성에 의해서 가중되지만 그것의 피해와 그것을 회피하는 데 드는 비용은 절대 평등하지 않고, 누군가는 어쩔 수 없이 그 고통을 감내하여 자신에겐 큰 비용을 지불하며 인고하고 있는 것이다. 결국, 이러한 상황은 누군가 또는 특정지역의 소외 또는 저항의 형태로 나타난다는 것이다.

이러한 문제를 해결하기 위해서는 기후정의를 단순히 기후현상의 불평등에만 초점을 맞출 것이 아니라 기후대응을 위해 우리가 취하는 조치들이 미치는 다양하고 광범위한 영향관계를 보다 세심하게 살피는 것으로 확장해야 할 것이다. 기후변화 시대는 우리가 도시를 계획하고 관리하는 함에 있어서 분야 간 통섭은 물론, 통시적, 통합적 사고에 기반한 새로운 도시 패러다임의 정립을 요구하고 있다.

친환경이 미래 도시·건축을 완성한다

강형주(조선대학교 건축학과 조교수)

    지난 2022년 8월, 미국은 인플레이션 완화 법안 중에 에너지 안보 및 기후 변화 대응에 대한 재정 항목을 최대 지원 아이템으로 선정하였다. 2030년까지 온실가스 40% 감소를 목표로 한화 기준 480조를 투자하는 계획이다. 친환경 에너지 발전 지원과 신재생에너지와 전기차 관련 세액 공제 및 구매 보조금 지급을 주요 내용으로 삼고 있다.

    유럽은 탄소국경조정제도를 통해 자국의 탄소배출 양이 많은 국가에 대해 생산과 수입하는 항목에 대해 관세를 부과하는 정책과 배출권 거래제 확대를 통해 친환경 제조 공정을 갖추도록 하여 제조비용이 증가하도록 하는 정책을 취하고 있다. 중국은 2060년까지 신재생에너지 발전 비중을 81%까지 확대하는 다양한 친환경 정책을 마련하고 있다.

    최근 기업들은 기업활동에 친환경, 사회적 책임경영, 지배구조 개선 등 투명 경영을 고려해야 지속할 수 있는 발전을 할 수 있는 ESG^{Environment, Social, Governance}의 정부 기준에 맞춰 친환경 사업에 신

도시를 친환경적으로 만드는 요소 중 하나는 어번팜(urban farm)을 적극 활용하는 것이다. 프랑스의 도심 내 어번팜 적용 방식 사례.(출처: Hamzah & yeang 건축가 홈페이지)

규 투자를 늘리고 있다.

구체적인 사례로 국토연구원에 따르면 안 이달고 파리 시장은 '내일의 도시 파리정책' 공약에 따라 생태도시를 정책 공약의 핵심 가치로 내세워 15분 이내의 이동이 가능하도록 기반 시정사업을 제시하였다. 도보와 자전거로 통행하는 푸른 도시를 건설하여 시내 도보전용 구간을 확대하고, 자전거길 조성, 자동차 운행속도 및 통행량을 제한하도록 하였다. '15분 도시' 파리를 건설하기 위해 도시를 15분 생활권으로 새롭게 조직, 근거리 서비스를 강화하였다.

미국 일리노이 주 시카고는 지속가능한 개발 정책을 바탕으로 건축물에 대해 2004년부터 다양한 제도를 운영 중이다. 미국 친환경 건축물 인증제도LEED: Leadership in Energy and Environmental Design를 적극적으로 활용하여 건축물에 대한 친환경 등급을 정하고 있다. 또한 2040년까지 전기화 버스 적용을 고려하고 있으며 폐기물 관리 시스템을 통한 자체 프로그램인 '블루 카트 프로그램'은 주거시설에 재활용 서비스를 제공하고 있다.

도시·건축적 친환경 구축 관련 과제

세계적인 친환경 움직임 속에서 AI와 디지털 산업을 기반으로 하는 친환경 산업과 에너지 융복합의 활용은 세계적인 도시 첨단 산업을 육성하기 위한 에너지 신성장산업으로 여겨지고 있다. 이 육성 방향은 신재생에너지산업 육성 기반을 확충하고 차세대 에너지 기술개발 역량 강화, 신재생에너지 보급 확대를 목표로 지속해서 확충되고 있다.

솔라시티 센터, 태양전지 R&D 센터, 국제 지열연구센터, 한국에너지기술연구원 분원 등은 이러한 사업을 활성화하기 위한 대의적인 정책 방향에서 알 수 있다. 경제적인 상황을 고려하여 기초 산업 및 산업기반 성장이 약한 부분에 대한 도시형 친환경 산업으로 판단된다. 에너지 융복합단지 또한 기업 및 투자유치 정책과 연구 기반을 통한 기술력을 갖춘 신성장 산업으로 발전할 것이다.

도시·건축적 친환경은 기존 산업에 대한 새로운 아이템 발굴과 동시에 지역의 특수성을 가진 새로운 아이템 발굴과 도시 재생적인 아이템 창출이 필요하다. 도시·건축적 관점에서 도시형 친환경 과제와 대안은 무엇일까.

국토교통부가 2022년 3월 제시한 전체 건축물 가운데 세종시는 아파트 면적이 차지하는 비율이 84.9%로 가장 높은 수치를 나타냈다. 전국적으로 제주도를 제외하고 50%에서 80%대를 형성하고 있다. 또한 30년이 넘는 노후 건축물의 동수 비율은 주거용이 49.1%, 상업용 29.6%, 문교·사회용 21.5%, 기타 17.8%로 압도적으로 주거용 건축물이 노후화가 심화되고 있다. 아파트의 용도는 도시적인 인프라와 연계되기보다는 개별적 단지나 주거시설을 기준으로 되어 있어 공공을 위한 시설이나 공용 주민 편의시설이 상대적으로 낮은 편이다. 또한, 시설별 노후 건축물 비율로 판단할 때 용적률과 건폐율을 높여 밀도가 높은 주거시설을 최대한 확보

하기 위한 부동산 가치가 반영된 투자적인 입장이 높은 편이다.

도심과 인접한 조망점과 하천 일대의 중심상업지역 내 고층 아파트 개발은 도시가 가진 조망권을 침해하고 주거지 및 도심 문화축에 지역 환경을 저해하는 요소가 된다. 개발 건축 위주의 개발은 지역의 경관 보전관리 및 형성의 기본 방향에 맞춰 계획되어야하지만 지구별 상세 규제가 부족한 상황에서는 주변과 연계하여 개발하기 어려운 상황이다.

한국 부동산원 자료(2022년 2분기)에 따르면 전국의 공실률은 오피스 10.0%, 중대형 상가 13.1%, 소규모 상가는 6.6%로 적용되었다. 오피스의 경우 충북 30.3%, 강원 23.2%, 충남 23.2%, 전남 22.9%로 높게 나타났으며, 중대형 상가는 울산 21.4%, 세종 20.2%로 높고, 소규모 상가는 세종 13.1%, 전북 10.0%로 높게 나타나고 있다.

건축물을 신축하기 이전에 도시는 성장을 멈추고 있고, 건축물의 공간은 활용을 위한 인프라를 못 찾고 있다. 건축물은 새로운 도시적 환경에서 성장하는 것이 아니고, 주변 커뮤니티와 인프라에서 성장의 원동력이 되고 개선할 수 있는 그릇이 된다.

입체적 그린 리모델링 등 필요

도시계획 및 정비사업 등의 경우 공간구조 파악보다는 필요면적에 대한 배치를 기준으로 한 개발의 목적이 주를 이룬다. 기존의 도시적 인프라를 형성하고 있는 기준으로 그린 네트워크와 공공의 인프라는 평면적 배치상에서 대부분 이뤄진다. 이는 건축물이 완공되는 실질적인 3차원의 공간과 대비되고 있고, 도시적 검토 사항에서 사전적 기반 마련에 머무른다. 이를 해결하기 위해서는 입체적인 그린 네트워크의 입체적 공간계획이 이뤄질 필요가 있다.

네덜란드 헤이그 시의 경우 시민들의 활용도가 높은 상업지역에 대중교통 시스템과 연계하여 도로와 주차공간을 절약하는 방안을 마련하고, 트램 또는 버스 등의 대중교통을 개방하여 활용도를 높이는 것에 초점을 두었다. 또한 주거영역의 저층부와 도시 인프라의 입체적 가로를 형성하여 도시적 공존이 가능하게 하였다. 일본 오사카시와 미국 시애틀시의 경우 건축물과 공원의 입체적인 수직적 연계를 통해, 상부 오피스 공간과 산책로를 연결하고 상층부의 외부공간 활용도를 높였다.

도시는 현재 공공성이 부족한 주거단지와 아파트 위주의 개발이 주를 이루고 있다. 이를 해결하기 위해 주거에 대한 개발과 더불어 공공의 개발이 같이 이뤄져야 한다. 공공의 관여를 통해 필요로 하는 기존 도시 인프라를 발굴하고 그 발굴을 통해 도시의 숨겨진 의미와 공간을 찾아내야 한다. 도시의 공공성과 성장방식을 바탕으로 친환경은 입지적, 자연적 특성에 따라 조성되어야 한다. 도

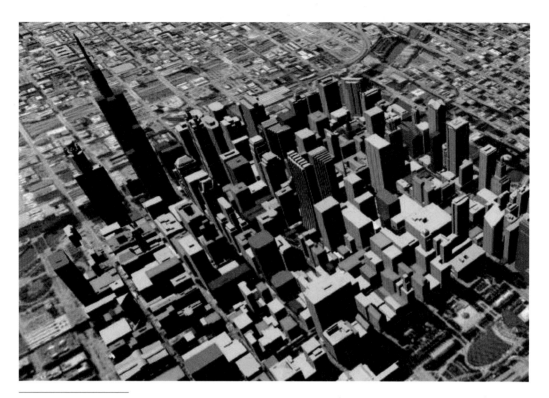

중국의 도심 내 입체형 도시블
럭 사례.(출처: architecturemag-
azine.com 홈페이지)

시의 친환경 정책과 방안 마련을 통해 시스템을 구축하고 통합·
관리하는 방안이 필요하다.

　　선도적인 도시의 신속 통합기획은 기존 정비사업이 가지는 수
치적인·원리적 영역 개발에서 공공성과 사업성의 균형을 이룬 유
연한 도시계획의 기준을 제공할 수 있음을 보여주고 있다. 또한 공
공과 민간이 입체적인 도시 및 건축 공간을 활용하여 지역민의 수
요와 민원을 체계적으로 관리·활용할 수 있도록 하고 주변 친환
경 요소와 인프라를 연결해준다. 이는 저층부터 건축물 최고 높이
까지 주거시설 위주로 이뤄진 현 상황을 해결하고 도시의 다양한
공공의 인프라를 포함하여 친환경 모델을 제시 및 개선할 수 있는
좋은 사례가 될 것이다.

방치 공간 활용한 도시 농업 눈길

미국의 비영리단체 '리비전 어번팜'은 도시 내에 농장을 만들어 직접 농사를 짓거나 후원금을 받아 도심 내 농업 공동체를 운영하거나 활성화하는 데 중점을 두고 있다. 농장 운영 활성화를 위해 수백 명의 자원봉사자를 포함하여 지역 후원금은 지역 미혼모 보호시설이나 열악한 환경에서 홈리스로 생활하는 주민들에게 제공되어 진다. 또 현재 방치된 공간이나 건축물 옥상 등의 공터를 활용해 농사를 짓는 도시농업이 삭막한 도시에서 정을 느끼게 하는 중요한 역할을 하고 있다.

도시의 공실률이 높은 오피스나 중대형 상가는 어번팜과 같은 활용과 운영이 가능하다. 현재의 개발 방식인 주거시설 신축이나 재개발의 방식은 공간적 활용을 높이는 정책이 아니다. 기존의 도시적 인프라와 문화적·사회적·역사적 의미를 포함해야 한다. 더욱 높은 가치 실현을 위해, 지역 노인 인구와 일자리 창출의 목적으로도 활용되기를 바란다. 도시 농업 인프라를 활용하여 최소한의 개선과 틈새 공간의 활용은 의미 있는 다양한 커뮤니티 영역이 되고, 건축물의 가치를 높일 수 있는 진정한 건축적 재생이 될 수 있다.

이런 문제점을 발굴하고 개선책을 반영하기 위해 다양한 공공적·사회적 접근이 필요하다. 또한 실질적인 가능성을 위한 우수한 사례 조사 및 검증 단계가 필요할 것이고, 지속적인 고민과 개선책을 찾아야 할 것이다. 도시의 친환경적인 세계적, 지속적, 모범적인 도시·건축적 발전이 이뤄지길 기원한다.

지속가능한 도시를 위한 도전, 목조건축

신웅주(조선대학교 건축학과(5년제) 교수)

목재는 언제부터 건축재료로 사용되었을까? 인류가 생존을 위한 거처를 처음 만들었을 때에도 목재를 사용했을 것이고, 지금도 목재를 사용하지 않은 건축물은 존재할 수 없을 정도이니, 목재는 신석기시대부터 현대에 이르기까지 흙, 돌과 더불어 유구한 세월 동안 핵심 건축재료로 각광을 받아왔다.

우리나라도 목재의 선호도가 매우 높았다. 건축물을 지을 때도 소나무, 느티나무 등 주변에 자생하는 나무를 가공하여 구현했다. 오래전 이야기지만 경주의 황룡사 목조탑은 그 높이가 80m에 이르는 거대한 목조건축물로, 수 세기에 걸쳐 그 자리를 지켰음은 많은 문헌을 통해 밝혀진 자명한 사실이다.

18세기에 영국에서 시작된 산업혁명은 기술 혁신을 이끌었고 목재의 가공에 있어서도 기계화 제재製材를 통해 규격화함으로써 얇고 가벼운 목재로 건축물을 짓는 경량목구조Light weight wood framing 가 유행했다.

산업화는 근대 도시와 건축의 탄생에 중요한 역할을 했다. 합리

2022년 최고층 목조 건축 기록을 경신한 미국 밀워키의 지상 25층 주상복합 아파트.(출처: https://www.dezeen.com/)

주의와 과학기술을 통해 개발된 새로운 공법과 재료는 이전의 시대와 구분되는 건축의 스타일을 만들어내기 시작했다. 1851년 런던 수정궁, 1889년 파리 에펠 탑 등을 통해 철골구조가 널리 확산되었으며 비슷한 시기에 철근콘크리트 구조도 개발되어 근대 이후 목재와 더불어 건축의 주재료로 자리 잡았다.

산업화와 건축재료의 변화

특정 국가에서 도시화가 진행되면 '제도'에 의해 도시 정책이 적용되고, 장소를 잇는 '인프라' 투자가 뒤따른다. 우리나라도 도시화 성숙기에 들어선 1980년대 말에는 '정치적 민주화'와 '경제적 민주화'의 요구가 증대됨에 따라 낙후된 분야의 중점지원을 강화하는 내용으로 제6차 경제사회발전계획이 실현되었다. 그 일환으로 일명 '200만호' 주택건설이 추진되었고 이후 10년간 500만호 이상의 주택이 공급되었다. 아파트는 좁은 땅에 많은 인구가 거주할 수 있는 주거형태로 대량의 주택공급정책을 단기간에 달성할 수 있는 방법이기도 하다.

우리나라 국민 10명 중 9명은 전 국토의 17%에 해당하는 도시에 거주하고 있다. 세계적으로도 인구의 절반 이상이 도시에 거주하고 있고, 2050년에는 75%까지 증가할 것으로 전망되면서 도시 내에서 주거를 충족하기 위해 앞으로도 높은 밀도로 많은 건축물을 지어야 한다. 이런 요구를 충족하기 위해서는 철근콘크리트구조와 철골구조가 적합한데 탄소 배출은 감수해야 한다. 신축과 해체하는 과정에서 발생하는 각종 건설폐기물 중 일부는 재활용이 가능하지만 혼합 배출되는 특성으로 인해 재활용률이 낮아 현재는 매립에 크게 의존하고 있다.

서울 서순라길 주얼리 비즈니
스 센터.(출처: 정파트너스아키
텍츠)

기후변화·탄소중립을 위한 목조건축 실현

　도시는 흔히 회색으로 묘사된다. 이런 표현은 아마도 콘크리
트라는 건축재료에서 기인되었을 것이다. 콘크리트는 현대도시
를 탄생시킬 수 있었던 기적의 재료로 평가받았으나 현대에 들어
서는 탄소배출과 기후변화의 원인으로 낙인 찍혀 있다. 콘크리트
에 포함된 시멘트 1톤을 생산할 경우 이산화탄소의 배출 역시 1
톤에 가깝다. 건축 원자재 생산으로 발생하는 온실가스는 시멘트
가 1.48G톤, 강철이 3.55G톤으로 전 세계 온실가스 배출량의 10%
를 차지한다.

　최근 산업계뿐만 아니라 건설업계에서도 목조건축 실현을 통한
탄소배출을 감소하려는 의지를 보이고 있다. 최근에는 산림청에
서도 친환경 탄소저장 소재인 목재를 이용하여 사회기반시설(SOC)

을 조성하고 다양한 목재 관련 프로그램을 개발하는 '목재친화도시 조성사업'을 추진했다. 2025년부터는 연간 공공건축물의 20%를 목조건축물로 신축함으로써 목조건축의 홍보에 적극적으로 나서고, 나아가 2050년 탄소중립에 기여하겠다고 밝혔다.

목재와 탄소의 관계는 긍정적이고 역학적이어서 100여 년 간 외면 받았던 목재가 지구환경을 살리는 탄소중립 실현의 대안으로 다시 떠오르고 있다. 열전도율에 있어서 목재는 콘크리트보다 10배가량 낮다. 목재로 건축을 할 경우 외부의 열과 냉기가 내부로 전달되지 않아 단열효과를 높일 수 있어 건축물의 에너지 사용량을 줄일 수 있을 뿐만 아니라 탄소를 저장하는 역할도 한다.

고층 고밀도 목조건축의 실현

미래도시와 미래건축의 화두는 '자연친화'이다. 도시와 친환경은 어울리기 어렵지만 콘크리트 일색의 도시 환경을 차근차근 목재로 대체한다면 단시간 내에 실현도 가능하다. 최근 국내에서도 도시 내 친환경 목조건축의 실현을 위해 다양한 시도가 이뤄지고 있다.

우리나라에서 가장 오래된 부석사 무량수전이 있는 경상북도 영주시에 얼마 전 한그린 목조관이 개관했다. 한그린 목조관은 국내 최고最高의 목조건축물이다. 고층의 수식어를 붙이기에는 부족함이 있으나 고층 고밀도 목조건축의 실험을 통해 가능성을 보여준 사례이다. 2024년에는 산림청의 주관으로 산림복지종합교육센터를 목조 7층으로 건축할 예정이다.

해외 사례를 보면 고층 목조건축에 대해서는 우리나라보다 많은 경험과 시공사례가 확인된다. 2017년 캐나다 브리티시 컬럼비아 대학교에는 54m, 18층 높이의 기숙사가 완공되었다. 이곳은 270개 이상의 스튜디오와 33개의 4베드룸 유닛으로 구성되어 400

서순라길 주얼리 비즈니스 센터.(출처: 정파트너스아키텍츠)

명 이상의 학생들이 거주할 수 있다. 2022년에는 미국 밀워키에 지상 25층의 주상복합아파트가 건축됨으로써 최고층 목조건축의 기록이 경신되었다. 지상의 각 층에는 수영장을 비롯하여 259가구가 들어서 있다.

이렇듯 대량 목재의 모듈식 건축을 현대적으로 개발하고 사용하는 것은 콘크리트 및 철골과 같은 고층 건축물에 사용하는 전형적인 구조재료에 대한 경쟁력을 갖출 수 있고, 탄소중립 실현과 기후변화에 대응하기 위한 지속가능한 대안을 제공할 수 있다. 세계초고층도시건축학회CTBUH의 목조건축 인증 기준을 보면, 기둥, 보 등 주요구조체를 목재로 시공할 경우, 나머지가 목재가 아닐 지라도 목조빌딩으로 인정된다. 2026년에는 스위스 취리히에 'Rocket&Tigerli'라는 100m가 넘는 목조건축 프로젝트가 추진될 예정이다.

고층 목조건축을 가능케 하는 건축재료는 구조용 집성판CLT: Cross Laminated Timber으로 오래전 개발되었지만 현대 목조건축에서 꼭 필요한 존재다. 미래의 콘크리트라는 애칭이 있는 구조용 집성판은 콘크리트보다 무게가 가벼울 뿐만 아니라 강도가 강하고 화재에도 잘 버틴다. 내화 성능이 강화된 집성판과 집성목은 3시간 화재시험에도 버텼다.

탄소배출 등 환경공해는 감수할 지라도 균질한 강도를 보장받을 수 있는 철골, 콘크리트에 의해 지배되었던 도시의 풍경은 구조성능, 균질성을 보장할 수 있는 공학목재가 차츰 개발됨에 따라서 목조건축 르네상스가 펼쳐질 것으로 기대된다.

또 다른 목조건축, 도시 한옥의 진화

한옥도 목조건축이다. 아시아에서는 1000년 전에도 이미 가구架構법이 크게 발달하여 목재를 많이 쓰지 않고도 집을 지을 수 있는 수준에 도달했다. 한옥은 목재의 사용 비율이 낮은 일명 효율적인 목조건축이다. 다만 도시와 어울리지 않을 뿐이다. 마당과 처마가 있어야 그 가치가 빛나는 까닭에 인구밀도가 높은 도시에서는 생존하기가 어렵지만 도시환경에 맞게 진화함으로써 자리를 잡은 곳이 있다.

서울 종묘 서쪽 담장을 따라서 서순라길이 이어진다. 서순라길이 최근 주목받는 이유는 종묘의 담장과 어우러진 경관이 한 몫 한다. 예전부터 산책길로도 유명했다. 얼마 전 까지만 해도 주얼리마켓이 즐비했던 곳에 한옥이 하나둘 들어서고 있다. 최근 건축된 한옥들의 공통점은 매우 좁은 대지에 2층으로 건축되어 가로의 파사드를 형성하고 있다는 점이다. 자세히 들여다보면 한옥이 이 환경에 자리하기 위해 진화된 부분을 발견할 수 있다.

첫째는 짧은 처마다. 한옥의 처마는 도시에 적합하지 않지만,

서순라길의 한옥들은 처마의 길이를 획기적으로 줄였다. 비가 들이쳐 목재가 상할 염려는 적절한 방부처리와 구조용 목재를 사용함으로써 해결이 가능하다. 둘째는 복층구조이다. 한옥은 특별한 경우를 제외하고 대부분 1층을 고집한다. 수평적 확장에 적극적인 한옥이 도시에 적합하지 않은 가장 큰 이유이기도 하다. 도시에서 한옥이 생존하기 위해서는 수직확장은 필수요소로 서순라길의 한옥도 대부분 2층이다. 10평 남짓한 건축면적과 수직으로 중첩된 2층의 공간은 비록 협소하지만 준수한 내부공간과 훌륭한 경관을 제공한다. 종묘의 담장은 더 이상 변화되지 않는 경관의 보호막 역할을 한다.

목조건축은 위기에 처한 도시를 구할 수 있을까? 더 나아가 지구의 환경을 개선할 수 있을까? 수천 년 동안 건축물에 사용된 전통적인 재료, 목재는 점점 더 많은 곳에서 다시 선택받는 재료가 되고 있다. 지속가능성, 품질, 강도, 유연성 및 시공속도는 목재를 훨씬 더 매력적인 건축재료의 옵션으로 만들고 있다. 더불어 새로운 목조건축에 대한 도전과 실험은 지속가능한 도시를 유지하기 위해 우리 세대에서 꼭 해야 할 사명이다.

멋진 건축물과 아름다운 도시가 미래 경쟁력이다

윤현석(광주일보 정치부 부국장)

사실 멋진 건축물과 아름다운 도시 공간은 누구에게나 매력적이며, 그렇게 만들려는 시도 역시 시민들로부터 상당한 공감대를 이끌어낼 수 있다. 이는 자신이 거주하는 도시에 대한 자부심을 갖게 하고 스스로에게 행복감을 주며, 외지인에게는 부러움을 느끼게 하기 때문이다.

우선 멋진 건축물은 로마시대 건축가 비트루비우스가 강조했듯 기능, 구조, 미를 만족시켜야 한다. 주변과 조화를 이루고 세련된 디자인으로 상징성·독창성까지 갖춘다면 시민들은 그 건축물에 깊은 애정을 갖게 된다. 여기에 누구나 접근할 수 있는 오픈 스페이스를 갖고, 자연 요소, 에너지 절감 시스템 등 첨단 기능까지 더해진다면 그 자체로 도시의 자원이 된다.

도시 공간, 역사와 정체성 담아야

아름다운 도시는 다양성이 그 전제다. 하나의 종류로 공간이 채

프랑스 파리 퐁피두센터 인근 공원. 다양한 조형물, 녹지, 사람들이 어울려 장관을 이룬다.(출처: 윤현석)

워지는 것이 아니라 여러 요소들이 질서정연하게 배치되거나 이색적인 요소들이 한데 섞여 어울리면서 눈을 뗄 수 없는 경관을 만들어낸다. 고대, 중세, 근대의 자원들을 간직하고 있는 유럽의 도시들에서 우리가 내뱉는 그 감탄사는 역사와 정체성을 중시한 도시 공간의 원칙에서 비롯된 것이다. 사람을 중심으로 하는 도시여야 한다.

기본적으로 시가지 내에서 승용차의 운행·주차를 최대한 규제하면서 지하철·전철(트램)·버스·자전거·도보 중심으로 네트워크를 다시 짜야 한다. 좁지만 옛 정취가 묻어있는 골목길, 작은 공원, 광장, 하천 등이 곳곳에 자리해 시민들이 여유를 갖고 걸으며 보고 즐길 수 있어야 한다. 지역의 고유한 전통·역사를 간직한 구도심과 찍어낸 듯 비슷하게 조성된 신도심은 각기 다른 기준으로 관리돼야 하는 것도 당연하다.

이 책에서 수차례 언급되고 있는 주제어들이 왜 우리나라의 도시 공간에서는 실현되지 못하는 것인가. 그 실마리는 일제강점기에서 찾을 수 있다. 일제와 식민지 조선에 진출한 일본인은 식민지 조선을 대륙 침략과 강제 수탈, 단기간 높은 수익 창출과 특혜를 위해 국토 · 도시 공간을 왜곡시켰다. 국토는 '효율 우선' 속에 불균형 발전이 고착되고, 도시는 '특혜 개발' 속에 외지인이었던 재조선 일본인과 부역자들에게 큰 수익을 남겨줬다.

해방 이후 미군정, 6 · 25 한국전쟁 등의 혼란기에 도시 인구는 폭증했다. 농수축산업, 1차 산업의 근거지인 농어촌은 갈수록 살기 어려워지고, 일자리를 찾아 산업도시, 지역중심도시, 서울과 수도권 도시로 사람들이 몰려들었기 때문이다. 1960년대부터 정부는 강력한 중앙집권체제 하에 경제 발전을 최우선 목표로 삼아 일제가 남겨놓은 철도, 도로, 항만 등 기반시설을 고도화하고 이를 토대로 산업시설을 배치했다. 일제강점기 시작된 지역 간, 도시 간 불균형은 더 심각해졌다.

일단 도시 공간에 대해서는 부족한 것을 공급하는데 치중했다. 급증하고 있는 인구를 수용하기에 모든 것이 미흡했던 도시 공간에 주택을 시작으로 도로, 상하수도 등 우선 기본적인 시설을 설치하기 시작했다. 공공 재정이 넉넉하지 못했기 때문에 주택 공급은 민간에 거의 전적으로 의존했으며, 기반시설은 '계획적'이지 못했고, '주먹구구식'으로 재정이 허용하는 범위에서 그 당시의 최소 수요를 충당하는 수준으로 설치됐다.

1990년대 들어서 '압축 성장'의 성과가 나타나며 개인 소득이 상승하고, 정부 및 도시 지자체가 어느 정도 도시 공간에 대해 예산을 집행할 수 있는 여지도 생겼다. 유럽, 미국, 일본 등과 같이 도시를 계획적으로 개발해야 한다는 의식도 강해졌다. 그러나 난개발 대상이 됐던 기존 시가지는 부실한 노후 단독주택 및 점포, 하수구를 복개한 좁은 골목길, 미흡한 편의시설 등 과거 그대로 방

손넨쉬프(태양으로 가는 배)라는 주차장으로, 건물 내에 마트와 주차장, 옥상에 태양열주택이 있다. 유럽의 생태수도 독일 프라이부르크를 상징하는 건물로 유명하다.(출처: 윤현석)

치됐다.

공공·민간은 토지 가격이 비싼 기존 시가지를 외면하고, 값싼 외곽 토지에 택지지구, 신도시 개발에 나섰다. 정부·지자체로부터 인·허가를 받은 공기업들은 대규모 택지를 조성해 수익을 챙기고, 건설업체들은 여기에 아파트를 지어 높은 분양가로 천문학적인 돈을 벌었다. 도시 구역이 넓어지고, 인구는 외곽으로 이동했으며, 시가지의 구심력은 상실되고 있었다.

무용지물 계획, 무분별한 개발 더는 안 돼

2010년대 접어들면서 아파트는 '상품'으로 거래되고, 도시는 거대한 '부동산 시장'이 됐다. 새 아파트에 대한 수요를 핑계로 시가지·외곽 곳곳에 고층 아파트들이 들어섰다. 지자체는 인·허가를 남발하고, 그로 인해 수시로 변경되는 도시계획은 무용지물이 됐다.

아파트 공급은 늘었음에도 가격은 크게 올라 건설업체들은 또 수익을 얻고, 아파트를 되팔아 '프리미엄'을 챙기는 투기꾼들까지 설치면서 도시 공간은 엉망진창이 돼 가고 있다. 개발이 쉼 없이 계속되지만 시민 모두가 공유할 수 있는 공원, 녹지 등 공공공간은 사라지거나 새롭게 조성되지 못하고 있기 때문이다. 단절된 채 아파트 시멘트벽이 길게 늘어선 경관이 어느덧 광주를 대표하고 있다.

아파트는 죄가 없다. 좁은 면적에 다수의 사람이 주거에 필요한 시설을 공유하면서 누릴 수 있는 공동주택을 짓는 것이 잘못된 것은 아니다. 다만 무분별한 아파트 개발은 새로운 도시 문제를 야기한다. 이를 예방하기 위해서는 개발 이익의 환수 방안, 실수요자가 아파트를 합리적인 가격에 구매할 수 있게 하는 방안, 주변 경관과의 조화 및 기존 주민들의 재거주 증진 방안, 개발에 따른 지역 공동체 및 도시에의 기여 방안 등이 우선 검토돼야 할 것이다. 개발은 외지인이 아니라 현재 거주하고 있는 주민들 삶의 질 향상에 보탬이 돼야 그 정당성을 얻을 수 있다.

유럽, 미국 등 선진국의 아름다운 도시와 멋진 건축물은 수백 년 이상 이어진 장기간의 공공 투자, 공공의 적절한 규제 및 인센티브를 수용한 민간의 투자가 어울려 탄생한 것이다. 우리나라 도시에 대한 공공 투자는 매우 미흡하다. 공유지는 적고, 지역민이나 모든 시민이 누릴 수 있는 공간도 극히 제한적이다. 하천·저수지에서는 여전히 퀴퀴한 냄새가 나고, 공원은 산책하거나 소풍 가기에 부적절하며, 도로에서는 자동차나 적치물을 피해 제대로 걷기 어렵다. 인구와 자본이 집적돼 있어 공공 재정이 넘치는 도시와 그렇지 못한 도시와의 격차 또한 갈수록 심각해지고 있다. 수도권 인구 과밀, 지방 인구 소멸은 공정하지 못한 공공 투자에서 비롯됐다는 것은 부인할 수 없는 사실이다.

도시 공간이 누군가에게 과도한 부를 안기는 수단이 돼서는 안 되며, '경제성'과 '효율'만을 우선해 공간 내에 내재돼 있는 가치, 자원, 정체성 등을 내팽개치는 일제강점기 개발의 유산도 이제는

무등산 서석대에서 바라본 광주 전경. 시가지, 외곽 등 곳곳에 고층 아파트가 들어서 있다. 미래세대에 물려줄 수 있는 광주의 가치, 자원, 정체성을 감안한 도시 공간 구성을 고민해야 한다는 목소리가 높다.(출차: 윤현석)

극복해야 한다. 시민 삶의 질 향상, 지역 성장 및 미래 지속가능성 증진, 후대에까지 전해 줘야 할 도시 가치 보존 및 유지 등이 공간 조성의 가장 중요한 원칙이 돼야 할 것이다. 이 책에서 다뤘던 보행도시, 스마트 도시, 압축도시, 안전도시, 재밌는 도시, 배리어 프리(무장애) 도시, 더불어 사는 도시, 공공 건축, 광장ㆍ공원ㆍ하천 등 녹색 인프라 등은 이 원칙을 수행하는 방법들이다.

어쩌면 우리는 건축과 도시를 바꾸기 위해서 무엇을 어떻게 해야 할 지 이미 알고 있는 지도 모른다. 현재의 도시 공간에 무엇이 부족하고, 무엇을 새로 조성해야 하며, 다음 세대에 무엇을 물려줘야 할 것인지 보다 철저한 검토와 구체적인 실천만이 남아있을 뿐이다.

공저자 약력(가나다순)

강양석
전 홍익대학교 공과대학 교수
전 대한국토도시계획학회 회장

김세훈
서울대학교 환경대학원 교수
현 서울대학교 뉴노멀도시디자인센터장
현 대통령소속 국가건축정책위원회 위원
현 GH경기주택도시공사 투자심의위원회 위원
현 서울시 구로구 도시발전기본계획 총괄
계획가
현 (주)동양 사외이사

강형주
조선대학교 건축학과 조교수
미국건축사(AIA)
네덜란드건축사(SBA)
미국 친환경건축인증 전문가
(LEED AP BD+C)

김우영
성균관대학교 교수
한국교육시설학회 회장
하버드 대학교 디자인학 박사

김경원
조선대학교 건축학과(5년제) 교수
공학박사
영국왕립건축사
Atkins Plc, 런던
런던 Chapman Taylor 건축사무
소 근무

김재철
광주전남연구원 초빙연구위원
아시아문화전당재단이사
전 광주광역시 참여혁신단장

김기호
서울시립대학교 명예교수
현 행정중심복합도시(행복도시)
총괄기획가
전 걷고싶은도시만들기 시민연대
(도시연대) 대표

김충호
서울시립대학교 도시공학과 교수
문화재청 문화재위원회 전문위원
행정중심복합도시 총괄자문위원
송산그린시티 총괄자문위원

김세용
경기주택도시공사 사장
고려대학교 건축학과 교수
현 한국도시설계학회장
현 대한민국 공학한림원 정회원
전 서울주택도시공사 사장

류영국
지오시티(주) 대표
한국도시설계학회 지식나눔센터장
광주광역시 경관위원회 위원

류중석

중앙대학교 사회기반시스템공학부
도시시스템공학전공 명예교수
현 경제정의실천시민연합 공동대표
현 K-Water 송산그린시티 총괄
기획가
전 국토개발연구원 연구위원
전 중앙대학교 교학부총장

송태갑

광주전남연구원 초빙연구위원
경희대학교 이학박사
일본 치바 대학교 박사과정 수료
미국 델라웨어 주립대학교 방문
연구원

박태순

한국공론포럼 상임대표
국토부 갈등관리심의위원회 위
원장
사회갈등연구소 소장
전 대통령 소속 지속가능발전위
원회 전문위원

신영은

건축사사무소 사람 대표
광주광역시 공공건축가
광주대학교 겸임교수
첨단배드민턴장, 월산5동주민센
터 등 설계

박태원

광운대학교 도시계획부동산학과 교수
현 (사)한국도시설계학회 수석부회장
현 행정안전부 자전거친화도시 자문위원
현 서울특별시 도시계획위원회 심의위원
전 대통령직속 국가균형발전위원회 자
문위원

신웅주

조선대학교 건축학과(5년제) 교수
문화재청 문화재위원회 위원(사
적분과)
문화재청 문화재수리기술위원회
전문위원
문화재청 문화재재난안전위원
회 위원

박홍근

(주)포유건축사사무소 대표
나무심는건축인 상임대표
전 전남대학교 건축학부 겸임
교수
전 한국건축가협회 광주·전남건
축가회 회장

신재욱

광주광역시 과장
도시계획기술사
도시계획학 박사
건축사

송준환

일본 야마구치 국립대학 부교수
일본 상공회의소 마치즈쿠리지역
경제추진전문위원
일본 건축학회 중국지부 도시계
획위원회 위원장
각종 지자체 워커블도시공간만들
기 추진위원 및 어드바이저

안길전

(주)일우엔지니어링 건축사사무
소 대표
전 대한건축사협회 부회장
전 광주건축단체연합회 회장
전 광주광역시건축사회 회장

양윤재

플러그룹 고문
서울대학교 환경대학원 교수
한국도시설계학회 회장
서울시 청계천복원사업 본부장,
부시장 역임

윤현석

광주일보 정치부 부국장
전남대학교 도시및지역개발학
박사
전남대학교 지역개발연구소 위
촉연구원
도시사학회, 한국지역개발학회
정회원

염대봉

조선대학교 건축학과 교수
전남건축정책위원회 위원
프랑스 공인건축사 · 도시건축전
문자격
전 한국도시설계학회 광주전남
지회장

이건원

고려대학교 건축학과 교수
전 목원대학교 건축학부 강사 · 조교수
전 호서대학교 건축학과 조교수 · 부교수
전 서울특별시 환경영향평가 심의위원
회 위원
전 온실가스종합정보센터 국가 온실가스
통계기술협의체 위원

염철호

건축공간연구원
현 건축공간연구원 부원장(선임
연구위원)
현 중앙건축위원회 위원
전 도쿄 대학 대학원 객원연구원

이운용

중앙대학교 강의전담교수
타운 매니지먼트 컨설팅사 프
룸 대표
피알에스 도시건축사무소 소장

오성훈

건축공간연구원 보행환경연구센
터 센터장
행정안전부 정책자문위원
중앙보행안전편의증진위원회 위원
행정중심복합도시건설청 총괄자
문위원

이인성

서울시립대학교 명예교수
전 한국도시설계학회 회장
전 서울시립대학교 도시과학연
구원장
전 중앙도시계획위원회 및 서울
시 도시계획위원회 위원

오세규

전남대학교 건축학부 교수
한국도시설계학회 부회장
대통령소속 국가균형발전 본위
원 역임

이정형

현 고양특례시 제2부시장
중앙대학교 건축학부 교수
서울시 도시계획위원회 위원

이제선

연세대학교 도시공학과 교수
현 고양특례시 총괄계획가
전 한국도시설계학회 회장
전 부천대장 3기신도시 총괄UCP
및 MP

한광야

동국대학교 건축공학부 도시설계
전공 교수
현 국가건축정책위원회 위원
현 서울도시계획위원회 위원
전 서울 해방촌 도시재생 총괄
계획가

정석

서울시립대학교 도시공학과 교수
유튜브 채널 '도시의 정석' 운영자
전 서울연구원 연구위원, 동북아
도시연구센터장
전 걷는도시서울시민위원회 위
원장

한상진

서울대학교 환경대학원 교통학전
공 부교수
전 한국교통연구원 교통 빅데이
터 연구소장
전 OECD/ITF Policy Anlayst

정윤남

전남대학교 건축학부 부교수
현 광주광역시 도시계획위원
회 위원
현 광주광역시 공공건축가
전 밀라노 공대 초빙교수

함인선

광주광역시 총괄건축가
한양대학교 건축학부 특임교수

조용준

조선대학교 명예교수
전 광주도시공사 사장
전 한국주거학회 회장
전 중앙도시계획 위원
전 광주도시재생 마스터

홍석호

국립목포대학교 도시및지역개발
학과 교수
국토교통부 중앙건축위원회 위원
광주광역시 도시계획위원
전라남도 도시계획위원
한국생태환경건축학회 부회장
한국도시설계학회 학술위원장

천의영

경기대학교 건축학과 교수
한국건축가협회 33대 회장
서울건축문화제2019 총감독
광주비엔날레 광주폴리Ⅲ 총감독